Showtime

Du même auteur

Je n'ai rien contre vous personnellement, Albin Michel, 1995

Je n'ai rien contre vous personnellement…, et puis on ne peut pas plaire à tout le monde, Albin Michel, 1999

Méchante, Le Cherche midi, 2002

Méchante n° 2, Le Cherche midi, 2005

Puisque les cigognes ont perdu mon adresse, Plon, 2008

Laurence Boccolini

Showtime

Souvenirs du chaos

KERO

KERO
une marque
CALMANN LÉVY

Couverture
Photographie : © Darius Salimi
Maquette : 'Olo

ISBN : 978-2-7021-8664-0

À ma fille,

Ne sois jamais une proie, ne sois jamais le bourreau. Aime ceux qui t'aiment comme tu es, sans vouloir te changer et n'espère jamais changer qui que ce soit. Entoure-toi de rires et console comme tu peux les peines, même les plus petites. Trouve ta mission et aime ce que tu fais. Aie confiance en ton instinct, écoute tes premières impressions, n'ignore jamais les « red flags ». *N'oublie jamais que, même si ton nom signifie « saule », tu n'es pas un arbre et qu'aucune racine ne te retient à la terre. Pars si tu penses que c'est bien, parle si tu penses que c'est juste, crie si tu sais que c'est mieux !*

Tu n'es la moitié de personne et tu es tout entière un être fabuleux et totalement unique. Ne laisse jamais personne te faire croire que tu n'es pas assez bien, pas assez belle, pas assez intelligente, juste « pas assez ». Ne laisse personne vivre ta vie à ta place ou te dire ce qui est le mieux pour toi. Fais autant de vagues que tu le souhaites, et savoure le silence.

Les princes charmants n'existent pas, les contes de fées non plus. Mais il existe de bonnes personnes pleines d'amour et de mots qui guérissent ne demandant qu'à t'ouvrir leurs bras. Tu les rencontreras. Vis ta vie comme tu l'entends seule ou accompagnée, et ne laisse personne te dévier de ta route, jamais. La perfection n'existe pas, alors ne t'épuise pas à la chercher. Autorise-toi à être faible, lasse, découragée ou triste. Donne-toi le droit d'être en colère ou de pleurer. Sois un être humain imparfait, mais vivant.

Sois légère en ce monde, et ne porte aucune culpabilité. Tu es le souffle de ma vie et tu n'es responsable que de mes vrais moments de joie. Rien d'autre. Ne laisse pas le passé te ralentir, aujourd'hui est un présent.

Un jour, si tu penses que je t'oublie, que je ne sais plus ton prénom, que ma main ne cherche plus la tienne, dis-toi que dans mon cœur nous sommes à jamais ensemble, que même si l'on te dit que je ne sais plus qui tu es, ni qui je suis, ne les crois pas puisque je reste pour l'éternité ta maman, que mon amour est infini, au-delà du temps, et que rien ne peut nous enlever cette vérité.

Je sais que tout ira bien, car tout se traverse plus facilement, quand un jour on a été aimé comme je t'aime aujourd'hui.

You'll be fine.

Tout se conquiert.

Tout se dépasse.

Tout passe.

You'll be fine.

MUM

Different Drum
Le début de la fin

« Je vais vous donner le nom d'un radiothérapeute », dit sobrement le grand professeur tout en farfouillant dans les vide-poches de son bureau rangé comme la salle d'attente du bon Dieu. Il en sort une adresse déjà prédécoupée à l'intention des patients et l'inspecte. Je remarque qu'elle sort d'une petite pile conséquente.

Je m'entends miauler faiblement : « Un radiothérapeute ? » alors que j'ai très bien entendu. Mais j'espère toujours une erreur. Parfois les gens prononcent mal. Il a très bien pu dire « psychothérapeute », ou « ergothérapeute », ou encore « sexo-thérapeute, art-thérapeute » ou même « aromathérapeute » ; après tout, aujourd'hui, il n'est pas interdit de penser que l'on peut très bien se soigner avec un cours d'aquarelle et quelques gouttes de Néroli bien placées.

« Un radiothérapeute, répète calmement Dieu le Père. C'est absolument nécessaire. En l'état, c'est inopérable. Pardon, c'est de toute façon inopérable. Personne n'ira trifouiller à cet endroit à moins que vous ayez envie de vous retrouver paralysée ou avec une sonde pour vous nourrir.

— Ah ben non, j'ai pas envie. [Mon Dieu c'est moi qui parle comme ça ?]

— Je vais vous transmettre l'adresse via ma secrétaire et on se revoit. Ils ont fait beaucoup de progrès vous savez...

— Ça, c'est bien. [C'est tout ce que je trouve à dire.] En radiothérapie, vous voulez dire ? [Je vérifie encore une fois.]

— En radiothérapie », assène-t-il en griffonnant un truc sur un papier.

Et, soudain, c'est aussi violent qu'une gifle. BIM. Je vois le visage de mon père tout près du mien. La peau de son cou tannée comme du cuir, un énorme coup de soleil maléfique à l'endroit où le cancer s'est niché, et que ces rayons étranges sont censés trouver, mettre à terre, travailler au corps, avant de le calciner et de libérer la place, la voix, le larynx, la gorge et l'être tout entier.

Un peu moins de vingt ans me sépare de ce qu'il a vécu et qui l'a emporté. L'idée que nous sommes presque dans le même bateau, me traverse rapidement l'esprit ; je vacille sur ma chaise, je souris de ce magnifique sourire végétal que mon métier m'a enseigné à offrir en toute occasion (interviews à charge, insultes, licenciement soudain, coup de machette dans le dos), et je sens la main de mon père sur ma joue me pincer comme à son habitude en signe d'amour absolu.

Cette ressemblance avec lui, que l'on a pu parfois me reprocher, prend soudain tout son sens pour moi dans ce bureau gris et triste d'un hôpital beige.

Quelle ironie.

« Il faut relativiser, sermonne gentiment la voix de Dieu le Père. Vous savez chaque jour j'annonce hélas à des patients que dans trois mois ils ne seront plus là...

— Ah oui, ça, c'est jamais sympa. [Impossible : ce n'est pas moi qui débite ces platitudes.]

— Alors à bientôt, me dit-il, en me tendant une ordonnance ou une recommandation.

Je fourre ça dans mon sac entre ma bouteille d'eau, mes Ear-Pods, mon masque, mon gel pour les mains, mon Lexomil, mes sticks de menthol pour le front et le million de minuscules bazars qui me suivent dans chaque besace. Je fais une révérence (virtuelle faut pas exagérer) à Dieu le Père qui me sourit gentiment d'un air embêté, puis je tente de retrouver le chemin de la sortie (fléché en jaune pourtant). On sent bien que les gens connus, c'est tout de suite un souci quand c'est compliqué. Si ça merdouille, après, ça se sait et c'est pas de la bonne publicité.

C'était plus simple en arrivant, j'avais trouvé tout de suite. J'étais contente, pleine d'espoirs et de solutions. Là, tout est devenu confus. Mais où est la secrétaire ? L'ascenseur, la sortie, le métro, le bus, la vie ?

« C'est bien à cette adresse ? me demande le taxi (qui écoute « Les Grandes Gueules » sur RMC aussi fort que les vitres de sa Lexus le peuvent supporter).

— Je ne sais pas. Oui. Non. Je crois… Faites voir ? Oui, c'est ça. »

J'essuie le regard inquiet du chauffeur qui pense rassurant de me dire que je fais pas pareil en vrai.

« C'est normal vous savez, puisque tout est faux. Alors en "vrai", c'est pire. »

Je ne parle plus français, il faut se rendre à l'évidence.

« Les Grandes Gueules » couvrent le silence gêné qui suit.

« Je vis avec toi depuis si longtemps. Je ne sais même plus ce que c'est que d'exister sans ta présence. »

C'est ce que dit mon idole dans *Alien 3* (le meilleur), Sergent Ripley (Sigourney Weaver), filmée en couleur sépia, haletante de peur, de rage et de colère, le crâne rasé et le corps luisant de sueur, à la bête qu'elle tente de détruire depuis trois épisodes et qui la hante au point de faire corps avec elle.

Comme elle, je ne sais plus vraiment ce qu'est « aller bien », se sentir normale et dormir sans frayeur.

Comme l'alien de Sigourney, le mien aussi me dépasse, court plus vite que moi, grandit dans l'œuf, secoue, s'installe, mange son nid, prend tout l'espace et se love là où je n'aurais jamais cru.

Mon alien n'est pas un bébé innocent : il va sévir.
Chut.
Il faut agir.
Il faut veiller.
Il faut l'écouter tambouriner, taper, battre.
Ne plus le nourrir.
Résister.
Ne plus dormir.

Sweet Home Alabama

J'ai bien envie de filer tout droit.

Bifurquer porte de La Chapelle et rouler comme dans les films, quand le héros décide de changer de vie et de partir sur un coup de tête au Paraguay ou à Zanzibar. Ou à Bourgoin-Jallieu.

J'ai un léger doute sur la possibilité de rejoindre Zanzibar par la porte de La Chapelle mais l'idée est là ; il ne me reste que deux portes pour décider de mon destin. À celle de Clichy, il faut prendre la décision, à celle de Clignancourt, il faut changer de voie et à La Chapelle on bifurque. À l'opposé des studios de Saint-Denis où j'aurai passé une bonne partie de ma vie. Cette riante cité parée de mille feux où les plus grands divertissements télévisuels ont vu le jour.

Gris et sales dehors, mais les paillettes et les lumières sont à l'intérieur. Quelle importance.

Remercie déjà le ciel d'avoir du boulot, tu te plaindras de l'emplacement un autre jour lorsqu'on te donnera le luxe de choisir entre Saint-Denis et Corfou. Oui, remercie toujours comme on te l'a si bien appris.

Je fais défiler mes pensées à toute allure. La porte de La Chapelle se rapproche. En règle générale, dans les films, c'est à ce moment-là que la musique démarre (si possible « Sweet Home

Alabama » de Lynyrd Skynyrd), et que la voiture fait un dérapage contrôlé pour s'enfuir vers le lointain. Ou alors, autre intrigue possible du film, pour aller volontairement finir sa route dans un mur de brique et dans un grand fracas de tôle, juste avant une explosion, sommet de l'art pyrotechnique. Un peu comme l'accident qui décima à peu près tous les membres de Lynyrd Skynyrd le 20 octobre 1977, puisqu'on en parle.

Le héros ne s'en sort pas. C'est aussi une possibilité. Tout dépend du réalisateur.

Réflexe conditionné après trente ans de bons et loyaux services, la voiture a pris d'elle-même la direction du studio. Adieu, Zanzibar par la porte de La Chapelle, adieu, nouvelle vie, nouveau nom, nouvelle coupe de cheveux (des dreads, ça m'irait bien) et adieu, petite boutique de bougies artisanales pour gagner ma vie près de la plage. Adieu aussi à l'alien qui dans mon fantasme serait, je ne sais par quel tour de magie, lui, resté à Paris.

On peut toujours rêver. Le sergent Ripley a fait le même rêve sur trois épisodes alors… Et pardon, mais on sait comment tout ça s'est terminé pour elle !

Je cherche dans mes souvenirs s'il m'est déjà arrivé de vouloir fuir à ce point-là, de manière aussi définitive. Je cherche une jurisprudence. Mon disque dur chauffe et les fichiers correspondant à la recherche affluent. De toute évidence, ce n'est pas ça qui manque. Un vieux dossier s'affiche, il m'était totalement sorti de l'esprit.

D'anciennes pages de ma vie d'avant, du lycée La Bruyère de Versailles – mille cinq cents filles et deux garçons. Tout est vrai, et croyez-moi, la vie amoureuse dans cet établissement n'était pas une promenade de santé.

Les longs couloirs carrelés, les salles de classe à l'ancienne, quelques Algécos ajoutés au bâtiment principal pour y accueillir les matières à faible densité d'élèves : le russe, par exemple… que j'ai eu la bonne idée de prendre en deuxième langue. J'aurais dû prendre espagnol, aujourd'hui je serais peut-être une ex de Javier Bardem et je ferais de la *soul food* acclamée par Gordon Ramsay dans un village de l'arrière-pays, du côté de Séville, dans une jolie maison blanche, où l'on déjeune à l'étage en refaisant le monde devant la vue à couper le souffle.

Mais non, il a fallu encore une fois que je me fasse remarquer et j'ai choisi russe. Ce sera donc une constante chez moi : les choix plus que discutables…

C'est à Versailles, vous l'aurez compris, que ce dossier s'ouvre. Le bus vert qui relie la place Louis-XIV près de la maison me dépose pile devant le lycée. Une énorme machine qui avale, méthodiquement et avec style depuis les années 1950, des centaines de jeunes filles par le grand portail chaque matin. Une petite montée puis, à droite, le parc de l'établissement, sublime, luxuriant, apaisant (enfin dans mes souvenirs) ; à gauche, l'accès au bâtiment principal et son carrelage glacé.

Digression inutile.

Restons sous l'abribus.

D'ailleurs, c'est là que ça commence à coincer : dès l'abribus.

Je ressens les premiers symptômes un ou deux arrêts avant le mien. Mon cœur se serre, je tangue, la nausée monte doucement par vagues, mes mains tremblent, je pose mon front sur la barre centrale en priant pour que tout s'en aille : la nausée, le froid, le chaud, la peur, le vertige. Mon cœur attaque une course de fond pieds nus sur du gravier, sous la pluie, poursuivie par une meute de loups affamés.

Je sais sans ouvrir les yeux que mon arrêt est tout proche. Les portes s'ouvrent. Poussée par les autres passagers, il me faut bien descendre du véhicule. Il ne reste plus que la grande avenue à traverser et la gueule grande ouverte en métal ouvragé, la bâtisse attend ses proies papotantes et légères comme l'adolescence.

Alors pourquoi suis-je si différente ce matin-là ? Où est la légèreté supposée de nos quinze ans ? Pourquoi le mal en dedans m'empêche-t-il de traverser ?

Il faut s'asseoir. Mais bien sûr, c'est ça, il faut s'asseoir !

J'ai entendu ça l'autre jour à l'infirmerie quand j'y suis allée pour un énième vertige arrivé d'on ne sait où, on ne sait pourquoi : « Quand ça tourne, faut s'asseoir », a dit très fermement l'infirmière de service, tout en distribuant machinalement le combo Algocratine plus un sucre avec une goutte de menthe Ricqlès à une file d'adolescentes pâlichonnes et fébriles, accrochées à leur besace US pour tenter d'oublier leurs règles douloureuses.

J'ai attendu sur la chaise en fer (très tendance aujourd'hui) que ça passe. Les yeux dans le vide, les mains moites et une envie de pleurer réprimée avec force.

C'est pas passé.

« Ça passera », a dit l'infirmière en me renvoyant en cours. « Vous avez pas vos règles vous au moins ? » vérifie-t-elle dans un ultime élan de professionnalisme. « Non ? Et ben ça va passer, allez zou, on arrête de s'écouter et on va en cours. »

J'entends dans mon brouillard la bouilloire pour son thé siffler mon départ.

Mes boots en plastique rose font squish sur le carrelage glacé des couloirs vides qui gondolent comme un vieux lino sous mes yeux.

C'est pas passé, je suis bien embêtée et c'est un euphémisme.

Le pire, c'est que ça ne passera plus. Jamais.

Ça recommence régulièrement. Mais ça ne prévient pas.

J'ai beau m'asseoir, je sais que je vais tomber ; pourtant, je le jure, je ne m'écoute pas, je suis une brave, pas une chochotte et je refuse de pleurer.

Ça ne passe pas.

Sous l'abribus, ce matin, c'est un feu d'artifice. Tous mes sens ont décidé de rejouer Fort Alamo avec l'intégralité de mes organes. Je n'entends plus rien, l'avenue se déplie sous mes yeux comme un long ruban visqueux prêt à m'étrangler, mon ventre appelle à l'aide, je vais vomir sur mes boots (tout mais pas ça, ce sont mes préférées) et personne ne me retrouvera jamais, momifiée d'angoisse, sous le banc de l'abribus, avenue de Paris, 78000 Versailles.

Je dois me sauver, mais par où ?

Reprendre le bus dans le sens inverse ne me traverse même pas l'esprit. Enfin, ce n'est pas tout à fait vrai. C'est juste que ce n'est pas la solution. J'ai tenté une ou deux fois, pas plus, et l'accueil du public fut mitigé. Allez expliquer le ruban, Fort Alamo, la nausée sur les boots qui font squish, la momification sous l'abribus… Pas la force.

Il faut regarder dans le sens opposé.

Et qu'y a-t-il devant ? Là juste au bout de l'avenue de Paris ? La solution, le refuge : le château qui m'ouvre grand ses ailes.

Il va ouvrir bientôt. Dans une heure. Personne ne visite cet endroit à 8 h 20 le matin.

Je vais rester là en attendant l'ouverture sage comme une image. Les bus vont passer, les passagers vont descendre, si je me fais toute petite en cachant mes boots roses sous le banc personne ne s'apercevra que je suis là.

Le grand portail de l'autre côté de la rue se ferme sur la journée des autres filles. Celles qui n'ont pas mal en dedans.

Je suis à l'extérieur et il faut que je me sauve.

Je suis enfermée à l'extérieur. Je penserai plus tard à l'intendance : le mot d'excuse, les explications à donner, le pourquoi, le comment…

Pour le moment, il faut marcher tout droit vers les grilles du château. Celles-ci ne me paraissent pas menaçantes, bien au contraire, puis traverser la grande cour d'honneur sans se fouler une cheville sur les pavés, ignorer l'entrée principale du château et ses files de Japonais et foncer droit devant vers le parc.

Ce parc-là est un malin, il est parfaitement fait pour les gens comme moi qui, à quinze ans, ne comprennent rien à leur chagrin. Il est bienveillant, avec ses bosquets douillets, ses recoins qui sentent le buis taillé, ses statues qui veillent, et ses bancs de pierre froide où l'on peut se poser un instant.

J'ai trouvé mon refuge près du bassin de Latone (celui où les grenouilles en pierre sortent de l'eau comme des mini-monstres de Dario Argento). J'ai posé mon sac. À part mes bouquins et mes cahiers et les dix-huit sucres que j'emporte régulièrement au cas où (vertige, nausée, crampe, mal au ventre, sueurs froides, bouffée de chaleur, palpitations), je n'ai rien sauf mon Walkman. Le trésor de ma vie offert à Noël et qui ne me quitte jamais. Si je le pouvais, je me ferais greffer le casque sur les oreilles pour n'entendre que le son de la musique.

Je reste là, absente, le regard dans le vide, Kate Bush et « Wuthering Heights » à un niveau sonore indécent directement dans les tympans. Ou alors « Armed Forces » de Elvis Costello.

Combien de temps suis-je restée là ? Une heure ? Deux heures ? Je ne sais plus.

Je ne fais rien qu'écouter mon esprit qui se calme peu à peu comme un bébé qu'on endort.

Et maintenant je fais quoi ?

Il faut penser à l'intendance, non ?

Je n'ai pas de montre, mais je devine que la matinée se termine ; des touristes passent avec des sandwichs. Il faut penser à cet après-midi. Il faut décider d'y retourner ou pas.

Mais comment faire ?

Je sors mon carnet de correspondance et je gribouille une excuse minable sur la partie détachable destinée au bureau des absences. Mon seul talent : je maîtrise l'imitation de la signature maternelle comme une cheffe à cette époque-là. Et elle n'est volontairement pas simple : un grand *B* d'abord avec un retour arrière très long mais très rectiligne et, sans lever la plume, un *occolini* en hiéroglyphes réguliers qui rejoignent le *B* du départ. Je m'éblouis moi-même en cet instant. Ils n'y verront que du feu… Et maman ne saura jamais que j'ai passé la matinée à regarder dans les yeux les statues du château de Versailles…

Ça, c'est ce que je crois fermement à ce moment-là. Je suis persuadée que si ça recommence j'aurai toujours le bassin de Latone et les buis du parc pour abriter la crise.

C'est rassurant dans l'instant et ça me le donne le courage de refaire le trajet en sens inverse et de me présenter aux grilles du lycée après le déjeuner.

Ça, c'est ce que je croyais.

Les crises se sont rapprochées, j'ai signé un joli paquet de mots d'excuses, j'ai beaucoup regardé dans le vide, assise sur le banc de pierre froide et, un jour, évidemment, je suis rentrée à l'heure du déjeuner pour trouver dans mon assiette, bien en évidence, une copie de mon œuvre de faussaire que le lycée avait eu l'amabilité d'envoyer à la maison avec une demande d'explication assez abrupte.

Je n'ai pas su quoi répondre devant les pleurs de ma mère, qui faisait défiler toutes les pires choses qu'elle m'imaginait avoir faites pendant ces heures d'absence.

Entre l'orgie collective avec des garçons trouvés sur le chemin, la sieste dans un café de la place d'Armes, ou encore la débauche alcool/drogue chez une copine à la réputation douteuse, la liste était longue et effrayante.

Mais rien à faire.

J'ai pensé un instant avouer le cérémonial de la nausée sur les bottes qui font squish et de la fuite vers les grandes ailes du château. Mais qui allait croire cette excuse qui soudain m'apparaissait totalement grotesque, même si totalement vraie.

J'ai encaissé la scène des remontrances. Pas le choix.

Je me suis dit qu'étant donné la situation dans laquelle je m'étais mise il était plus intelligent de la boucler et de laisser croire.

Très « Windsor » attitude, j'adoptais leur devise « *Never complain, never explain* », et je repris dès le lendemain, comme à mon habitude, le bus 51 qui va de la place Louis-XIV au lycée La Bruyère.

Je ne falsifiai plus jamais aucun mot d'excuses.

Je ne revis jamais le banc de pierre sous le regard des statues.

Les matins furent tous les mêmes.

Les après-midi aussi.

Chaque jour était avant tout l'attente du Fort Alamo. Le premier vertige me terrorisait. Le cœur qui se décrochait de ma poitrine devint un habitué, tout comme les vagues de chaleur dans ma gorge et le froid dans mon dos.

J'appris peu à peu à fonctionner ainsi, à faire semblant, à faire croire qu'aucun poids lourd avec remorque ne passait sur ma poitrine au moment où j'écrivais au tableau ou sur mon pupitre.

Parfois un professeur bienveillant s'apercevait de quelque chose. Mlle Magdalena, prof de maths discrète au petit crucifix en médaillon porté sur pull à col rond, faillit démasquer mon imposture un jour de conseil de classe où j'étais comme tous les ans déléguée et elle, professeur principale. Quand arriva mon nom, elle leva les yeux vers moi, à travers la grande salle triste où les autres profs attendaient avec impatience de rentrer chez eux et la directrice de fermer la boutique.

« Alors, Laurence, eh bien je dois dire que je suis inquiète car vous êtes passée de 19,5/20 de moyenne en deux trimestres à 2/20. Que se passe-t-il ? »

Mais oui que s'était-il passé ? Même aujourd'hui en l'écrivant, je suis percutée par la violence de la situation que je vivais à l'époque. La même violence qui caractérisait le soin avec lequel la plupart des adultes choisissaient de l'ignorer.

Le silence qui suivit n'était pas de Mozart.

Je remarquai du coin de l'œil ma prof de français lever un sourcil interrogateur et la directrice vérifier ces infos au-dessus de ses lunettes demi-lune.

J'ai ouvert la bouche pour dire un truc qui aurait expliqué la cata qui s'étalait noir sur blanc sous les yeux de tous les profs présents, mais rien n'est sorti.

« Eh bien ? a claironné la directrice. Il se passe quoi ? On vous pose la question. Répondez !

— Rien. Rien. Je sais pas ce qui… Je sais pas pour le 2/20, mademoiselle. Désolée. »

La directrice leva les yeux au ciel et Mlle Magadalena me regarda gentiment, comme on regarde quelqu'un qui ment pour ne pas avoir à pleurer devant tout un conseil de classe. J'ai eu mal de lui mentir à cet instant précis, dans cette salle sans vie, avec ses registres, ses listes, ses échos sur le carrelage d'un autre âge et les fantômes de toutes les jeunes filles ayant depuis plus de cinquante ans versé leurs larmes au même endroit que les miennes. Je n'ai pas su dire autre chose mais je le regrette et je la remercie au-delà des années pour sa compassion.

Il fut moins difficile de mentir à Mme Goethe, cette effrayante prof d'anglais qui terrorisait les pauvres ados bien élevées que nous étions, en nous martelant nos défauts, nos faiblesses à chaque cours. Qui fouillait nos sacs sans permission, qui ouvrait nos cahiers personnels sous prétexte de vérifier notre écriture, qui nous rabaissait sans relâche moralement et physiquement jusqu'à plus soif. Et je dois avouer que je n'étais pas la plus mal lotie puisque, l'anglais étant ma matière préférée, j'y excellais et je passais, pour cette raison, parfois entre les gouttes de ses postillons de pure méchanceté. Pourtant, un jour comme les autres, pendant son cours, je sentis soudain que j'allais mourir là, comme ça, BIM, sur ma chaise, entre mon classeur bleu et mon dictionnaire Harrap's français-anglais. Le ruban, la nausée, le vertige, la totale.

Je n'entendais plus rien. Je voulais m'en aller et je savais que c'était totalement impossible. Je priais pour que le camion qui s'était arrêté sur ma poitrine décide d'aller se garer ailleurs. Les larmes montaient sans que je puisse les en empêcher. Panique à bord, dans deux minutes, les autres allaient voir ce qui se passait en dedans. Je me sentais m'enfoncer dans le brouillard d'une peur collante, épaisse et habituelle mais effrayante, je regardais le tableau à travers un mur trouble de larmes quand, soudain, sans prévenir, cette folle hurla à travers la classe, construite comme un amphithéâtre ce qui eut pour résultat d'amplifier le son comme à l'Accor Arena quand Roberto Alagna reprend *Rigoletto* : « Alors Boccolini qu'est-ce qu'on a ??? On pleure ? »

Silence empreint de trouille.

« Elle a perdu son petit ami, Boccolini ? Il est parti ? Hein, c'est ça ? »

Je restais là, cueillie par la question et par les décibels.

Les autres filles restèrent pétrifiées sur place, le stylo-plume à la main. Le Pompéi versaillais.

Je sentais les larmes couler, et je secouais la tête bêtement pour nier les faits. Les filles les plus proches de moi, qui savaient que je n'avais pas de petit ami, et que l'autre démente allait se délecter de la situation, me chuchotaient des encouragements, comme entre prisonnières, quand il faut bien que quelqu'un ait du courage pour les autres. Mamie Zinzin visiblement n'en avait pas fini avec moi : « Ah c'est pas le petit ami ? Alors on se mouche et on arrête son cinéma ! » Décidément… J'ai attrapé le mouchoir que quelqu'un me tendait et j'entendis la voix d'une autre soupirer derrière moi : « Il reste cinq minutes avant que ça sonne, tiens bon. » J'ai tenu. Je tiens toujours.

Il y en aurait à raconter. Tant et tant. Trop. Et du trop moche.

L'adolescence ne fut pas une longue suite de moments au goût sucré de rock'n'roll, de fous rires mémorables, de secrets partagés au-dessus d'un café brûlant, de projets de vie qui sentaient bon l'espoir avec une musique de Joni Mitchell en dessous pour faire joli.

J'ai retrouvé le pli d'amertume de mes souvenirs lorsque j'ai vu *Diabolo menthe* de Diane Kurys. Ils avaient un peu le même goût que les siens.

La légèreté ne revint plus jamais.

J'ai tout bien bouclé dans le coffre-fort au fond de moi et j'en ai perdu le code.

Bien des années plus tard, il me sera encore impossible de l'ouvrir.

J'ai tout gardé dedans : la peur, le ruban qui continua de m'étrangler où que je sois, les grilles qui devinrent des portes et qui m'enfermèrent tant de fois dehors, les bus dont il fallait que je descende précipitamment, les larmes qu'il fallait sans cesse faire redescendre.

J'avais tenté de fuir. Ce jour-là, je fus une brave. Une vraie.

Mais parfois, les braves sont rattrapés et il leur est demandé de faire comme tout le monde.

J'avais réussi à fuir. Mais pas assez loin.

Il a fallu trouver des parades. Il a fallu apprendre à déguiser ce qui se passait en dedans pour que les autres n'y voient que du feu. Le mode survie. La défense absolue. Décider d'être plus forte que les méandres de son cerveau. Puis se rendre avec le drapeau blanc de la défaite, s'avouer vaincue, se coucher comme frappée par la foudre.

Le lycée, le travail, le studio, les coulisses, l'endroit importe peu finalement, j'emporte toujours tout avec moi. Et je suis fatiguée.

Même sans abribus, tout recommence encore et encore.

Plus souvent, plus fort, sans raison apparente.

Il faut se cacher : dans la salle de bains pour ne pas réveiller ma fille, étouffer les pleurs en mordant dans le tissu-éponge de mon peignoir, ramper sur le sol de ma loge et se cacher derrière le portant de vêtements en priant pour que personne n'entre à ce moment précis, attendre que la respiration se calme et que la sensation de mort imminente s'éloigne un peu, se réveiller tous les matins à 6 heures et avoir juste le temps de courir dans la salle de bains pour vomir pendant vingt minutes le vide vertigineux de mon estomac, s'accrocher au lavabo pour ne pas tomber tant les spasmes sont violents et rapprochés. S'apercevoir un bref instant dans le miroir, les yeux rouges de larmes, prier pour que cela cesse. Mais cela ne cesse jamais.

Vivre ce terrible cérémonial jour après jour. Pendant un an, puis deux, puis trois. Ne plus compter, à quoi bon ?

Faire perdre son latin au meilleur gastro-entérologue, au meilleur psychothérapeute, au meilleur neurologue, au meilleur des meilleurs qui n'a absolument aucune idée de ce qui m'arrive.

Retourner sur le plateau chaque matin, prévoir une poubelle au cas où il faudrait gérer les spasmes, avaler en prévision du sucre, de la menthe, du gingembre, du Lexomil, du Prozac, attendre la première vague et ne plus rien espérer. Entendre le murmure lointain du public juste derrière moi, entendre au loin mon nom, la musique, le générique, le métier. Fermer un instant les yeux, sentir le froid sur ma nuque, et savoir qu'il n'y a pas d'autre choix possible. Ce n'est pas le moment. D'ailleurs ce n'est jamais le moment.

Personne n'y verra rien, ne t'inquiète pas, personne n'a rien vu. Si tu n'essuies pas la larme qui va couler, ton maquillage tiendra bon. Il faut juste penser à ne pas essuyer la larme. Jamais. Laisse juste ta douce maquilleuse tamponner doucement tes yeux mouillés et continue. Les douces maquilleuses voient tout : les yeux pleins de larmes, les cernes tristes, les lèvres qui tremblent, les gouttes de sueur sur le front. Les coups. Les griffures. Les lèvres fendues. Pas de bobo. Ça ne se verra pas. Ça ne se voit jamais.

Y retourner. Être drôle. Être moi. Être celle dont le nom est sur le contrat et qui est rémunérée.

Et puis souvent redouter cette phrase entendue des centaines de fois, quand on a dû s'inventer une excuse pour expliquer la pâleur, les cernes, le mal au ventre, cette phrase qui fait couteau dans mon ventre, et que j'ai envie de faire ravaler de force à son auteur : « Mais on m'a dit que tu avais la grippe ? [La gastro, une angine, la peste, le choléra, au choix...] Mais ça ne se voit pas du tout, c'est dingue ! Tu es splendide. »

C'est le but. Que ça ne se voie pas du tout.

L'important dans ce métier, c'est que ça ne se voie pas du tout.

Un bon coiffeur, une super maquilleuse, un peu de paillettes sur mon col, et je brille comme un sou neuf.

Rien ne transparaît jamais.

Je suis payée pour divertir, et transmettre un peu de joie a ceux qui attendent ce petit moment dans leur journée, ils ont bien assez de problèmes comme ça pour que j'aille leur parler des miens. Mais de manière plus générale, n'est-ce pas le propre du monde du travail tout simplement ? Ignorer les maux des bons petits soldats à qui on demande avant toute chose d'être souriants et présentables.

Peu à peu, au fil des ans, je suis devenue la voix rassurante qui m'assurait que je n'allais pas mourir là tout de suite devant tout le monde, je suis devenue la main fraîche sur mon front, celle sur mon épaule, celle sur ma poitrine, je suis devenue le souffle qui rassure et qui dit : « Respire, je suis là, tout ira bien, laisse aller, tombe, pleure, craque, dors un instant, je serai là à ton réveil. »

Je suis devenue la personne que j'aurais aimé rencontrer ce matin froid sous l'abribus, devant la gueule grande ouverte du lycée gris, tout prêt à m'avaler.

Il a bien fallu que je devienne cette personne-là, non pour guérir, mais pour survivre. En réalité, personne n'est venu.

Voilà.

C'est ainsi.

Mince ! J'ai manqué la sortie pour Zanzibar et moi et mon lourd coffre-fort allons devoir faire semblant d'aller bien encore une fois.

Surtout n'en parler à personne.

Faire tout, bien, comme on m'a dit.

Obéir.

Sourire.
Ne pas pleurer.
Ne pas dormir.
Chut toujours.
Ne pas faire de vagues.

Sleeping Satelite

« Si je décide de ne pas "me" choisir,
je décevrai toutes les femmes, qui ont vécu
avant moi, et qui ne se sont pas choisies non plus. »

Maia

Odeur de sauge et d'encens, lumière tamisée…

La voix : *Cherchez un endroit, chercher un endroit calme…*

Ma tête : « Chercher un endroit calme… »

La voix : *Calme et tranquille, tranquille et calme…*

Ma tête : « Un endroit calme et tranquille, ça ne devrait pas être trop difficile à trouver, et c'est demandé si gentiment. Cette femme à une voix tellement douce et rassurante. Une vraie voix du soir à la radio comme j'aime. Un peu comme Menie Grégoire sur RTL dans les années 1970. C'était quelle tranche horaire déjà « Allo Menie » (à l'époque, on ne se faisait pas suer pour les titres) ? 13 heures-14 heures ? Plus tôt ou plus tard ? Sais plus, faudra que j'appelle machin, il sait tout… Ce générique qui ressemblait à la « Petite cantate » de Barbara, j'adorais…

Mais pourquoi il y a Menie Grégoire dans ma tête ? Ressaisis-toi, Thérèse. »

La voix : *Calme, calme et rassurant…*

Ma tête : « Rassurant, OK, OK, OK. Un endroit rassurant, je trouve ça vite. Je cherche. Tout en cherchant, je vais ouvrir discrètement un œil. Ça y est, j'ai ouvert un œil en douce, mince, apparemment les autres participants ont déjà trouvé un endroit rassurant. Personne ne bouge un orteil. C'est rassurant ça. Je referme l'œil et je cherche l'endroit rassurant : une maison ? une école ? une chambre ? un parc d'attractions ? Un parc d'attractions ? Tu plaisantes j'espère ! Qu'est-ce que le parc d'attractions vient faire dans ma tête alors que je n'y ai pas mis les pieds depuis vingt ans. J'avais mal aux pieds ce jour-là en plus, jamais plus je ne remets de tongs Birkenstock pour arpenter ce parc !

Une plage. Une grande plage de sable…

« Ah bonne idée la grande plage ! Ça va être bon, je vais trouver. J'en connais un paquet, des plages ! Là, je vais trouver, c'est sûr !

Alors la Normandie, oui, ça marche ! Il y a des plages. Plein. Par contre, ce n'est pas très calme. Surtout le 15 août. Mais c'est bien normal. L'été, un jour férié, les gens ont besoin de se recharger en vitamine D, ils viennent avec les enfants, la famille, la glacière, le parasol, c'est normal. Pour l'intimité, c'est pas gagné. Et c'est sans compter avec l'incivilité de certains, qui exagèrent vraiment : et que je te laisse des détritus partout et ces bouteilles en plastique qui n'ont toujours pas disparu… Mais qu'est-ce que viennent faire les détritus du 15 août dans ma tête ! On s'en fout !

Vous êtes bien installés sur votre plage…

« NON ! Pas encore ! [J'ai haussé le ton dans ma tête, c'est dingue ça de presser les gens…] »

C'est là votre refuge absolu…

« Mais pas si vite, je n'y suis pas ! Elle est soûlante à cavaler comme ça cette femme ! »

Vous entendez les vagues aller et venir, comme des bras tendus vers la paix intérieure…

« J'ai pas la plage calme, ni le refuge rassurant, alors les bras longs des vagues, encore moins. »

Laissez-vous porter par ce bruit doux et continu…

« Bon, admettons, on va faire comme si j'avais la plage que je n'ai pas et on se concentre sur le bruit des vagues. Cette nana m'énerve à un point avec sa voix de murène. De toute façon, les vagues font toutes le même bruit : en Normandie, en Bretagne, à Madagascar (j'adore ce film et surtout Sacha Baron Cohen qui fait la voix de King Julian), à Tahiti, à Miami, à Toulouse… À Toulouse ? Y a pas la mer à Toulouse ? Peu importe. Les vagues de Miami ou de Dieppe : même combat. Tout pareil. Oh, ça me revient : Dieppe est la plus ancienne station balnéaire de France ! Qui avait lancé la mode ? Louis quelque chose ou Philippe III ? Henri II, ça m'étonnerait. C'est dingue, j'oublie des trucs importants en ce moment. Attends, Dieppe, Dieppe, Dieppe… bam : LOUIS XI ! C'est bon, c'est revenu, je l'ai eu il y a peu de temps dans une question d'un jeu ! Ouf. Mais qu'est-ce que vient faire Louis XI dans ma tête ??? »

… Vagues…

« Oui, c'est bon, je chercheuhhhhhhhh ! Ce que c'est pénible, les gens qui parlent doucement comme ça, on a l'impression qu'ils vont vous annoncer la mort de toute votre famille. »

… Ressac réparateur…

« Ressac réparateur, je rigole doucement, on dirait un nom de groupe de rap du 9-3 des années 2000. Ressac réparateur est dans la place ! »

… Goûtez le silence, le calme et laissez la lumière bleue entrer en vous.

« Je fais tout pour, sachez-le, mais je n'ai ni la plage, ni la mer, ni le ressac réparateur par Maître Gims, alors si vous ajoutez une épreuve supplémentaire, on oublie tout : la lumière bleue maintenant ? »

Savourez l'air qui remplit vos poumons...

« Mais qui emploie le verbe "savourer" aujourd'hui ? »

... Il vous apaise...

« L'air ? La lumière bleue ? Le ressac ? Il faut être plus précise, cocotte, j'arrive plus à suivre. »

Toute cette peur qui vous empêche, s'en va avec ces vagues...

« J'ai pas les vagues, on a dit. »

Votre peur, vos angoisses se diluent dans l'eau. Visualisez-les, s'en aller très loin de la plage...

« Admettons. »

Vous êtes à l'abri.

« Si vous voulez. »

Visualisez bien l'air bleu et pur qui pénètre vos narines, emplit vos poumons.

« Cette phrase est très moche : pénétrer, narines, poumons, les mots sont moches, c'est moche. J'en ai marre des phrases moches. Au fait, ça me coûte encore combien cette séance ? »

Restez dans cet instant précieux de calme...

« C'est long, le calme. C'était combien de temps la séance elle avait dit ? quarante-cinq minutes ? J'espère que non, je ne tiendrai jamais et j'ai envie de me gratter l'œil gauche. Terrible. Je dois avoir une bestiole qui se promène sur le visage, je sens ses pattes : une mite ou un moustique-tigre. Je ne tiendrai jamais quarante-cinq minutes. »

Inspirez...

« Ah je n'avais pas remarqué la musique. Il y a de la musique, pas fort, juste de quoi endormir tout le monde. Malin. Je n'aime pas cette musique. Le sitar ne m'a jamais détendue. Sauf si c'est Brian Jones qui en joue dans « Paint it Black » des Stones. Sinon ce genre de musique au kilomètre a le don de m'énerver. Je ne tiendrai jamais quarante-cinq minutes. Brian Jones. Sa mort reste un mystère. Certains y ont vu un homicide, d'autres, un accident... Personnellement, je crois que... »

Respirez profondément...

« Adieu Brian Jones donc… »

… Et ouvrez très lentement les yeux et revenez à moi à votre rythme.

« J'attends un peu sinon elle va s'apercevoir que je ne suis jamais partie… »

À trois, vous revenez, vous êtes calmes et sereins.

« C'est bon, j'ouvre. »

Un regard circulaire sur la salle dans la pénombre. Les autres ont l'air de sortir du coma ou d'avoir voyagé douze heures en classe éco sur Ryanair. J'imite de mon mieux la fille qui vient visiblement de redescendre d'un trip monstrueux via une substance illicite.

S'étirer comme les autres, bâiller, ébouriffer ses cheveux, remonter ses chaussettes – j'aurais quand même pu m'épiler les mollets – et rester là l'air béat.

— Alors, Laurence, comment ça s'est passé pour vous aujourd'hui ?

— Bien, bien, bien, très bien… Mieux ! BEAUCOUP MIEUX. [Elle m'a fait peur cette folle à me parler tout près comme ça dans mon oreille].

— Magnifique. Il faut vraiment garder cet instant précieusement.

— Bien sûr [tu parles].

— À présent, lorsque vous ressentirez les prémices de la crise, vous pourrez à tous moments vous réfugier dans cet abri, bien à vous, refaire ce voyage apaisant et retrouver le calme.

— Génial, on va faire ça.

— Tout ira bien, je vous le promets, respirez, pensez à votre plage intérieure, à VOS vagues, souffle-t-elle en posant sa main à plat sur mon plexus solaire.

[ON NE ME TOUCHE PAS. J'ai horreur de ça, non mais… Pourquoi elle insiste sur VOS vagues ??? Si ça se trouve, elle SAIT que je ne les ai pas trouvées !]

— Bien sûr et merci pour cette jolie séance. [D'habitude, je ne dis jamais « jolie » séance, ça fait cruche. Comme dire « une belle personne ». Ça fait cruche. Mais là c'est sorti tout seul].

— Tenez-moi au courant, OK ? Je suis sûre que ça va très bien se passer, car je vous sens prête.

— J'en suis tout à fait convaincue. Merci encore. »

Enfiler ses baskets sans s'asseoir et sans tomber, sourire mollement aux autres « élèves » qui ont quasiment tous l'air d'avoir vu la Vierge et qui portent sur leur visage une sorte de sérénité agaçante.

S'apercevoir soudain que j'ai mis mon legging à l'envers ce matin, et que l'étiquette dépasse sur le côté. Magnifique.

Enfiler son pull, sa doudoune, passer sa tête tant bien que mal à travers la bandoulière de cette besace de vieille ado attardée pour la porter façon facteur et avoir les mains libres pour fumer alors que je n'ai jamais fumé de ma vie.

Traverser le hall en tanguant légèrement (bizarre mais je tangue beaucoup depuis quelque temps), pincer mon nez avec mon pouce et mon index et faire comme dans l'avion, quand le pilote fait exprès de voler à une altitude qui te ravage les tympans. Souffler pour entendre à nouveau et revenir à la réalité. N'obtenir qu'un brouhaha miteux, comme si j'entendais la vie dehors en douce, encore et encore, essayer plusieurs fois de déboucher ces sinus maudits.

Respirer la pluie sale de Paris en imaginant que c'est une ondée rafraîchissante de Loctudy.

Revenir à la seule question qui me hante dans l'instant : comment, mais comment réussir à passer cette P… d'IRM ?

Essuyer une larme.

Avancer.

Edge of Seventeen

« Si on ne vous a pas servi d'amour
dans une cuillère en argent, vous apprendrez
à l'apprécier en le léchant à même la lame
aiguisée d'un couteau. »

Lauren Eden

« D'abord, Laurence, c'est moche, c'est vieux, c'est plat, ça fait pas sexy, ça fait pas radio », dit en souriant de toutes ses dents blanches Claude Ruben, le nouveau patron de la radio des « nouvelles de Versailles », impeccable dans son cachemire col V bleu ciel.

Je n'ai jamais vu de cachemire de près. Incroyable comme c'est doux. Ça doit être ça le luxe.

« Désolée, je dis d'un air idiot.

— On ne peut pas te mettre à l'antenne avec ce nom, ça ne va pas du tout. Attends… Je cherche… Mmmmmm (il réfléchit longuement deux secondes en regardant le plafond), tu t'appelleras : Chloé », annonce-t-il d'un air triomphant.

Silence gêné.

« Oui. D'accord, monsieur. [On m'a appris que le patron a toujours raison, il se trouve que ce patron a quelques fois participé aux « visiteurs du mercredi » sur la Une, alors je ne vais pas discuter son avis de très grand professionnel. Il connaît Casimir et Soizic Corne, pas de négociations possibles. Et puis la radio c'est toute ma vie, alors s'il faut s'appeler Marcel après tout, peu importe.]

— Beaucoup mieux, non ?

— Oui, monsieur [C'est vrai qu'en y réfléchissant Chloé, c'est vraiment mieux que Laurence. Ça fait parfum capiteux, mannequin aux longues jambes, cheveux dans le vent. Bref, ça fait pas moi et ça c'est quand même très important].

Chloé.

Chloé.

Voilà. C'est à peu près tout ce dont je me souviens de ce premier contact avec cette radio municipale toute à la gloire de la cité de Louis XIV.

Pour le reste, peu de souvenirs. Bon chic bon genre, ce média installé dans un quartier historique faisait un peu tout et n'importe quoi.

Mais c'était enfin une radio ! Pas un clapier au-dessus de poulaillers en plein champ (ça, je vous en parlerai peut-être plus tard si mon éditeur me laisse un peu de temps).

Il y avait de cossus locaux, un ascenseur et un vrai studio, une salle pour les journalistes, une machine à café et des toilettes en dur.

Versailles.

Malheureusement, cette pauvre Chloé n'en profita que très peu de temps. Elle explosa en plein vol à peine quelques jours après son arrivée, sans même avoir vraiment compris pourquoi on l'avait baptisée ainsi.

Laurence était bien mal à l'aise dans la peau de cette brave et sexy Chloé, au point qu'elle en oublia d'être elle-même.

D'ailleurs, Claude Ruben qui m'avait trouvé toutes les qualités du monde le lundi, ne m'en trouva plus aucune le vendredi. Une constante que je retrouverai souvent dans ce métier.

Il m'annonça sans ménagement que non seulement j'avais un prénom qui ne faisait pas l'affaire mais que je n'avais aucun talent pour la radio.

J'en fus fort contrite dans l'instant.

Quitter la machine à café et les toilettes en dur ne me brisa pas le cœur pour autant, je n'avais guère eu le temps de m'y habituer.

Et, comme un malheur n'arrive jamais seul, c'est cette semaine-là que le ru de Marivel, joyeux cours d'eau dont je n'avais jamais entendu parler, décida, gonflé à bloc par les pluies diluviennes de l'été et un certain manque d'entretien, d'inonder le quartier de Porchefontaine à Versailles où j'habitais avec mes parents.

Une nuit apocalyptique où les eaux de pluie déferlèrent dans les rues comme des folles sous acide, emportant les voitures, envahissant les garages, les caves, les rez-de-chaussée, sous le regard médusé des voisins et amis du quartier. Les gens hurlaient de peur, coincés dans leur voiture, l'eau à la hauteur des fenêtres, qui en quelques minutes ravagea tout sur son passage.

Maman pleurait en sachant que, sous ses pieds, tout le sous-sol de notre maison, heureusement légèrement surélevée, venait de disparaître.

Adieu, la jolie pièce fraîchement refaite, la cuisine d'été, les appareils électroménagers, et la totalité de nos souvenirs d'enfance, soigneusement rangés et préservés depuis des années par cette femme si soigneuse.

Mon père me chuchota à l'oreille sur le perron : « Vas-y, tu sais nager, toi, j'ai tous mes papiers dans ma veste que j'ai laissée au sous-sol. »

Je sortis en soupirant sous la pluie, bien décidée à courir dans la descente du garage, choper la veste, remonter en courant, et retourner à ma musique dans ma chambre.

Mais je restai interdite devant le spectacle sous mes yeux.

L'eau noire et boueuse avait atteint en quelques minutes le haut de la porte du garage, environ 1,80 m de hauteur. D'ailleurs, il n'y avait plus de garage, plus de porte, plus rien. Même Shelley Winters dans *L'Aventure du Poséidon* avait plus de chances que moi d'atteindre la porte de ce fichu garage.

Les sirènes des pompiers au loin donnaient un peu d'espoir sous ce déluge, mais ils ne pouvaient pas être partout à la fois, il y avait plus urgent, et je crois me souvenir qu'une personne de notre quartier y laissa la vie.

Nous étions, comme beaucoup d'habitants de ces quartiers, victimes de ce cours d'eau, qui continua par la suite à leur empoisonner la vie.

Au matin, on se serait cru sur le site du Teknival après qu'on a annoncé la fin des hostilités. Un champ de bataille vide, terni par l'odeur affreuse des eaux usées qui, par simple principe physique, avaient, elles aussi, jailli dans les habitations.

Les voisins en pyjama, les yeux rougis, de maigres outils à la main, tentaient de racler la boue immonde vers le caniveau sans grande illusion. L'eau avait charrié des branchages jusque devant chez nous et la rue commençait à se remplir de meubles et de tas de vêtements qui ne pourraient être sauvés.

Les dommages furent énormes. Aussi bien financiers que psychologiques. On parla longtemps chez nous de ce que nous avions perdu dans l'inondation. Il fallut des mois et des mois pour se débarrasser de la boue qui s'était infiltrée partout, les assurances ne rembourseraient que si la ville décrétait le sinistre comme catastrophe naturelle, ce qu'elle se garda bien de faire.

Les sinistrés ne reçurent aucune aide malgré leurs protestations. Chez Louis XIV, on n'aime pas ce genre de mauvaise presse.

Bref, après cette digression aquatique, revenons à cette pauvre Chloé qui fut emportée comme une table de chevet bancale par les eaux fétides du paysage radiophonique versaillais.

Laurence retrouva son prénom et s'y accrocha comme un arapède à son rocher. (Arapède : nom commun des mollusques comestibles du genre patelle, qui vivent accrochés aux rochers sur les côtes de Provence.)

Tant et si bien et avec tant de vigueur que cela provoqua un léger malaise à mon arrivée à Europe 1 en 1986 où je refusais catégoriquement de n'être qu'un prénom et obtint de porter aussi mon nom de famille à l'antenne, ce qui se faisait peu chez les animatrices.

Mais revenons à nos clapiers et à nos moutons.

La télévision fut un hasard, la radio, elle, fut une obsession, une passion, un choix, un rêve.

Les voix dans le poste étaient les compagnes fidèles et rassurantes de mes solitudes d'enfant. Le parfum des vacances était aussi celui de la météo des plages (avec une eau à 18 °C à Ouistreham disait la voix d'Évelyne Pagès et le bonheur était là, simple comme une hydrocution), de « Moi dans la maison vide » de Michel Polnareff (un titre qui me pétrifiait sur place, pieds nus sur le carrelage de la cuisine), de « Héloïse » hurlé par Barry Ryan, porté par une armée de cuivres et, dans mon imagination, de sonneurs d'olifants au cœur d'une épaisse forêt de conte de fées.

Pendant l'année, l'arôme de mon goûter était toujours le même : seule à la maison avec des chocos BN trempés dans du Nescafé, un livre calé entre mon bol et les paquets de biscuits – Nicole de Buron, Salinger, Frédérique Hebrard, Françoise Dorin, peu importe ce qui me tombait sous la main dans la bibliothèque. Et les trompettes de RTL qui annonçaient l'arrivée de Bouvard et ses « Grosses Têtes ». Je restais un instant suspendue dans ma lecture, le choco BN en l'air, attentive aux invités présents ce jour-là : Jean Dutourd, Jacques Martin, Jean Yanne, Philippe Castelli, Sim, Roger Carel… Avec une première question de Mme Leprieur d'Agon-Coutainville. Je me délectais alors de leurs rires, de leurs blagues, de leurs bons mots dont je ne comprenais pas toute la portée, de leurs saillies intellectuelles. Ils citaient des noms qui me faisaient rêver : Alphonse Allais, Oscar Wilde, Labiche, Feydeau, Sacha Guitry dont je devins une passionnée peut-être grâce à cette émission. Parfois, certaines questions appelaient des noms qui se faisaient plus rares, des Cioran (que plus tard je me mis à vénérer puis récemment à vomir quand j'appris qu'il avait défendu les agissements de ce porc de Gabriel Matzneff au nom de l'art), des Freud, des George Bernard Shaw. Je me promettais en avalant le biscuit de lire un jour ces auteurs si drôles, et de rencontrer en vrai ces hommes si spirituels qui provoquaient chez Bouvard des gloussements de gamin dans ce studio de la rue Bayard.

RTL était la radio de mise chez moi. Vers 11 h 30, mon grand-père passait de son atelier de tailleur à la cuisine pour démarrer la préparation du déjeuner. Fabrice et la case trésor emplissaient tout l'espace et je me demandais admirative qui étaient tous ces gens présents dans le public, qui vénéraient, et devançaient les blagues de celui qu'ils appelaient « l'empereur ». De temps à autre, mon grand-père écrivait sur un coin de table le montant de la valise RTL. Moment de suspens, nous tendions l'oreille pour savoir si ça sonnait en même temps à l'antenne et dans la salle à manger.

RTL n'appela jamais à la maison, et toute la famille dut se crever la paillasse jusqu'à l'âge de la retraite, dont certains ne profitèrent guère mais, peu rancuniers, nous avons continué à aimer RTL et elle resta à jamais la radio de référence de mon enfance et de mon adolescence.

Les animateurs de Radio Télé Luxembourg avaient une jolie voix et un talent indéniable pour me garder parmi ses fans les plus passionnés.

Certes, je ne comprenais rien aux conversations de début d'après-midi de Menie Grégoire, mais j'aimais le « Stop ou encore » du samedi matin, « Les routiers sont sympas » de Max Meynier, la voix enveloppante de Georges Lang le soir qui me fit découvrir la musique de la côte ouest des États-Unis, le ton délirant et si particulier de Francis Zégut et l'organe grave de Jean-Bernard Hebey, dans « Poste restante » le dimanche après midi, qui ralentissait l'avancement de mes devoirs tant j'étais satellisée par son humour pince-sans-rire, ses exclus rapportées d'Angleterre ou ses interviews et ses concerts gratuits et enregistrés depuis le grand studio de la rue Bayard. Je devais avoir certainement quelques facilités, et bien évidemment n'éprouvais nulle envie de contrarier ma mère, car je ne me rappelle pas avoir révisé une seule leçon dans le silence. Si la radio ne me parlait pas, mon cerveau restait de marbre. Et pourtant, j'eus une scolarité tout à fait honorable.

Tout sauf le silence.

Quelle ironie.

La peur d'une pièce sans bruit, d'un moment sans musique, d'un tête-à-tête avec soi-même. Ce dont je rêve aujourd'hui me glaçait d'ennui il y a quelques années. Chaque souvenir me lie à un son, à une musique, à une chanson, à une voix. Je n'associe rien au silence et à la paix. À part la mort.

La mort, elle, est peut-être silencieuse. Comme une longue marche dans la neige épaisse, comme un vol au-dessus des nuages, comme lorsque l'anesthésie générale commence à faire effet, et que tout le corps s'engourdit, jusqu'à la gorge, jusqu'au visage, que le champ de vision rétrécit jusqu'au noir complet, que les voix disparaissent en des murmures étranges qui font résonner les consignes habituelles du bloc, que le silence arrive enfin et que plus rien n'a d'importance, même la vie.

Rage Against the Machine

La première expérience avec ladite machine fut mémorable.

La date, je ne l'ai pas, la raison non plus (impossible de m'en souvenir), mais je me souviens de ce premier combat, où je me rendis la fleur aux dents puisque je n'avais aucune idée de ce qui m'attendait. Pas la moindre appréhension, une promenade de santé pour moi qui avait déjà une longue expérience des explorations médicales en tout genre. Que je croyais !

Ce ne fut que lorsque je vis, de mes yeux, la bête immonde dans cette salle d'hôpital en sous-sol que mon cerveau fit un double lutz piqué.

Allez comprendre ce qui m'a pris à ce moment-là, mais j'entendis clairement une voix dans ma tête me dire : elle va te dévorer… (Pas la manipulatrice radio, charmante au demeurant, la machine !!!) Cet énorme sous-marin posé là, avec une petite bouche béante et mauvaise, dans laquelle allait glisser un chariot qui n'attendait que moi.

Je pilai à l'entrée de la pièce, en essayant de me convaincre que j'avais fait plus de deux cents scanners dans ma vie, et que ça y ressemblait beaucoup.

Mais le scanner, c'est un gentil. Un cercle lumineux, dans lequel on passe, comme les assistantes de magiciens traversent un anneau pour prouver au public qu'elles sont en suspension dans les airs sans aucun trucage.

Là, c'était différent.

Un scanner en cinq minutes chrono, c'est plié. Un peu plus si on injecte le produit de contraste, en étant large.

La gentille demoiselle était en train de me décrire la procédure, machinalement, comme à chaque patient, je suppose, et j'entendis très clairement : « Il faut juste essayer de bien rester immobile, on en a seulement pour une vingtaine de minutes. »

Et là, le double lutz piqué se transforma en triple axel.

Je bafouillai : « C'est long vingt minutes quand même » mais ça, je ne le saurai jamais.

Dépouillée de tout élément métallique, allongée à plat comme dans un tiroir de médecin légiste, attachée sur ce chariot avec, dans mon dos, le souffle de la cavité béante qui de temps à autre se mettait à gronder un « viens par là, mon enfant » qui me fit froid dans le dos.

La manipulatrice sortie, la porte se referma derrière elle, je restai seule à la merci du grand requin blanc derrière moi qui ronronnait de plaisir à l'idée de m'avaler tout rond. Ma tête y entra la première et l'intérieur de la bête se retrouva à 10 cm de mon visage. L'on m'aurait glissée dans le conduit d'évacuation de l'évier, la sensation aurait été peut-être plus agréable.

Et puis ce fut la catastrophe !

Le cycle à peine lancé, accompagné par le bruit terrifiant des séquences, je me mis à sangloter comme une idiote en appuyant désespérément sur la sonnette qu'on avait placée dans ma main.

« Ça ne va pas ? demanda la voix dans mon casque antibruit.

— Non, non, non, ça ne va pas, sortez-moi de la machine ! »

À deux doigts de sortir par mes propres moyens de ce tuyau de l'enfer, quitte à ramper sur le dos, je me mis à respirer comme un marathonien en fin de course, et à supplier à haute voix qu'on abrège cette torture.

Je sentis comme un léger agacement, à peine dissimulé, dans le ton de la dame qui vint aux nouvelles, tout en faisant sortir le chariot de la gueule du démon.

« Désolée, désolée, désolée, je balbutiai à travers les larmes.

— C'est quand même dommage de s'arrêter en route en plein examen, n'y pensez pas, fermez les yeux, concentrez-vous sur quelque chose de joli et vous allez voir que c'est uniquement dans votre tête ! »

MAIS ÉVIDEMMENT MICHELINE QUE C'EST UNIQUEMENT DANS MA TÊTE !

Je lui ai dit ça autrement, et pas sur ce ton, mais c'était tout comme. Et je ne sais pas si elle s'appelait Micheline. Ça m'étonnerait vu son âge.

Évidemment que je SAIS que ce n'est pas une bête immonde la gueule grande ouverte qui se trouve derrière moi ! Évidemment que je ne suis pas chez le médecin légiste allongée dans un drap après m'être fait assassiner dans un bois de Seine-et-Marne, le nez dans les herbes froides et de la terre dans la bouche. ÉVIDEMMENT, je sais tout ça. Mais ce sont les informations que ma tête m'envoie et ça fait que je ne peux pas quand même. Voilà, c'est tout.

La dame insista tant et si bien, qu'on essaya une deuxième fois.

Sans succès (même si j'arrivais à tenir une minute de plus).

Puis une troisième fois… Nul.

Puis une quatrième, sans aucun résultat. À part le fait que le médecin vint me dire que cela allait être très compliqué d'avoir un examen de qualité, et qu'il avait déjà trois patients qui attendaient leur tour.

Bon.

Il me conseilla de revenir une prochaine fois, après avoir pris un petit bout de Lexomil, et/ou avoir essayé l'hypnose qui marche très bien paraît-il dans les cas comme le mien.

Je me sauvai honteusement vers la cabine où j'aperçus ma tête de folle désespérée dans le miroir. Et, pendant un court instant, j'eus pitié de moi. Vraiment.

En sous-vêtements, sur le petit banc, dans cette cabine étouffante depuis laquelle j'entendais toujours le grondement de la bête, je n'arrivais toujours pas à comprendre ce qui c'était passé. Pourquoi la force habituelle qui me permet presque toujours de surmonter certaines choses s'était évaporée à la vue de cette machine.

Je vacillais entre tristesse et déception.

Il allait surtout falloir recommencer.

Recommencer, je ne sais plus pour quelle raison d'ailleurs, à une époque où l'alien ne faisait même pas encore partie de ma vie. Enfin si mais je ne le savais pas.

Il y eut au moins quatre essais. Un seul fut transformé sur les quatre mais il n'a que très peu d'intérêt, il s'agissait d'une IRM des genoux que le radiologue me permit de passer à plat ventre. De cette façon, l'impression d'être avalée dans la machine ne fut pas aussi aiguë. Quant aux autres essais, j'ai juste le souvenir d'une couette sur moi et d'un masque sur les yeux à l'hôpital Cochin, accessoires supposés atténuer mon stress dans la machine.

Je rigole.

Dès que le chariot se mit à reculer, je me mis à crier « non, non, non » en essayant de me libérer, ce qui fit se précipiter une jeune manipulatrice radio, affublée de boucles d'oreilles en métal qui, parce que la machine magnétique était toujours en marche, se tenaient complètement à l'horizontal sur ses lobes. Fascinée par ce tour de magie, je restai quelques secondes à regarder ses pendants d'oreilles faire la planche dans le vide.

Moment de détente vite effacé par les conclusions plus que négatives de l'examen.

On me conseilla alors l'IRM semi-ouverte dans une clinique de Versailles spécialisée dans la gériatrie.

Forte de cette information dont je ne sus que faire sur le moment, je conclus qu'il me fallait à nouveau tenter ma chance au grand loto des émotions en milieu magnétique.

Et donc je découvris les joies de l'IRM semi-ouverte de compétition.

Très au fait de mon angoisse débordante et irraisonnée, le personnel fut aux petits soins et c'est la tête installée sur un oreiller moelleux que je fis mon entrée dans cette énorme machine, dont le plafond faisait aussi boîte de nuit, passant du rose au bleu via toute une panoplie de splashs psychédéliques, le tout accompagné de Bob Marley dans le casque. Je ne saurai jamais à quoi ressemble un trip sous acide mais ça donnait envie de s'y mettre. J'allais oublier de mentionner les trois Lexomil entiers que j'avais pris une heure avant et qui commençaient *piano piano* à faire leur effet... Un infirmier d'une gentillesse redoutable me parlait pendant tout l'examen à travers l'espace formé par les deux tranches de la machine : d'où ce fameux nom de « semi-ouverte. »

Pour moi, c'était un semi-fermé.

L'infirmier criait : « Coucou, vous me voyez ? »

Je miaulais « oui » pour lui faire plaisir mais le cœur n'y était pas...

Au bout de quinze minutes, on me retira de l'énorme tuyau comme une baleine échouée.

Je ne me souviens plus si le radiologue avait réussi à faire l'examen ou pas.

Peu importe.

C'est uniquement lorsque l'alien commença son travail de sape que d'un désagrément évitable on passa à une nécessité absolue.

On me prescrivait l'examen malgré mes réticences sans jamais chercher à comprendre pourquoi il était impossible pour moi de m'y rendre.

De ce fait, je collectionnais les prescriptions sans jamais passer à l'acte.

L'ORL m'envoyait toutes les morts d'évêque faire un scanner qui restait évidemment sans résultats. On perdait du temps. L'alien en gagnait. Le rythme de travail ne me permettait pas d'y réfléchir, de trouver un praticien qui aurait des solutions, peut-être une oreille attentive afin de réussir à faire passer ça au premier plan. Toutes les conditions étaient réunies pour qu'on ne sache jamais la suite de l'histoire…

Quand un jour, devant l'urgence, et peut-être un peu usé par ma problématique, mon médecin me dit, d'un air dégagé : « Ben on n'a qu'à vous endormir, Laurence… Et puis ce sera réglé. »

Ah.

Donc, tout ça pour ça.

On aurait peut-être pu me le dire plus tôt ?

I Don't Like Mondays

« L'enfant qui n'est pas accueilli par le village
le brûlera un jour pour en ressentir la chaleur. »

Proverbe africain

Est-ce que je suis là, ici, maintenant ?

Non.

Rarement.

Parfois.

Je suis « hier » ou déjà « demain », mais jamais « maintenant ».

Les « maintenant » sont-ils vraiment si laids pour les éviter avec autant de soin ? Possible. Ou alors c'est une mauvaise habitude prise il y a trop longtemps, de survoler le présent, en retenant son souffle, pour le revivre plus tard. Quand le cœur se sera calmé, et que les conditions météo seront plus clémentes.

Et pourquoi déjà penser à demain, alors qu'il suffit de respirer maintenant, d'écouter et de regarder ce qui s'y passe... Aujourd'hui devient hier, et c'est déjà trop tard.

Ma façon à moi de m'absenter de ma propre vie.

Et entre vous et moi, je suis passée maître en la matière.

Si je fais plouf plouf et que je pointe mon doigt les yeux fermés sur la carte de mes souvenirs ce ne sont pas les exemples qui vont manquer.

Alors je préfère laisser affleurer ceux qui veulent vraiment être écrits noir sur blanc. Ce n'est pas moi qui décide, mais « eux ». Je n'y suis pour rien.

Pourquoi ce souvenir-là, en particulier, revient sans cesse depuis des années.

Il est d'hier et pourtant il est si présent.

J'ai beau lui appuyer la tête sous l'eau de toutes mes forces, il n'a jamais voulu mourir.

Je le porte avec moi comme un sac à dos usé qui me cisaille les épaules.

Le lycée Jean-Philippe-Rameau n'est pas un collège même si on y arrive dès la 6e. C'est marqué en gros sur la grille en plus. Je ne mens pas. Immense bâtiment moche des années 1950 qui penche vers le HLM raté construit par un carreleur cocaïnomane. Il y a du carrelage partout. Marron avec des mouchetis jaunes. Les couloirs sont immenses, longs, éclairés par de hauts vasistas. Les salles sont classiques, sans aucune personnalisation particulière. Il y a quatre étages que l'on grimpe en meute de mille trois cents tous les matins, via trois entrées différentes après avoir traversé une grande cour impressionnante.

C'est vrai que le matin, c'est chaud. C'est une entrée fracassante, comme lorsque tous les fans de Taylor Swift se précipitent en même temps pour avoir la première place dans la fosse.

Toutes les classes se mélangent, les 6e tentent de se faufiler entre les 3e qui se la jouent « adultes », il y a des petits comme moi en tenue d'écolier, de futures fashionistas acnéiques avec des vrais collants couleur chair de grande et des ballerines vernies à petits talons, d'immenses ados braillards qui rigolent fort et nous bousculent d'un air méprisant. Bref. De onze ans à quinze ans, la belle jeunesse prometteuse, pleine de rêves et affamée de savoir.

Il y a aussi un grand dont je ne vois jamais le visage qui, quasiment tous les matins, s'adonne à son passe-temps favori : me pourrir la journée.

MAIS dans un style très précis.

Je monte les escaliers qui desservent les étages où se trouvent nos classes en bavardant avec mes copines, et j'ai beau parfois surveiller mes arrières je ne le repère jamais à temps. Et puis, il est là, derrière moi : je sens sa main agripper ma cheville fermement alors que je suis en train de monter les marches, il tire alors ma jambe en arrière et je m'étale la tête la première à chaque fois, mon cartable d'un côté, égaré entre les centaines de jambes qui grimpent en même temps, comme une crêpe, le visage contre les grands carreaux froids, rouge de honte, tentant de me relever pour fuir le plus vite possible. À chaque fois, j'entends son rire et celui de ses copains. À chaque fois, je n'ose pas me rebeller, j'irai regarder plus tard aux toilettes si j'ai un bleu sur le front ou le genou qui saigne. Mais il m'a repérée et j'ai le droit à ce traitement surprise assez souvent.

Je ne dis rien, je suis en sixième, je ne suis personne, et je sais qu'il ne faut jamais accuser qui que ce soit sans preuves absolues, m'a dit maman. Jamais !

Mes copines m'aident à me relever et lancent des regards noirs aux coupables mais ça s'arrête là.

Bon, ça, c'est un détail, et ce n'est pas le souvenir précis dont je voudrais vous parler, c'est juste histoire de planter le décor. 1974. Versailles. Lycée Jean-Philippe-Rameau.

C'est fait.

En 6e, je me présente aux élections des délégués de classe, où je suis élue à ma grande surprise. Ça me plaît bien de porter le cahier de textes jusqu'au bureau du prof, de rapporter le cahier de textes jusqu'au bureau de l'intendante, parfois faire passer quelques polycopiés qui sentent l'alcool, tout droit sortis du Ronéotype imprimant les précieuses feuilles à l'encre violette, aller chercher une éponge de secours dans la classe d'à côté. Des petits jobs sans grande importance, mais qui me semblaient à l'époque plus qu'indispensables.

Je découvris une autre facette à la fonction de déléguée de classe : celle d'accompagner les autres élèves à l'infirmerie, joyeux local, qui se trouvait à l'autre bout du bâtiment. Si un prof vous mettait la main dessus pendant la récré, vous étiez bon pour aller arpenter les couloirs avec machin qui saignait du nez ou truc qui avait vomi sur ses chaussures. Il suffisait de les accompagner là-bas, manu militari, et au pas de course pour ne pas se faire manger sa récré tout entière, munie d'un mot du prof, de les attendre le cas échéant, ou de les y laisser, et de repartir en sens inverse munie d'un autre mot, signifiant au professeur pourquoi je revenais les mains vides.

Pas très compliqué.

Jusqu'à ce jour : tranquille sur un banc, j'étais en train de raconter le film de la veille à mes copines (ou l'inverse), en essayant d'ignorer le bazar que mettait un petit groupe à quelques mètres de nous, leurs cris, leurs hurlements de rire forcés, leurs grossièretés à peine déguisées.

Soudain, le pion traversa la cour en courant, et se précipita en direction du chaos. Une des profs le suivait, le cardigan posé sur les épaules, d'un air décidé à distribuer les claques.

Il y avait un groupe compact de « grands » de 4e ou 3e peut-être, attroupés autour de quelque chose, et les encouragements des uns soutenus par les éclats de rire des autres ne nous permettaient pas de dire s'ils étaient en train d'égorger un poulet ou de jouer à la version gore de chat perché. Le surveillant repoussa avec force ceux placés aux premières loges qui tentaient de garder leur place coûte que coûte et réussit à plonger le bras au milieu de ce tas humain, en braillant des « C'est pas fini, oui ? » pour mettre un terme à l'affaire.

Je retournai à mon commentaire cinématographique. Même sans les regarder, on pouvait s'imaginer que les coupables de l'incident étaient en train de se prendre une rouste magistrale ce qui, en vérité, nous laissait totalement indifférentes.

Puis j'entendis mon nom crié par la prof au cardigan, qui avait remarqué ma présence.

« Boccolini, venez là tout de suite ! »

Je remontai mes chaussettes blanches de 6e B et me dirigeai vers elle.

Je remarquai que la directrice était aussi arrivée et qu'elle parlait fort en remuant un cahier comme une arme chargée, sous le nez des grands abrutis qui avaient causé le chahut.

La prof me donna un mot et me dit : « Allez, emmenez-le à l'infirmerie, lui ! »

Lui ? Lui qui ? Le grand moche qui faisait semblant d'écouter les remontrances de la directrice ? Le sournois avec une mèche de cheveux gras qui essayait de ne pas rigoler derrière son pote ?

Non. LUI.

Alors « lui », je le connaissais un peu, mais de vue. Il était en 6e comme moi. Dans une autre classe. Plus petit que les autres, il portait des lunettes, un duffle-coat avec des boutons sifflets en bois, il était doux et fragile, et souriait tout le temps. Dans mon souvenir, il avait un cartable en cuir, dans lequel il y avait une flûte ou une clarinette (ça, impossible de m'en souvenir avec précision).

Mais c'était un élève calme et timide, qui essayait tant bien que mal de se faire accepter au prix de gros sacrifices, seul par la force des choses avec son monde de musique et de bonnes notes et ses cheveux tout bien coupés sur la nuque.

Il se tenait debout, la tête baissée, et je me dis que j'étais bonne pour aller lui faire colmater les narines de coton à l'autre bout du bâtiment.

J'entendais vaguement les vociférations de la directrice qui tenait par le bras ce petit garçon comme pour montrer aux grands couillons ce qu'ils avaient fait.

Mais ceux-là s'en fichaient et acceptaient avec résignation la punition qui leur pendait au nez, en levant les yeux au ciel.

Je dis : « Bon, on y va ? » à l'élève, qui enfin leva les yeux vers moi.

Et je crois qu'à cette minute mon cœur fit une chute vertigineuse en moi, dans un long hurlement de détresse.

Je restai interdite, le mot de la prof à la main, face à lui, à son regard perdu, à son manteau défait et à son visage de bébé entièrement tatoué à l'encre noire. Plus un millimètre de peau nue. À la place, des dessins de sexes énormes, gros comme la fusée sur la couverture d'*Objectif Lune* de Tintin, des mots orduriers, des tags sales, violents, noirs comme la bêtise, étalés cruellement sur son front, ses joues, sa bouche, le tout décoré de gribouillages affreux. Il était là face à moi, et nous ne bougions ni lui ni moi.

« Allez-y, vous attendez quoi, vous aussi ? cria la directrice en me désignant de son cahier. Dépêchez-vous ! »

Il ramassa son cartable ouvert, qu'il referma soigneusement avant de me suivre en silence vers l'infirmerie.

Il n'y avait personne à cette heure-là dans les couloirs. Nos pas résonnaient tristement sur le carrelage. Il marchait à côté de moi, gardant ses distances, je voyais sa tête penchée et la capuche de son manteau, et je l'entendais doucement pleurer, honteusement, seul, abandonné là, le visage massacré par des marques ordurières dont ni lui ni moi ne connaissions la signification ; nous savions juste que c'était comme ça que l'on faisait du mal aux petits enfants trop sages et différents. Je faisais semblant de ne rien entendre, démunie du haut de mes onze ans devant ce petit humain au cœur brisé, je découvrais la violence des uns et l'innocence des autres. Nous avons marché jusqu'à la porte de l'infirmerie silencieux, comme deux fantômes, et je me rassurais tant bien que mal en me disant que l'adulte qui allait le prendre en charge allait soulager son chagrin, puisque c'est leur rôle. Je toquai doucement plusieurs fois à la porte verte, et au bout de plusieurs très longues secondes, j'entendis le fameux « Oui, entrez » dans lequel je plaçais tous mes espoirs.

C'était l'heure du déjeuner et l'infirmière se trouvait là avec une autre femme, visiblement en pleine pause-café.

« C'est pour quoi ?

— C'est pour lui j'ai dit, en tendant le mot magique qui faisait office de bon de transport.

— Ben qu'est ce qui lui arrive à lui ? »

Il était resté dans le couloir son cartable à la main, figé dans la lumière du vasistas, avec son petit visage de maori tatoué.

« Je crois qu'il a du feutre, ai-je minimisé dans un fol élan de pure panique.

— Eh ben, rentrez, vous, ne restez pas là ! »

Il entra dans la salle la tête baissée comme s'il avait été le coupable, et je me souviendrai toujours du visage stupéfait des deux femmes.

« Mais qu'est-ce que c'est que ce travail ? dit l'infirmière. Mais venez voir ça, Jeannine ! Mais ils lui ont écrit sur la figure !!!

— C'est pas possible de voir ça ! Mais quelle horreur !...

— Venez voir par-là, vous », ordonna-t-elle au petit garçon qui s'exécuta.

C'est à ce moment-là que tout le monde oublia ma présence et que je perdis le courage de demander ce que je devais faire. Je restai pétrifiée entre la porte d'entrée et les flacons de désinfectant.

Elles se mirent à deviser sur la jeunesse qui se barrait en sucette, à ces petits hooligans qui faisaient la loi dans la cour de récré, à ce lycée qui perd son lustre sous leurs yeux (j'avais jamais remarqué un lustre mais peut-être dans le bureau de la directrice ?) sans jamais vraiment s'adresser à lui.

Je le regardais, assis sur le haut tabouret, ses pieds dans le vide, le regard dans le vague. Il répondait poliment aux questions.

« Mais pourquoi on vous a fait ça ?

— Je sais pas.

— Mais vous vous êtes laissé faire ?

— Non, non, j'ai essayé de me défendre.

— Mais c'est pas possible ça, faut pas se laisser faire ! [Magnifique conseil qui même à onze ans me semblait être le summum de la bêtise.]

— C'est pas la première fois.

— Mais c'est pas une raison ! Faut pas se laisser faire, regardez-vous maintenant vous êtes beau, tiens ! Vont être contents vos parents. En plus ! [En plus de quoi ?] »

J'assistais à ce dialogue de sourd entre des adultes agacés, qui n'avaient que faire de la peine de cet enfant, ni même du fait qu'il avait une carte d'abonnement prioritaire pour ce genre de traitement. Leur seul vrai souci était : comment lui enlever tous ces trucs dessinés sur le visage ! On était visiblement dans le domaine technique.

C'est là que je croisai son regard. À l'instant précis où l'une des femmes attrapa une éponge dans l'évier, y versa de l'alcool à 90°, du PAIC citron, et se mit à lui frotter les joues pour effacer les traces de l'infamie. Il tenait sa tête droite tant bien que mal, les yeux pleins de larmes, et je voyais sa peau toute tendre rougir sous l'éponge qui n'effaçait absolument rien. Rien mais alors rien du tout.

Et j'aurais voulu disparaître. Avec les traces d'encre. Tout mais ne pas être là avec lui, comme ça, plantée dans l'entrée comme une nouille, tout mais ne pas entendre le silence de sa honte et son chagrin, tout mais ne pas écouter les mots stridents des femmes qui répétaient en boucle : « Mais en plus ça part pas cette saleté » tout en rajoutant de l'alcool sur l'éponge. Tout, mais ne pas être là, impuissante, innocente, démunie, incapable de bouger, de consoler, de câliner, faute d'avoir appris à le faire dans ce genre de situation. Je savais juste qu'un drôle de sentiment faisait son nid en moi, j'étais bien incapable de le reconnaître et de l'accueillir.

Ce n'est qu'au bout de dix bonnes minutes que l'une d'entre elles s'aperçut de ma présence.

« Mais qu'est-ce qu'elle fait encore là, elle ? Mais ne restez pas plantée là ! Allez dire à Mme la directrice qu'il faut appeler les parents… Vu que ça part pas !

— Je dis ça ? ai-je répondu dans la plus complète confusion. Je dis que ça part pas ?

— Hein ? Non, mais non, allez, retournez dans la cour, je vais l'appeler directement ! Allez, filez ! »

Je n'ai même pas eu le courage de le regarder encore une fois. Et je l'ai abandonné avec sa peine et sa honte. Je suis partie comme une voleuse. J'ai même couru dans le couloir alors que c'était interdit. J'ai couru alors que je déteste courir. J'ai couru pour ne plus y penser. Jamais. J'ai couru jusqu'à vomir. Mais je n'ai pas vomi. J'ai couru pour ne plus jamais m'en souvenir. Je suis retournée dans la cour sur le banc. Rouge, échevelée, à bout de souffle. Les filles ont juste demandé : « Alors, qu'est-ce qu'il avait ? »

J'ai répondu : « Je l'ai laissé là-bas. »

Je n'ai pas menti. Je l'ai laissé là-bas. Je l'ai laissé là-bas depuis cinquante ans. Seul sur son tabouret, la peau barbouillée d'encre et de larmes, la peur au ventre, à se faire engueuler pour n'avoir pas su se défendre.

Et j'y pense toujours.

J'espère qu'il est devenu un grand musicien, un mec heureux, un type génial, qu'il est aimé et qu'il aime comme un fou, qu'il a distribué des baffes à des cons pour les bonnes raisons, qu'il a gravi des montagnes pour prendre des photos en souriant au sommet, qu'il a vu le monde et ri sous la pluie de la mousson, qu'il a eu des amis fidèles, qu'il a bu, chanté et rigolé, qu'il a fait la fête, qu'il a joué de la flûte devant le pape, qu'il est devenu un grand chirurgien du cerveau, ou un ébéniste passionné, j'espère qu'il a aimé sa vie, et qu'on lui a répété à quel point il est beau et qu'il sent bon en l'embrassant dans le cou, mais plus que tout cela, j'espère surtout qu'il a tout oublié de ce jour-là.

On fait pause.

Pouce. Pouce.

Temps mort.

Désolée, j'ai besoin de reprendre mon souffle après avoir fait surgir cette saleté du passé.

Laissez-moi juste un instant pour me demander pourquoi c'est resté intact comme l'encre des insultes sur le visage de ce garçon et pourquoi je crains que tout ait soudain le goût et l'odeur de cette infirmerie désuète.

Chez le parfumeur, lorsque l'on teste des fragrances différentes, on vous propose entre chaque pschitt de renifler des grains de café pour que votre nez se remette à zéro et oublie la senteur du parfum précédent. Pschitt de parfum et hop, snif de grains de café. Le nez comprend la consigne et vous pouvez passer au suivant. Parfait.

Mais qu'est-ce qu'on respire pour oublier le parfum du souvenir précédent ?

Quel grain magique vous permettra de passer à autre chose, sans avoir encore les effluves tristes de celui qui vient de vous inonder le cœur et les yeux ?

On se souvient, on respire, on zappe et on passe à autre chose.

Finalement, les souvenirs sont tous enfermés dans un juke-box du diable. Une machine infernale qui choisit elle-même les chansons, qui les fait tourner en boucle, jusqu'à ce qu'on ait la nausée, qui les fait jouer tous en même temps jusqu'à ce que l'on se traîne jusqu'à la prise pour tirer le fil du mur en espérant l'arracher. Mais même débranché, il marche toujours. Il nous force à les écouter, volume au max, ou en musique de fond qui ne vous quitte jamais.

Vous tapez A6 pour réécouter le bruit du vent dans les arbres ce dimanche de juin que vous avez tant aimé, et il vous joue sans prévenir H8, le coup de téléphone qui vous annonce la mort de votre père un dimanche d'avril.

Ça ferait un sujet de film d'horreur psychologique assez intéressant quand j'y pense.

Vous précipitez pas, je viens de le déposer.

Trêve de plaisanterie, que déduire de cet événement de 1974 ?

Je suis sur une piste après avoir longuement réfléchi.

Ça ne m'apprend rien sur le harcèlement. Ni maintenant, ni à l'époque puisque ça existait déjà, il n'y avait pas d'armées de portables pour les relayer sur les réseaux sociaux. Les coupables étaient convoqués, parfois exclus, les parents venaient taper le scandale chez la directrice ou préféraient laisser faire l'Éducation nationale, vous preniez des coups, des claques et des insultes pendant un certain temps, jusqu'à ce que le bourreau se lasse et change de cible. Les témoins ? Les copains silencieux qui vous rinçaient les écorchures aux lavabos, les profs excédés qui s'appliquaient à écrire en rouge le nom de l'agresseur sur le cahier de textes de la classe, la directrice qui voyait défiler toutes les semaines ce genre de cas dans son bureau. Une certaine routine. Vous étiez un cas comme les autres, perdu dans la dure loi du collège où le plus fort a souvent raison.

Non, ça n'a rien fait naître de ce côté-là. Mais la petite lumière qui s'est allumée en moi éclairait déjà un coin de rue sombre dans ma tête avec une question qui clignotait comme un néon malade : pouvait-on vraiment faire confiance aux adultes ? Lorsque la charge était trop lourde, le couloir trop silencieux, le chagrin trop amer. Pouvait-on vraiment compter sur eux pour accourir, soulager, expliquer, consoler et vous sauver du vide ?

Je crois que le doute a dû sinon naître, du moins se renforcer à ce moment précis.

Et puis, bien évidemment, ce parfum du doute est resté, sans aucun grain de café magique pour venir l'effacer. Il n'a fait que se renforcer au fil des années.

Sur ce sujet précis, je trouvais un jour ma bible dont les pages avaient été écrites, il me semble, rien que pour moi.

Dans la bibliothèque de la maison, je piochai au hasard un livre de poche sur l'étagère qui ne m'était pas réservée, bien au-dessus de ma bibliothèque verte. Bien au-dessus d'*Alice et le Manoir hanté* et *Le Club des Cinq au camping*.

La couverture ne me tentait pas plus que ça, mais la quatrième décrivait un certain Holden Caulfield qui me parut un bon garçon à qui j'allais pouvoir confier quelques heures de mon temps libre. Il parlait bizarrement et disait des gros mots, ce qui me renforça dans l'idée qu'il était un type intéressant.

J'avais 12 ans quand ma main effleura mon premier exemplaire de Salinger. Je me rappelle quand, et comment, et même où, je me mis à aimer passionnément cet auteur, ce héros, cette histoire, cette tristesse qui vous envahissait au détour d'une phrase, cet esprit vif et cet humour noir qui me donnaient envie de rester avec lui pour toujours, sous la pluie froide de New York, déambulant dans les rues comme le grand qu'il n'était pas encore, doutant de tout et de la sincérité du plus grand nombre, regardant le monde d'un œil amer et déjà repu, s'inquiétant surtout du bien-être des canards de Central Park quand le lac est gelé.

Holden Caulfield regardait les adultes du haut de son adolescence bancale, incapable de partager son chagrin, découvrant d'un œil clair et féroce les défauts des grands, leurs mensonges, leur superficialité, leurs désirs vains et vulgaires et l'impression de n'être ni écouté ni compris.

Holden et moi sommes devenus très bons copains. Même mieux, à partir de ce moment-là nous ne sommes plus quittés. Au point que le jour de l'oral du bac d'anglais, je décidai de présenter *L'Attrape-cœurs* en sujet libre pour faire celle qui ne se contente pas de peu, et encore moins d'un pauvre sujet de bac de derrière les fagots. À qui parler d'Holden sinon à celle qui allait me juger sur mon niveau d'anglais ?

J'avoue, avec le recul, que ça faisait un peu effet de manches de ténor du barreau dans la salle d'examens, mais rien d'autre ne m'intéressait que de parler à quelqu'un de ce livre. Ma prof d'anglais, le mois précédent, m'y encouragea tout en me mettant en garde sur la difficulté du sujet à traiter, debout devant l'examinateur, et dans la langue de Shakespeare, le jour du bac, jour de grand trac et de bafouillages garantis.

Je pris le risque et quand on appela mon nom ce jour-là dans le couloir du lycée Claude-Bernard à Paris, j'eus toutefois la sensation que je venais de faire une énorme bêtise. Sentiment qui sera un leitmotiv tout au long de ma vie.

L'examinatrice me montra calmement une petite pile de papiers retournés, dans laquelle il fallait piocher son sujet. J'eus une fraction de seconde d'hésitation en priant pour avoir fait le bon choix ; avec un coefficient aussi fort dans ma section littéraire, cela aurait été idiot de se louper juste dans ma matière préférée. Donc je sortis mon exemplaire de Salinger en bafouillant « Merci, madame, je souhaiterais traiter de ce livre, s'il vous plaît. » Elle regarda étonnée mon livre bien fatigué, elle reconnut visiblement l'auteur et me dit :

« En anglais, vous êtes sûre ?

— Euh oui. Enfin, *yes. Yes, I am, madame. Miss. Misses.*

— Très bien, asseyez-vous, on va commencer. »

Je me glissai mollement et en tremblant entre la chaise et la table et le départ fut donné. Bac A7, option philo/histoire de l'art avec oral anglais coefficient 495 !

Elle me posa, très calmement, deux mille questions, au moins, sur l'auteur, le personnage, l'intrigue, les lieux, le pourquoi du comment de ce choix particulier. Je m'entendais répondre du tac au tac, sans faire de fautes, étayant chaque réponse d'arguments béton, ma voix tremblait un peu, mes gérondifs manquaient d'assurance mais elle ne me reprenait jamais, ne relevait aucune faute. Une heure, c'est bien long face à une prof inconnue, qui vous écoute raconter votre passion pour un héros en essayant en même temps de ne pas déraper sur un verbe irrégulier.

L'oral touchait à sa fin. Elle ferma le livre et je crus que la torture était terminée, que nous avions fait le tour, qu'il ne manquait plus que le nom de l'imprimeur et la date de la première parution.

Elle laissa pourtant sa main sur le livre, se tourna vers moi et toujours en anglais me dit : « Alors, dites-moi, finalement, le vrai sujet de ce livre, c'est quoi ? »

BIM comme ça sans prévenir.

Le coup de grâce.

Je restai un instant comme une quiche devant cette question qui me prit de court, après l'heure entière passée à lui expliquer en long en large en travers et sous tous les angles ce que je pensais savoir de cet ouvrage.

Je restai interloquée et vis qu'elle ne lâchait pas mon livre pour autant.

Elle tenta de m'aider : « C'est un livre sur la... »

Je répétais bêtement après elle en espérant que la lumière arrive : « C'est un livre sur la... la... la euh l'adolescence ? » [Je tentai un truc au hasard.]

« Oui mais non, c'est un livre qui parle de la ?????? »

Mais « la » quoi ? Je faisais des toupies avec mon cerveau en essayant de comprendre où elle voulait en venir, et surtout ce « la » intrigant qui résumait, selon elle, mon histoire préférée au monde. Mais qu'est-ce que j'avais loupé en le lisant deux mille fois qu'elle aurait compris ? Je suais à grosses gouttes, frustrée de ne pas pouvoir répondre à cette question toute simple, alors que je croyais tout savoir, mais TOUT de ce livre. Je me haïssais. J'étais nulle.

Elle repoussa gentiment mon livre vers moi en disant toujours en anglais : « C'est un livre sur la... solitude ! [Silence gêné de ma part.] Vous n'êtes pas d'accord ? »

Je la regardai guetter ma réponse, et j'eus la présence d'esprit de ne pas la contrarier en pensant à ma future note. Je souris un « *But yes of course it is !* » tellement mièvre et faux que j'eus honte un court instant.

« *Thank you*, mademoiselle, dit-elle, ou un truc du genre. Je vois que vous aimez cette langue…

— *Thank you,* madame, *yes, I love this* langue », ai-je répliqué encore sous le coup de son analyse.

Au-dedans, j'étais en feu. Non. Non. Non. Mais non alors ! Oui, je sais, j'ai dit *« yes of course yes »* tout ça pour lui faire plaisir, mais non je ne suis pas d'accord, c'est pas le sujet du livre ! Mais pas du tout ! Je rangeai mon précieux bouquin, mes notes, ma trousse, pendant qu'elle notait un milliard de trucs sur une grande feuille avec mon nom dessus !

Et je ne sais pas combien de temps je suis restée là à la regarder, mais je crois que l'idée de l'assommer avec le livre de poche me passa par la tête ! Mais comment avez-vous fait pour ne pas comprendre ce que Holden essayait de vous dire à chaque page ? Pourquoi êtes-vous passée à côté à ce point-là, vous êtes pourtant une prof d'anglais sympathique ! Je sortis de cette entrevue tellement contrariée qu'il me vint à l'idée de retourner sur mes pas et d'aller lui dire en face ce que je pensais de son analyse primaire !

Mais moi et Holden Caulfield, on a préféré s'écraser devant la silhouette noire de l'épreuve de rattrapage. Par prudence et pour ne pas faire de vagues. Compliqué à expliquer à la maison… D'autant plus que je savais que je m'étais croûtée magnifiquement en géographie sur l'économie du Brésil.

Je me voyais bien rentrer avec un mot précisant que j'avais été exclue de l'épreuve pour avoir fait manger un exemplaire de *L'Attrape-cœurs*, collection « J'ai lu », à une gentille examinatrice.

Quelle déception ! Alors, ils ne peuvent pas comprendre ni lire entre les lignes ? *L'Attrape-cœurs*, ce n'est pas pour tout le monde. Il faut être comme lui, douter de la sincérité des adultes, se sentir à part, incompris, triste et parfois seul (bon, oui, OK, là, elle a un peu raison, mais juste un peu, si on va par là).

Mais pas que… Holden, il marche dans tous les couloirs vides des collèges, dans les cours de récréation hostiles, il dort dans toutes les infirmeries sans âmes et les chambres d'enfant au cœur lourd. Holden, il est comme moi. Il a vu l'encre sur le visage d'un enfant triste et ça lui a fait comme une décharge de colère de 10 000 volts. Il voudrait pouvoir effacer tous ces visages, toutes ces larmes, tous ces drames. Les sauver tous. Et peu importent les centaines d'interprétations différentes qu'il a pu y avoir de ce livre, dans les plus grandes universités du monde, par les profs les plus érudits, je ne vous abrutirai pas avec toutes ces hypothèses, surtout si vous ne l'avez pas lu !

Croyez-moi. Je n'invente rien. C'est dans le titre. Pas ma faute si quelqu'un a traduit « *The Catcher in the Rye* » par *L'Attrape-cœurs* (que beaucoup confondent avec *L'Arrache-cœur* de Boris Vian, ce qui a le don de m'énerver). « *The Catcher in the Rye* » : celui qui attrape dans les seigles… C'est beau, non ? Et rien à voir avec une comédie romantique en milieu boulanger.

« Je me représente tous ces petits mômes qui jouent à je ne sais quoi dans le grand champ de seigle et tout. Des milliers de petits mômes et personne avec eux, je veux dire pas de grandes personnes – rien que moi. Et moi je suis planté au bord d'une saleté de falaise. Ce que j'ai à faire, c'est attraper les mômes s'ils s'approchent trop près du bord. Je veux dire s'ils courent sans regarder où ils vont, moi je rapplique et je les attrape. C'est ce que je ferais toute la journée. Je serais juste l'attrape-cœurs et tout. D'accord, c'est dingue, mais c'est vraiment ce que je voudrais être. Seulement ça », dit Holden.

Moi, j'avais douze ans quand j'ai lu cette phrase. Et j'ai su. J'ai su que je voulais tout comme lui me tenir au bord d'une falaise et les empêcher de tomber. Que c'était tout ce qui importait vraiment.

Les écouter rire et jouer, et les empêcher de pleurer, d'avoir peur, de se sentir abandonné quand ils s'approchent tout près du bord et qu'ils ne peuvent plus reculer.

Holden et moi, à deux, on en aurait bien sauvé des milliers de petits gosses prêts à basculer.

Est-ce qu'il était nécessaire d'aller risquer le 18 sur 20 que je reçus alors le jour de cet oral d'anglais pour une question bien discutable de point de vue ? Du haut de mes dix-sept ans, je me dis que non.

Finalement, tout n'est qu'une question d'interprétation.

Tout dépend de ce que vous confiez de vous, et à qui. « Il ne faut jamais rien raconter à personne. Si on le fait, tout le monde se met à vous manquer » ; ce sont les derniers mots, de la dernière page du livre.

Pourquoi je vous raconte tout ça au fait ? Surtout si vous ne l'avez pas lu.

Je ferais mieux de respirer quelques grains de café avant de continuer.

Black Betty

Aujourd'hui n'est pas un bon jour, c'est bête, vous tombez mal. C'est pas méchant, mais je préfère être honnête avec vous.

Remarquez, hier non plus n'était pas un bon jour. C'est comme ça. J'ai beaucoup de jours comme ça.

Là, il est 13 h 40 et j'attends depuis 8 h 30 ce matin, sur une chaise de bureau années 1970, en pyjama de bloc en papier, pieds nus dans des protège-chaussures en papier non tissé bleu, sans mes lunettes, toute seule, toute nue dessous et à jeun. J'ai la nausée pré-op, quand l'estomac archi vide depuis minuit la veille joue les ferrys sur la mer d'Irlande pendant une tempête, et je ne vois pas grand-chose.

Il y a une heure, on m'a descendue du troisième étage, enfin on m'a descendue… JE suis descendue toute seule comme une grande, tenant mon pantalon en papier d'une main, trottinant derrière un aide-soignant *via* le seul ascenseur en état de marche du bâtiment, passant devant les bureaux administratifs, le service consultations, traversant une zone de travaux à marteaux-piqueurs, pour atterrir en sous-sol dans un coin sombre près des blocs opératoires.

Je suppose qu'on m'a fait faire cette petite promenade pour que je ne pense pas qu'on m'a oubliée au troisième, vu que l'intervention a déjà plus de trois heures de retard.

Aucune importance, je n'avais rien de prévu aujourd'hui.

Fait une chaleur ce matin, c'est pas de chance. Dans ces vieux hôpitaux, ça fait vite sauna finlandais, même dans les coursives, on sent l'air chaud qui galope. En revanche, au sous-sol, dans le joli coin sombre où l'on m'a installée, ça caille. L'aide-soignant m'a gentiment recouverte d'un drap jaune des hôpitaux de Paris, plié en deux, avant de me dire : « Je vous laisse là, on va venir vous chercher. »

Ça fait une heure et demie qu'il a dit ça.

Sur cette chaise de bureau, je ressemble à mère Theresa, attendant le bus, sous la pluie de Calcutta ou à E. T quand il a la couverture sur la tête.

Je compte dans la pénombre les carreaux du mur devant moi, j'écoute d'une oreille les conversations des infirmières de bloc, je me perds dans les mini-bruits annexes de cet endroit étrange, bruyant et silencieux, comme le grincement des portes battantes, les tiroirs que l'on ouvre, les médecins qui passent au pas de course en parlant en italien ou en espagnol (je ne savais pas à quel point ils sont nombreux), je me dis que si ça se trouve on va me dire de rentrer chez moi.

Ce serait bien.

Je prendrais un long bain avec de la mousse pour enlever l'odeur de l'hosto, je changerais mes draps et j'irais me recoucher, vu que la nuit fut courte comme avant chaque intervention où je me retrouve avec l'estomac en vrac, une envie de boire affreuse, le cœur qui se serre, la peur au ventre, la routine.

Il y a quelques heures, hier soir encore, j'étais sur le plateau.

Je ne peux pas faire autrement, pas le luxe de s'arrêter, de se préparer à quoi que ce soit. Je sors de tournage, démaquillage, douche, dernier précieux verre d'eau et quelques heures de sommeil avant les hostilités après avoir emmené ma fille à l'école en lui disant à demain pour ne jamais l'inquiéter et direction l'hôpital.

Ne jamais alarmer qui que ce soit. Gérer. Seule. À quoi bon aller gaver les autres avec mes histoires. Je gère depuis si longtemps que je ne saurais même plus comment faire pour demander de l'aide. Bien sûr, il faut pouvoir demander de l'aide aux bonnes personnes. Celles qui ont le courage et l'envie de vivre ça avec vous, celles qui ne craignent ni le sang, ni la douleur, ni l'odeur de l'hôpital.

Le plus pénible dans ces histoires, c'est la logistique. Plus que le médical. Il faut toujours calculer avec le médecin au plus juste le temps des interventions, la récupération minimale absolue, faire brûler deux cents cierges pour qu'il n'y ait aucune complication majeure afin de retourner sur le plateau pour la prochaine session ! Pimpante, souriante, parfaite, docile. J'avoue que, sur ces points-là, les médecins sont toujours étonnés de ces contraintes et me disent tous : « Mais enfin vous ne pouvez pas vous arrêter ? Un peu ? »

Ah non.

Peux pas.

Pourvu que ça se passe bien et que je puisse retravailler vite. Je relis mon prochain planning mentalement, et je tente de me convaincre que ça ira. Il le faut. C'est écrit dans mon contrat. Je dois y retourner et surtout entière et totalement opérationnelle.

Bon, j'avoue, parfois c'est plus compliqué que prévu et là, assise seule dans les entrailles de l'hôpital, j'ai le cœur qui s'accélère en me remémorant l'épisode précédent d'il y a un an. Ma pauvre, j'aurais jamais dû y penser ! Quelle idée débile !

Si aujourd'hui on est là pour l'alien, la fois précédente rien à voir avec lui.

Deux salles deux ambiances. Pas le même hôpital en plus !

Je vous passe les détails gores de la dernière intervention pour ne pas vous couper l'appétit. Je l'avais reportée et reportée et encore reportée, pour ne pas bousculer le planning du boulot, comme à l'accoutumée, le travail d'abord, des fois qu'on me reprocherait ces nécessités médicales et peut-être d'être une humaine avec ses pannes et ses pièces à changer, et la révision des 10 000.

Des fois qu'on me dirait cette phrase qui est l'épée de Damoclès au-dessus de ma tête depuis la nuit des temps : « On va te remplacer. » On y reviendra… Cela vous oblige à tout faire, vite, en cachette, mal, en douce, à l'arrache. Même ces jours affreux où il faut faire bonne figure, le lendemain de la mort soudaine de votre mère, sur le plateau décoré et bruyant d'une émission spéciale Noël de Vidéo gag, où vous riez plus fort que les autres, plaisantez bien mieux que les autres, jouez avec le public plus souvent que les autres, pour empêcher l'immensité du chagrin de monter. Morte en dedans. C'est comme ça.

Donc il a fallu y passer.

Comme aujourd'hui, même routine, sortie de plateau la veille, démaquillage, douche, dernier verre d'eau, la nausée, etc. Enfin vous savez.

On avait prévu large. Non. Pardon. J'AVAIS prévu large selon MA notion de large. Le chirurgien avait tiqué en disant : « Oui oui, bien sûr, il n'y a pas de raison que ça se passe mal, ça peut le faire au bout de quinze jours… »

Car je n'avais que quinze jours de libre entre deux sessions de tournage. Ce que je traduis maintenant par : « Mais n'y comptez même pas espèce de folle, pensez d'abord à vous et à ce qui peut se passer avant de penser à vous précipiter au boulot ! J'opère, je coupe, je cisaille, je taille, j'éponge, je recouds, mais je ne suis pas magicien. Alors vous dire exactement que dans quinze jours à 8 h 45 vous serez dans votre loge à babiller de la pluie et du beau temps, impossible. »

Mais ça, je ne l'entendais jamais vraiment. Ça, c'est un langage pour gens normaux, pas pour moi, et pas avec ce métier-là. Je précise.

Bref. Le large, là, j'y croyais et ça a failli le faire. En plus !

C'est bête, mais je n'arrive pas à me faire à l'idée qu'on ne contrôle pas tout dans la vie. Encore plus quand il s'agit de son corps. Je n'apprendrai décidément jamais de mes erreurs.

Pour résumer, l'opération de six heures se passe, on m'ouvre sur 40 cm des deux côtés des mollets pour corriger une malformation, je perds une barrique de sang, (normal), je me réveille (ouf), ça fait très bobo (normal), je rentre chez moi dès le lendemain comme une brave, les plaies dans des pansements énormes et des bandelettes façon Poilu de 1914.

Là, le décompte commence dans mon cerveau lavé par des années de menaces insinuées, sur la nécessité d'être forte, disponible, efficace, en bonne santé et toujours présente si on veut garder sa place. Parce que l'inquiétude feinte des gens est la plupart du temps la face cachée d'un souci beaucoup plus terre à terre et moins affectueux : « Ça va nous coûter combien si on ne tourne pas dans les temps ? »

Dont acte.

Je me mets mentalement en mode : « Allez, hop, je dois absolument aller bien car la production m'attend telle date et que rien ne doit transparaître de ce qui vient de se passer. »

Ça, c'est la théorie. La pratique est différente.

Vous allez rire.

Je sors de l'hôpital avec une ordonnance pour qu'on vienne me faire mes pansements, dès le lundi.

Nous sommes alors un vendredi soir et n'ayant dans Paris aucun contact d'infirmiers sous la main, je me demande entre deux spasmes de douleurs comment trouver ça. La secrétaire du chirurgien me conseille de demander à la pharmacie près de chez moi, ils connaissent certainement une infirmière. « Ah ? Merci en tout cas pour votre aide. »

Le week-end, ne trouvant aucune pharmacie pouvant résoudre mon problème, je tente d'appeler les chouettes infirmiers qui font les prises de sang dans le coin. Je laisse des messages dans tous les sens et je sens bien que lundi va arriver et que je n'aurai personne pour changer ces fichus pansements. Ouf, un des infirmiers me laisse un message : « Désolé – c'est très compliqué comme acte infirmier –, il faudrait que le chirurgien lui dise exactement ce dont il retourne – ça prend du temps – qu'il doit arriver à trouver un créneau entre tous les prélèvements du matin et les tests Covid, et qu'il est bien incapable de me dire quand il pourrait passer prendre la mesure du désastre, etc. » OUHLA. Ils peuvent pas.

Pas grave.

Attendons lundi, j'irai moi-même chez le chirurgien et on me changera mes pansements là-bas... Quelle chouette idée !

Et c'est allégée de quelques litres de sang, pâle comme un danseur de kabuki souffreteux, et après avoir passé un week-end à serrer les dents tellement la douleur est aiguë – l'anesthésiste n'ayant prescrit qu'un seul antidouleur auquel je suis totalement intolérante, j'ai donc avalé du Doliprane espérant un léger mieux ! –, que je m'y rends.

Je ris tellement c'est une situation comique. Ma vie est une fête.

Un taxi me dépose le lundi chez le chirurgien, qui jette un œil aux kilomètres de cicatrices sanguinolentes et me dit avec un petit sourire entendu et satisfait :

« Ah elles sont magnifiques !

— Vous trouvez ? [Je donne un coup d'œil rapide aux deux ouvertures terrifiantes et immondes]. Parce que c'est quand même euh... très berk.

— Mais oui, c'est normal, faut être patiente. Il se penche sur le bas de mon corps et, sans toucher la plaie, il ajoute d'un ton guilleret : « Par contre là, ça va s'ouvrir... Et là aussi. Ah oui, ici aussi ça va lâcher, d'ailleurs ça a lâché, c'est marrant... C'est normal, c'est une énorme opération quand même.

— Mais euh ça va s'ouvrir comment ?

— Là vous voyez, montre-t-il en pointant son Bic quatre couleurs, la colle que l'on met elle ne va pas tenir, ça va s'ouvrir, pas de panique, et ensuite ça va se refermer.

— Ah, OK, vous allez faire des points ?

— Nuh nuh nuh nuh. Pas possible. Le corps va faire ça tout seul. Et alors vous allez voir, c'est assez intéressant, dit-il en remettant son Bic dans la poche de sa blouse, et en prenant un air docte comme si j'étais une sixième année avec spécialisation boucherie chevaline, non seulement ça va se refermer, mais à un moment donné, ce ne sont pas les deux bords qui vont se rapprocher [il colle les deux côtés de ses deux mains pour mimer le bord à bord] mais ça va cicatriser *via* le dessous, l'intérieur quoi, ça va se remplir… de bas en haut.

— L'intérieur de quoi ?

— L'intérieur du corps, comme un ascenseur. Faut laisser faire, changer les pansements, et patienter. »

Je digère toutes les infos comme je peux avec ma tension à 8. Le craquage, l'ascenseur, les bords, la cata…

« Pardon mais euh combien de temps pour que ça soit entièrement fermé ?

— Alors ça dépend, ça peut aller vite, un mois ou deux… maximum. »

Si je n'avais pas déjà été à l'horizontale dans le fauteuil en cuir dans le cabinet, je pense que j'aurais embrassé le sol direct.

« Ah mais ça va pas du tout, ça doit se refermer beaucoup plus vite que ça, j'ai que quinze jours devant moi, comment je vais faire pour aller bosser avec les gros pansements tout ça… Deux mois ? Mais ce n'est pas possible ! »

Le regard perdu du chirurgien et de son assistante sur moi, le silence dans le cabinet, le ton de ma voix qui déraille comme à chaque fois que j'ai peur de perdre mon job à cause de mes bobos.

« Alors je comprends, mais là que voulez-vous, il va falloir laisser faire la nature et votre corps. On va faire de la cicatrisation dirigée avec des pansements spéciaux, il y a des choses très bien vous savez.

— Mais qui va me les faire ? »

Je bêle en montrant le chantier de mes mollets grands ouverts à des endroits où la colle et les fils sont en train de se défaire entièrement. Comme une jupe mal cousue de chez Shein.

« Moi, j'ai pas trouvé d'infirmière et c'est combien de fois par jour les pansements ?

— Ah au moins deux. Voire trois. C'est mieux trois.

— Mais je peux pas, dis-je en bêlant de plus belle. Je dois aller travailler et je peux pas attendre une infirmière trois fois par jour ! Et je ne peux pas sortir du plateau pour qu'on me fasse mes pansements... Non, je peux pas ! »

Et là je vous jure que c'était vrai, c'était totalement impossible. Techniquement.

Bon, j'abrège, j'ai balancé tous les arguments qui me venaient à l'esprit.

Le chirurgien est très calme, mais je sens qu'il a comme une envie de m'en coller une.

Je retrouve un peu de sens commun et je m'entends balancer au culot :

« Est-ce que c'est possible que je les fasse moi-même ?

— Ah, vous vous sentez de faire ça ? dit-il, incrédule.

— Oui, oui, montrez-moi comment on fait, j'ai déjà eu pire.

— Alors Charlotte va vous montrer et vous lui envoyez une ou deux fois par semaine une photo des plaies. Et on se voit tous les lundis pour suivre.

— Voilà, faisons comme ça, sinon on s'en sort pas à ce train-là, ai-je conclu d'un ton mauvais qui puait la peur, la frustration et la solitude.

Finalement, c'est pas compliqué, faut vraiment être à cheval sur l'hygiène, mais maniaque comme je suis, ça ne risque rien ; on lave sous la douche au savon les plaies matin et soir, même si elles s'ouvrent et que ça donne vachement envie de vomir rien que de les apercevoir, on rince avec la douchette sans régurgiter, on prépare les serviettes propres, le tulle gras, la pince pour le tulle gras, les longs pansements Tegaderm, les compresses stériles, les chaussettes de contention +++ à garder jour et nuit pendant deux mois.

Par jambe, je dirais que ça prend quinze minutes en serrant les dents et en se répétant que ce ne sont pas mes jambes pour mettre un peu de distance. Si on ne met pas de distance, on se fait peur.

Parfois, je pleure parce que c'est tout ce qu'il me reste. Je sanglote en décollant le tulle gras et en essayant de ne pas couler du nez sur les compresses propres.

C'est noir, c'est rouge, ça nécrose, ça sent la mort, le chien crevé dans un fossé, c'est affreux, on voit les fils, on voit le derme, la graisse sous le derme, le muscle, on voit toute l'anatomie et, plus le temps passe, plus ça s'ouvre. J'ai l'impression de vivre chaque jour dans le Rembrandt *La Leçon d'anatomie du docteur Tulp* et d'être à la fois le type qui tient la pince et le cadavre ouvert sur la table.

Lorsque je panique un peu, on me rassure : « C'est normal, me dit l'assistante par téléphone. Ça va s'ouvrir et se refermer APRÈS... » OUI, sauf que le « après », c'est long.

Le « après » il n'est pas arrivé alors que moi je suis à six jours de retourner bosser. Ça va pas du tout.

D'ailleurs, ça ne va pas du tout au sens propre.

J'ai tellement les globules rouges au Père-Lachaise que je me retrouve en ambulatoire pour une première transfusion. Pas le choix, je suis née avec une thalassémie, une malformation des globules qui provoque une carence en fer mais surtout qui déteste quand il y a hémorragie. Elle n'aime pas du tout, cette mauvaise fille. Mes plaquettes ne remontent pas, je suis au bout du rouleau, plus de fer, plus de force, plus rien pendant des semaines. Les labos s'affolent et ça ne remonte que dans des délais ultra-longs. Mon médecin décide que ça ne peut plus durer. On attaque avec la manière forte.

Et voilà pourquoi j'arrive blême, avec à peine la force de passer de la chaise roulante au lit – j'ai carrément fait le malaise dans le hall de l'hosto –, un brancardier me tient sous les bras comme une poupée molle.

Mon teint est un ravissant camaïeu automne-hiver collection ça va pas fort. J'ai les lèvres grises, la peau grise, les yeux gris certainement.

J'ai un peu peur mais je vois près de moi, dans la chambre, une infirmière qui m'a connue dans ce même hôpital pendant la longue série de FIV que j'y ai faite. Elle est drôle, elle est réconfortante et elle me console un peu comme une petite fille qui s'est fait bobo au genou. On plaisante comme on peut sur ma jolie couleur drap de lit. Je retrouve le sourire en me disant que franchement c'est pas de bol tout ça. En arriver là…

Et puis est-ce que je la mérite cette poche de sang qu'on est allé chercher ? Si j'avais pas dû travailler aussi vite, j'aurais attendu que les plaquettes remontent tranquillou et dans trois mois je serais revenue à 11. Là, je suis à 7. Mais je suis jamais plus haut que 11.

D'ailleurs, je découvre la longue et précise et fastidieuse procédure de la transfusion.

La poche qu'on apporte. La vérification par deux membres du personnel des références. Le test sur le doigt pour vérifier que la poche est bien compatible, et encore d'autres procédures de sécurité, comme un ballet bien orchestré.

« La poche est gelée, ça va être froid », me prévient en riant l'infirmière tout en se débattant avec une armada de tubulures en plastique qui vont faire passer le sang de la poche vers ma veine.

C'est parti pour deux heures minimum. Top chrono.

On note l'heure de départ.

Et c'est vrai que c'est froid. Très froid. Je me concentre sur le sang inconnu qui arrive en moi. Ça fait quoi de prendre la force des autres ? Ça fait ça. C'est étonnant. Du froid du début, on passe au chaud dans le corps, je vois mes lèvres se colorer peu à peu, et au bout de deux heures je sens que je ne vais pas tomber dans les pommes au moment de passer de la position couchée à debout.

C'est pas magique, mais presque. Si, si, pardon, c'est magique. C'est la force que je n'ai plus qui s'en va, chassée par l'énergie rouge et épaisse du sang d'un autre. C'est la force de quelqu'un qui va bien.

Je ressors en fin de journée moins grise, mais toujours en claudiquant, les jambes bandées et les cicatrices affreusement douloureuses.

Compte à rebours. J-5. Et toujours deux grands canyons ouverts sous le tulle gras et les couches de pansements. Quand je les lave le matin tôt avant que ma fille ne se réveille, je pense à ce mot, « barbaque ». À cette toile de Soutine qui m'avait subjuguée en terminale. De les voir comme ça, sous l'angle du peintre que je ne suis pas, me donne la force d'y enfoncer les compresses, d'y insérer le petit bout de la seringue en plastique sur au moins deux centimètres de profondeur quand des poches de sang font de la résistance et qu'il faut drainer, c'est-à-dire pousser du sérum physiologique à fond pour nettoyer ce qui bouche, ou ce qui stagne. Je m'amuse comme je peux avec cette situation ubuesque. Je me dis que bientôt je pourrai m'opérer moi-même. Ça ira plus vite.

Je vous avais dit que j'épargnerais les détails gores, finalement, j'ai changé d'avis.

Alors ce protocole, c'est long, c'est fastidieux, mais une fois le jean enfilé ça ne se voit pas. Rien ne se voit. C'est magique. On garde juste la douleur et l'inquiétude pour soi, on ne laisse rien paraître et on retourne travailler. Un bon make-up, un brushing impeccable, un éclairage qui donne bonne mine (merci les magiciens de la lumière à la télé), personne ne peut savoir, personne ne devine les rigoles géantes qui suintent et que je sens au bout de deux heures tremper mes chaussettes. Parce que l'idéal, cela aurait été de rester tranquille, allongée les jambes surélevées, en attendant que ça ferme. L'idéal est de ne pas rester debout, ni assise, pendant huit heures d'affilée.

Ça fait très mal au bout de quelques heures. Mais en serrant les dents ça passe. Toutes les deux « sorties » de plateau, je ferme ma loge à clé et rapide comme l'éclair je change ces foutus pansements. Je range les anciens trempés dans un sac que je cache au fond de mon sac à dos.

Ils iront à la poubelle à la maison.

Ne pas laisser de traces.

Parfois, c'est insupportable. Rester debout, plantée comme ça sur deux piquets pointus. Parfois, oui c'est insupportable. Surtout lorsqu'on vous demande de présenter debout pendant plus de trois heures un truc en direct.

Vous prétextez un mal de dos, le besoin d'avoir une chaise, entre deux séquences, mais quelqu'un trouve ça moche. Debout, restez debout, c'est plus dynamique. Alors de votre plus beau sourire végétal, vous vous levez et vous obéissez.

Vous sentez le suintement sous les pansements du pantalon de soirée, vous comptez les minutes qui vous séparent de la pause « tabouret » qu'on veut bien vous glisser sous les fesses, dans un élan de pitié, quand les cameras ne sont pas sur vous. Debout.

Jusqu'à ce qu'à bout de forces, cinq minutes avant la fin de l'émission, vous vous demandiez pourquoi vous avez accepté de ne pas exiger une p… de chaise pour présenter ce truc ! Ça fera pas baisser les audiences et de toute façon beaucoup de gens pensent, depuis des années, que je présente assise par fainéantise et par impossibilité de bouger mes fesses sur un plateau.

Ils ne savent pas que depuis que j'ai 30 ans la polyarthrite déforme mes articulations, que ça fait drôlement bobo.

Et là, cinq minutes avant la fin de cette émission, je m'entends murmurer à moi-même, mais assez fort pour qu'une âme bienveillante m'entende : « Je dois m'asseoir, je n'en peux plus. »

J'entends alors dans mon oreillette la voix du réalisateur qui m'a entendue, comme tous ceux qui sont dans le car régie, me dire d'une voix de tonnerre de dieu « Mais vas-y, assieds-toi, on s'en fout que tu sois debout, c'est dingue ça… ma pauvre. »

C'est vrai ça, ma pauvre.

Ma pauvre.

Ma pauvre.

Mais c'est trop tard pour la chaise. Ma pauvre. L'émission se termine enfin.

Pauvre fille.

Je rentre chez moi, trempée de lymphe, les plaies sont à vif, la pauvre a les jambes comme du béton, enflée d'eau et de sang, il va falloir passer une nuit à écouter son corps tenter de se réparer comme il peut, mettre de la glace pour calmer l'œdème et la douleur, en se consolant comme on peut avec des arguments que je connais par cœur : « J'ai bien bossé, j'ai bien bossé debout, j'ai bien bossé et obéi, je n'ai contrarié personne, j'ai bien tout fait comme on m'a demandé et surtout personne n'a rien vu. » Clap clap. Applaudissements fournis.

STOP ! Arrêtons-nous un instant sur cette phrase « je n'ai contrarié personne » qui semble me coller aux basques depuis mon premier bavoir.

Avec le recul, le temps, l'expérience de ce métier, je peux affirmer que ne contrarier personne ne vous aidera ni à avancer, ni à progresser, ni à être respectée, encore moins à être écoutée. Au mieux, vous passerez pour la fille gentille sans histoires qui est pro, à l'heure, de bonne composition et qui la ramène jamais, même quand elle a raison. Surtout quand elle a raison.

Au mieux. Ce sera votre réputation pour le reste de votre carrière.

Avec ce comportement respectueux des autres et des horaires, du bien-être de votre entourage et de la reconnaissance affective de vos pairs et de vos supérieurs, vous naviguerez tant bien que mal sur ce fleuve du diable, vous faisant fracasser plus qu'à votre tour contre ses rives rocheuses et coupantes, comme l'embarcation de Philippe de Dieuleveult sur le fleuve Zaïre (paix à son âme, je ne me suis jamais remise de sa disparition).

Avec le recul, le temps, l'expérience de ce métier, je peux affirmer après des années d'observation personnelle à la jumelle et de témoignages certifiés authentiques, que si vous avez une tendance à ne pas avoir choisi les options compassion, humilité et respect de l'autre, ce sera au contraire une promenade de santé que de faire ce job, dans un milieu où, quoi qu'on en dise, l'homme est roi et la femme vaguement princesse consort, la tyrannie, une très efficace preuve de talent, et les accès de rage tout comme les caprices d'enfant de 6 ans au rayon jouets de chez Leclerc, une démonstration évidente de votre savoir-faire.

Incroyable mais vrai.

Écrit comme ça noir sur blanc, c'est totalement irréel et ridicule, pourtant ce n'est que la vérité.

Aboyer, menacer, exiger, insulter… Franchement, ça marche.

De plus, le maltraitant vit très bien, et dort du sommeil du juste. Le maltraité fait des burn-out à répétition, pleure aux toilettes, vomit dans sa corbeille à papier et prend le métro la boule au ventre à l'idée d'aller bosser et fait semblant de trouver ça tellement drôle quand on l'attaque sur son physique en pleine réunion devant tous ses collègues qui font semblant de trouver ça drôle mais prie avec ferveur pour ne pas être la prochaine cible. Mais celui qui s'en prend à lui a tellement bien réussi et a, selon la légende, tellement de talent ! Comment lutter ?

Et, des maltraitants, nous en connaissons tous beaucoup. Mais comme dans *Harry Potter*, ils sont de ceux ou de celles dont il ne faut pas prononcer le nom.

Les Voldemort du paf pourraient se fâcher et vous pourriez retourner plus vite que prévu à la maison pour préparer votre dossier Assedic.

Il faut faire le choix de votre camp dès le début. Maltraitant ou maltraité. Après, c'est trop tard.

Bien sûr, cela n'ôte rien à leur talent, quand ils en ont, ça booste juste certaines carrières.

C'est tellement devenu commun que plus personne ne s'en étonne. Ni en bas de l'échelle où le dicton du jour est : « Oui mais si je dis un truc j'ai plus de boulot. »

Compréhensible.

Ni en haut où l'on a souvent confondu la psychopathie de certains (et de certaines) avec le côté toujours un peu survolté des grands créateurs que l'on ne peut pas hélas maîtriser : « Ah l'art, vous comprenez… Il est fou, il est violent, c'est une ordure avec tout le monde : wow quel talent ! »

Franchement ?

Toutes les professions ont leurs traditions : la course des garçons de café, les catherinettes dans les maisons de couture, eh bien, nous, c'est ça notre folklore finalement : des dingues qui entrent en bavant de rage dans le bureau des directeurs, qui hurlent sur des assistants comme dans *Full Metal Jacket*, qui talonnent Mariah Carey et Madonna dans les exigences de diva, et qui se tapent royalement de l'avis des autres.

J'ai quand même remarqué que ceux-là, on les écoute, on les craint et ils ne sont pas du genre à se faire leurs pansements eux-mêmes entre deux émissions, de peur d'être stigmatisé « patraque ».

Ces jalons-là, si je comprends bien, et je l'ai bien compris mais trente ans trop tard, il faut les poser dès le début. Vous les posez là et ça en impose. Un peu comme dans les documentaires sur les pires prisons des États-Unis où, si vous ne la ramenez pas directement, dès la première minute où on vous demande d'enfiler la combi orange et les claquettes, comme le pire salopard de votre bloc, il y a de fortes chances qu'on vous retrouve en boule dans le panier à linge avec un tournevis entre les omoplates.

La comparaison est osée mais je dois dire qu'elle me plaît bien.

Soyez odieux/odieuse, capricieux, tyrannique, colérique, si les autres sont payés pour souffrir et vous supporter, ce n'est absolument pas votre problème ! Que celui qui ne vous aime pas aille se trouver un job moins bien payé et plus calme.

« Tu bosses pas à la Sécu, coco (cocotte) », qu'est-ce que je l'ai entendue cette phrase ! Et tous les témoignages concordent et dans tous les milieux professionnels ou presque. Et est-ce si calme et si cool de travailler à la Sécu ?

Plus tard, c'est trop tard. Je l'ai bien compris. Ne serait-ce que de passer du mode cool, compréhensif, au mode « Pardon, désolée de vous déranger, mais pensez-vous que ce soit juste de me virer de la sorte ? », ça le fait pas. Vous n'avez habitué personne à la moindre rébellion, ce n'est pas maintenant que vous allez vous y mettre.

Au pire, vous allez passer pour une aigrie en fin de plaquette, qui se réveille tout à coup et à envie de se faire remarquer. Au mieux, ce réveil brutal et tardif devant les injustices dont vous êtes soudain témoin attirera des commentaires étonnés du style : « Ah mais t'es chiante », comprenez « Mais pourquoi tu te mets à être chiante là, maintenant, tout de suite ? On n'est pas habitués. »

À vous de voir.

Vous êtes donc condamnée à sourire, à dire « Je comprends, j'accepte, ce n'est pas grave, je trouverai bien un autre job ailleurs » et « Vos arguments sur le manque cruel de budget de la chaîne (toutes sans exception) sont tout à fait convaincants » et « Je renonce à être rémunérée comme mon camarade coprésentateur de sexe masculin… »

Suis-je parfaite ? Certainement pas. Suis-je un ange ? Certainement pas.

Je crois profondément que la capacité à se prendre pour un demi-dieu et créer l'enfer pour en retirer une satisfaction personnelle est innée.

Difficile de faire semblant ou de décider un matin d'enfiler ce costume. La chaleur des projecteurs provoque tant de remous, tant de vagues, qu'il suffit qu'un fragment de tempête endormi se réveille en apercevant la lumière… et voilà, le chaos est né.

Je contrebalance cette diatribe un peu virulente, en vous affirmant avec conviction qu'il existe aussi des êtres délicieux qui travaillent en toute sérénité, dans le respect du collaborateur et qui ne se gargarisent pas de leurs succès ni de leur notoriété dès que le sujet est évoqué.

Malheureusement, ce ne sont pas les plus nombreux, ni les plus riches.

Et puis le problème de fond est qu'on ne s'adresserait certainement pas à un Jean-Pierre Foucault, à un Drucker, à un Brogniart de la même façon que l'on a osé sérieusement s'adresser à moi, ou que l'on s'adresse toujours à moi. Déduisez-en ce qui vous arrange. Moi, j'en ai terminé avec ces questions.

Fin de la digression.

Quant à moi, je me dis bravo pour cet exploit. Encore une fois. Docile jusqu'à ne plus savoir ce que prendre soin de soi signifie. Jusqu'à ne plus savoir qui je suis.

The end.

Bon ça, c'était la dernière fois. Je parle de l'opération chirurgicale.

Là, on se recentre, souvenez-vous, je suis sur ma chaise de bureau, dans le sous-sol de l'hôpital, déguisée en mère Theresa, gelée dans les courants d'air, dans l'attente que Dieu le Père s'attaque à l'alien. On ne s'égare pas. Après, on ne comprend plus rien, si vous ne suivez pas non plus, je ne vais pas m'en sortir.

Et là, ma seule et unique préoccupation, à cet instant précis avec mon drap sur la tête, c'est de trouver les toilettes… S'il y en a.

What a Fool Believes

« Laisser les choses glisser pour conserver la paix ne fait qu'attiser la guerre tout au fond de vous. »

Mel Robbins

Je ne pense pas être douée pour le bonheur.

Je suis absolument convaincue que pour le devenir il faut y avoir été initiée. Comme les plantes de la forêt amazonienne qui font toucher du doigt l'enfer des étoiles, pendant qu'un shaman exhorte les entités de la forêt à venir vous délivrer la vérité sur votre incapacité à quitter Kévin qui vous a déjà trompée *via* Tinder ou à dire à votre patron tout le mal que vous pensez de lui après qu'il a nommé cet abruti du troisième au poste qui vous revenait de droit.

Pour être pleinement heureux, il faut certainement avoir déjà vu de près des gens heureux, afin de pouvoir le reconnaître, le sentir et surtout le reproduire.

Si ce ne fut pas le cas, alors on tâtonne toute une vie dans le noir en se demandant si ce qu'on touche du doigt, c'est bien du vrai bonheur ou du toc.

On l'imite dans des mimiques grotesques, en sachant profondément que, si ça se trouve, c'est pas ça. Et le plus souvent : c'est pas ça !

Comme le bon thé, on doit pouvoir reconnaître le bonheur au goût.

Encore faut-il y avoir goûté un jour au bonheur, encore faut-il que vous l'ayez vu danser dans vos souvenirs, briller dans des yeux aimés, étinceler simplement dans des mains qui se tiennent, dans des éclats de rire, dans des dimanches de fiançailles.

Le bonheur, si vous l'avez déjà vu passer, comme le loup le renard et la belette, vous êtes chanceux.

C'est un parfum que vous reconnaîtrez et dont vous chercherez toujours la trace.

C'est un vaccin joyeux qui vous permet de retrouver votre chemin.

Si vous ne l'avez pas vu fleurir autour de vous, ce sera la longue quête à tenter de le chercher, de l'imaginer, de le voir où il n'est pas, ne pas le voir quand il vous attrape par le cou, le repousser, le confondre et finalement apprendre à s'en passer, car cette quête est, comme le voyage de Frodon en Mordor, épuisante.

Et la confusion ne s'arrête pas à la porte de votre vie privée. Ne pas le reconnaître au contact de votre peau n'aide pas à le repérer dans un cercle plus large, celui de votre job.

Tout se fera à l'instinct, et il en faudra du flair et de la force pour savoir naviguer en toute sécurité dans votre métier. Bien sûr, je parle du mien, mais ça marche avec toutes les professions.

Avec le recul, je pense que, de ce fait, je n'ai jamais vraiment su ce qui était du domaine de l'ombre ou de la lumière, de l'acceptable et du grand n'importe quoi.

J'ai avancé au jugé, sans GPS, en prenant les coups, en les évitant, sans jamais vraiment faire un pas en arrière pour réfléchir un instant aux mots entendus, aux situations vécues, aux instants de pure douleur, prendre juste une minute pour ressentir, me prendre à part calmement et me demander si cela méritait vraiment d'être vécu. Et, si oui, est-ce que le prix à payer ne dépassait pas un peu le budget que la vie m'avait alloué.

Je fus donc longtemps absente de ma propre réalité. Par habitude, par tradition, peut-être parfois par choix, dans tous les cas par souci de protection. Absente et docile. Camion-citerne rempli d'essence, lancé à toute allure, évitant les obstacles, mais s'arrêtant aux péages pour ne jamais être hors-la-loi.

Parfois, je me dis que si j'avais été vraiment là, présente avec moi, j'en aurais distribué des baffes. À moi-même en premier, aux autres ensuite peut-être.

Je n'ai pas fait usage de mon droit et de mon devoir de se lever pour s'en aller quand les choses vont trop loin, ou de demander poliment que l'on change de ton quand on vous parle comme à un chien, ou encore de ne pas m'éteindre comme une bougie dans les situations où la décence aurait voulu que je flambe justement tout le monde au Cointreau avant de claquer la porte dans un grand nuage de poussière maléfique.

J'ai jamais fait.

Jamais. Ou alors sans conviction, percluse de doutes et de culpabilité inutile.

Et pourtant je vous assure que les occasions n'ont pas manqué.

Je m'en veux un peu du coup.

Vous allez me trouver molle comme un loukoum lors de situations dans lesquelles même Gandhi aurait boxé tout le monde.

Moi je reste là, me demandant ce que j'ai bien pu faire pour provoquer ça, interdite, pleine de confusion et gelée par l'idée de déplaire.

Qu'auriez-vous fait à ma place ? Toutes ces fois où je n'ai pas su me défendre, incapable de bouger, reine des neiges mal fagotée sans énergie, reine des nouilles, interdite comme en sixième au tableau, devant un problème de maths qui me terrorisait.

Dans un ordre aléatoire, comme dans ma tête, à quoi bon tenter de trouver une chronologie au désordre de toutes ces situations, voici une liste exhaustive de ces aventures, et je vous laisse juge.

Il y eut celle-là. Et une autre et puis… un énorme saladier dans lequel on fouille pour en retirer une capsule, comme pour le tirage de la Coupe du monde de foot.

Je commence.

En plein succès du « Maillon faible », il m'était très difficile de mener une vie normale. J'entends par « normale » une vie de tous les jours, aller au supermarché, prendre de l'essence, aller chez le coiffeur, choisir mes géraniums à la jardinerie les yeux mi-clos en respirant les fleurs, prendre le frais à ma fenêtre avec mes chats, le tout à la campagne où je vivais toute seule.

Très accrochée à ma vie « d'avant », je voulais absolument continuer à faire ces activités, comme à mon habitude.

Autant vous dire que lorsque le « Maillon faible » décolla en un mois seulement, ce fut une sacrée descente. Félix Baumgartner, qui sauta de la capsule spatiale à plus de 38 000 mètres d'altitude, fut moins déboussolé que moi en atterrissant.

Je passe sur les insultes permanentes dans la rue et dans les magasins, les bousculades, les jets de pierre dans mes fenêtres, les cris orduriers devant la maison en pleine nuit, les noms d'oiseaux, la grosse, la sorcière, « l'autre conne », la méchante.

Les premiers temps, j'osais à peine en parler à mon « supérieur » à la chaîne. Un jour, au téléphone, j'étais dans ma cuisine en Seine-et-Marne, et il était à Ibiza dans sa villa en train de demander à son majordome en espagnol de ramener des glaçons : « *Por favor Manuel* ».

Lorsque je lui parlai de mes mésaventures à Carrefour, il me fit cette réponse la bouche pleine : « Mais enfin, Laurence, est-ce que Nagui va au supermarché ? Bon ben voilà. »

Bon ben voilà.

C'est tout ?

Pourtant, un samedi, poussée par un invité qui ne comprenait jamais l'idée de rester chez soi plutôt que d'aller au restaurant, je me pliai à sa supplique d'aller déjeuner dehors, c'est-à-dire au centre commercial près de Disneyland Paris, seul endroit proche de chez moi où l'on pouvait manger, s'acheter des baskets en soldes et visiter un aquarium. On a le Dubaï que l'on peut…

Bref. Casquette sur la tête façon « je me cache », ce qui ne trompe jamais personne d'ailleurs, on s'installa dans un restaurant spécialisé dans la viande, dans le coin le moins éclairé et le plus triste du restaurant, entre deux ficus en plastique.

Je sus tout de suite que les serveurs m'avaient reconnue, les voyant de loin se parler en ricanant et en me montrant du menton. Je reconnus immédiatement ce sentiment de malaise qui m'envahissait souvent dans ces situations. Mon compagnon de table balaya mes angoisses d'un « T'as qu'à pas les regarder », ce qui bien sûr résout toujours tous les problèmes. Soupir.

L'appétit un peu coupé par cette balade de convenance, n'ayant qu'une seule envie, celle de rentrer chez moi, je commandai un café que le serveur déposa devant moi avec un sourire.

J'écoutais d'une oreille la conversation, touillai mon café d'un air perdu, le portai à mes lèvres en soufflant dessus, en bus une gorgée et reposai la tasse totalement pétrifiée.

Je venais de boire non pas du café mais un breuvage explosif entre la lave en fusion et l'eau de vaisselle au cyanure.

Je tentai de reprendre ma respiration en désignant la tasse à mon invité qui ne comprenait pas pourquoi j'avais perdu le souffle.

Je voyais en même temps les serveurs m'observer avec l'air d'avoir accompli une mission de la plus haute importance.

Mon invité goûta le café en râlant et comprit que je disais vrai dans un hoquet monstrueux, manquant de s'étouffer à son tour.

Sincèrement, j'ai mis du temps à saisir ce qu'il s'était passé.

J'essayais de retracer le chemin entre ma tasse et le percolateur, innocente que je suis, refusant de croire un seul instant que le sel, le poivre, la javel, le piment ou autres ingrédients de la mort avaient pu se retrouver dans mon café allongé volontairement. Parce que quelqu'un voulait me faire du mal.

Mais il fallut bien se rendre à l'évidence : le deuxième degré du « Maillon faible » n'avait pas encore touché tout son public et, ce samedi-là, dans le coin le plus sombre de cette enseigne franchisée, on avait trouvé que je méritais une punition de cet ordre : un grand café à la haine.

Je n'étais pas accompagnée par le plus courageux des convives, qui me conseilla de ne pas faire de scandale. Je rappelai le maître d'hôtel encore tremblante et je lui fis remarquer gentiment qu'il y avait comme un problème avec mon café. Il prit un air étonné et me dit : « Vous en voulez un autre ? » Je gardai ma main sur la tasse, comme le lieutenant Columbo quand il tient un indice majeur pour la suite de l'enquête, et je m'entendis dire : « Non, merci. » ET ? Et rien.

Peu à peu, je pris vraiment conscience de la gravité de ce geste et de ses conséquences.

Il y avait donc des lieux, comme un restaurant familial, où des personnes sont capables de s'en prendre à moi, de m'humilier et pourquoi pas de mettre ma santé en danger.

J'avais la gorge en feu et je ne savais pas quoi faire.

Malheureusement, et comme souvent, je n'étais pas avec la bonne personne. N'importe qui aurait tapé un scandale, m'aurait attrapée par le bras, avec la tasse empoisonnée, et se serait dirigé vers le poste de police juste en face. Mon invité s'imagina soudain pris dans la tourmente d'une affaire criminelle, ou je ne sais quoi, et me supplia de ne rien dire et de quitter l'endroit.

Ce que je fis.

Oui, je suis partie. Après avoir réglé l'addition.

Je quittai les lieux comme ça, les yeux baissés, honteuse d'avoir subi cet affront, coupable d'avoir provoqué ce sursaut de bêtise crasse chez la personne qui décida de la bonne blague qui aurait pu tourner au drame.

Comment avais-je pu être absente à ce point, pour ne pas trouver la force de me rebeller dans l'instant ?

Parce qu'on ne m'a jamais appris que j'étais la chose la plus précieuse à moi-même et que rien ne méritait ce traitement, que les cons ne sont pas invincibles et qu'il est bon parfois de faire des vagues, ou des moulinets avec les bras pour leur coller une bonne dérouillée.

Cet incident me marqua profondément et je n'osai même pas en parler à ma mère – encore vivante à l'époque des faits – qui passait son temps au marché à dire à ses commerçants préférés : « Vous savez, en vrai, Laurence n'est pas méchante comme à la télé… C'est une gentille petite fille ! »

Merci, ma maman.

Un ou deux mois après, je reçus un courrier de cette enseigne qui, oh surprise, voulait s'excuser pour ce désagrément et m'offrait un bon d'achat chez eux pour un repas pour deux. Byzance !

Étonnamment, je ne les avais jamais contactés.

Peut-être un membre du personnel, le maître d'hôtel, que sais-je, avait eu des remords et avait balancé les coupables à la direction.

Et, pompon sur la Garonne, je n'ai jamais utilisé le bon d'achat !

C'est vous dire si vraiment je suis en dessous de tout dans cette histoire.

Mais j'y pense régulièrement lorsque j'emmène ma fille et ses copines défier les véganes dans une de ces enseignes.

Ces jours-là, je ne prends jamais de café.

Encore une fois je n'avais rien dit. Le silence dans ma tête et je quitte mon corps.

J'en ai d'autres, rassurez-vous, et je savais que ça vous plairait.

Il y a plus de vingt ans, je suis contactée par l'assistante d'une productrice célèbre qui souhaite déjeuner avec moi pour me proposer un projet télé. Ah. On me précise que se joindra à nous une comédienne que j'adore et qui a, à peu près, les mêmes traits physiques que moi (détail qui a son importance).

Rendez-vous pris dans un restaurant de l'avenue Montaigne, au temps de sa splendeur, lorsque vous pouviez y croiser des stars, des grands animateurs radios, des femmes chics habitant le quartier, le traiteur de Marlène Dietrich lui livrant ses repas, pas des pickpockets hilares et des femmes de footballeurs. L'avenue Montaigne de la grande époque !

Le déjeuner démarre sur un projet tant de fois proposé que, dès les carottes râpées, je me dis : « Ça ne se fera jamais. » Un sous-« Frou-frou » mal fagoté, talk-show de filles sans véritable style, ressemelage de chroniques sur fond de pseudo-actualité, le type d'émissions que j'ai vu passer mille fois sur mon bureau, auquel j'ai toujours refusé de m'associer et qui, lorsqu'il voit le jour à l'écran, meurt lamentablement en quelques mois de sa belle mort. Mais je suis bien élevée, j'écoute, enfin, nous écoutons avec ma camarade de jeu, les arguments de la productrice qui pense avoir pondu un œuf de platine. Elle jubile. « Ça va être formidable, génial, avec votre humour à toutes les deux, de refaire l'actualité », hulule-t-elle en agitant sa fourchette. Nous écoutons jusqu'au bout en acquiesçant de temps à autre. Puis, au bout d'une bonne heure, la dame s'arrête net, réfléchit un court instant et nous annonce entre deux bouchées : « Ah j'oubliais ! Avec vous deux, il y aura Machine, à la présentation. »

Je dis Machine car on se fiche de qui est Machine, elle n'est pas le problème ; c'était une jeune chroniqueuse blonde, tombée hélas dans l'oubli depuis, partie à l'étranger, je crois. Machine, faisant une apparition soudaine à la fin de la démonstration, nous laissa un peu perplexes.

Nous venions d'être portées aux nues par cette dame, notre talent, notre humour et notre capacité à attirer le public ayant été largement évoqués et, soudain, nous n'étions plus deux mais trois avec une nouvelle venue sortie du chapeau.

La surprise passée, je tentai un « Ah bon ? Mais pourquoi ? », qui ne décontenança en rien la productrice.

Sans même reprendre sa respiration, elle balança du tac au tac : « Ah ben oui ! Il faut bien que j'en mette une belle avec vous deux ! Obligée ! » puis elle demanda l'addition dans la foulée, pressée de retourner à sa vie, sans même remarquer que nous étions toutes les deux figées sur place par la gifle que nous venions de prendre.

Il n'y eut aucune réaction de notre part, je crois. Peut-être parce que nous avions compris à qui nous avions affaire, peut-être parce que nous sentions que le projet ne se ferait jamais (ce fut le cas), que les mots n'avaient pas eu le même impact sur ma comparse que sur moi.

Ai-je osé demander pourquoi cette phrase assassine ? Méchante et totalement inappropriée à un contexte professionnel ? Non. Je suis restée avec ce cadeau empoisonné en me demandant si j'étais moche au point qu'il fallait contrebalancer ma présence par celle d'une très jolie jeune fille afin de ne pas faire peur au public.

Mes carottes râpées auraient dû voler à travers le restaurant, ou j'aurais dû au moins lui demander si elle savait le mal que pouvait faire cette phrase, d'une femme à une autre ? D'un être humain à un autre, d'une professionnelle à une autre…

Mais rien. J'ai dû me dire qu'elle devait avoir raison et je n'ai pas bougé, prise dans la glace comme un mammouth d'une autre ère.

FROZEN.

La routine.

Je m'aperçois que pour le bien-être du lecteur, ce chapitre est décidément à lire avec des moufles et une parka North Face, tellement il y fait froid. Et ça ne fait que commencer !

Je poursuis.

Bien, avant le « Maillon faible », je passais un casting d'auteurs de fiction pour une série qui allait naître sur une chaîne du câble. Il fallait bien payer les factures et je venais d'être virée de France Télé après avoir présenté un jeu pendant trois mois.

J'étais surprise d'avoir été choisie pour mes textes par « l'auteur en chef » ; un grand type tout mou, dont je n'avais jamais entendu parler et qui semblait allergique à la vie elle-même. Très pâle, très lent, clos dans ses pensées, il était supposé représenter une éminence grise en matière d'humour, le Seinfeld parisien, qui avait donc les épaules pour gérer une équipe d'auteurs. Très influencé par les États-Unis et leur manière de travailler, le producteur (que j'adorais) qui avait imaginé cette collaboration pensait arriver dans ses bureaux et découvrir une dizaine de talents penchés sur leurs ordis, vomissant les bons mots et les répliques culte en buvant des Starbucks, casquette des Chicago Bulls sur la tête.

Le folklore.

On nous fournit donc un ordi chacun, une table, une machine à café, un micro-ondes, et en route pour créer de toutes pièces une sitcom française à l'américaine.

On nous alloua même un « *script doctor* » américain, payé pour venir corriger le tir, largué par avion directement des *States*, pour nous dire comment font ses compatriotes, ce qui les fait rire ou « Ça, tu vois, à Los Angeles, ça passerait pas, coco… » Il était fermé et loin d'être sympathique, surtout après que j'ai répondu à sa question – « Laurence, quel est ton acteur préféré ? » – par « Kevin Spacey » (au pif, en plus, pour dire quelque chose), ce à quoi il rétorqua avec un demi-sourire : « Ah alors t'aimes les gays, toi ! » qui me laissa sans voix tellement c'était bête et malvenu.

Bon. Passons.

Belle ambiance sympa dans cet open space où nous étions, un comédien, un autre auteur dont le nom m'échappe, le grand tout pâlichon souffreteux, et moi, chargés d'écrire le meilleur de l'humour français.

C'était l'été, il faisait une chaleur d'enfer parisien, le chef des auteurs ne quittait pas sa veste et se mouchait constamment en s'adressant à moi d'une voix faible. Il y avait heureusement quelques fous rires, on appréciait ce que j'apportais comme matériel, on me félicitait de mes vannes, de mes répliques, j'eus l'impression d'être acceptée et de faire partie d'un groupe avec qui je partageais la même passion.

Je baissai un peu ma garde, je me mis à apprécier vraiment mes « collègues » et spontanément à me lever enthousiaste le matin avant de me taper les soixante kilomètres qui me séparaient de Paris. L'idée de les voir, de travailler avec eux, de partager ma journée avec ces garçons me mettait en joie. Les allers-retours étaient longs mais ça en valait la peine ! J'écrivais, nous écrivions comme dans une vraie fiction et ça n'avait pas de prix. Ensemble, nous allions créer quelque chose d'unique. Et, cerise sur le gâteau, je les aimais beaucoup.

Évidemment, il y eut d'abord un point à éclaircir sur la rémunération, qui fut basée sur le partage des droits ; nous étions quatre et on nous annonça que nous serions donc payés sur cette base juste et équitable.

Normal selon moi.

Tout le monde valida la nouvelle. Le chef des auteurs, lui, aurait le titre de créateur et donc une rémunération plus importante (bien que cette série ne soit pas une création mais une adaptation, il en était devenu soudain le créateur). Peu importe. Pour moi, c'étaient des détails techniques de second ordre.

J'ai dû certainement baisser ma garde un peu trop tôt. Allez savoir. Mais je suppose que je n'ai pas vu les premiers signes avant-coureurs de ma fin.

Quand j'y réfléchis, il y en eut. Je venais parfois au bureau alors que les autres n'y étaient pas, apprenant au dernier moment que la séance de travail était annulée.

Aucune importance, je referais donc mes soixante kilomètres dans l'autre sens et j'irais écrire d'autres épisodes sous ma glycine.

J'appris aussi que la chaîne était venue lorsque j'étais absente, pour une visite de courtoisie. Aux auteurs. Je n'osais même pas m'en formaliser, confiante dans le respect que les autres membres de l'équipe me portaient. Quelle importance d'être tous là lors de ce rendez-vous ? Nous étions une équipe, non ?

Si je posais une question, le chef des auteurs me répondait parfois d'un air agacé entre deux rinçages de nez pour ses allergies.

Mais j'aimais ce que je faisais. J'aimais cette pièce fournaise où la magie opérait.

Je faisais tout pour oublier les yeux levés au ciel de l'un ou l'autre, surpris parfois à la volée, lorsque je demandais de l'aide pour mettre un texte en forme, ou lorsque je demandais si quelqu'un allait déjeuner dans le quartier et que personne ne répondait.

Je n'ai rien vu venir finalement.

Coté textes, il n'y avait rien à me reprocher, il reste d'ailleurs, bizarrement, dans cette pauvre et mauvaise fiction, certaines de mes répliques et de mes idées. Très peu heureusement vu la piètre qualité de ce truc.

Un matin, j'arrivai au bureau, mon ordi sous le bras comme d'habitude, et je m'étonnai de trouver la pièce de travail entièrement vide. J'allai saluer notre adorable « assistante » qui me dit bonjour d'un air gêné, presque triste. Je demandai si j'étais la première et elle me répondit : « Ils t'attendent au sixième. » Un étage réservé à la production et à la direction. J'en déduisis que l'équipe était déjà installée et je grimpai les escaliers pour les rejoindre.

J'entrais dans ce bel appartement et la secrétaire du producteur me désigna le grand bureau : « Ils t'attendent. »

Ce jour-là, j'étais attendue !

Mais personne de mon équipe en vue. Juste le producteur derrière sa grande table en marbre froid, le visage fermé des jours de grand deuil et, assis un peu en retrait, le fameux « *script doctor* » qui eut, je m'en souviens, un petit sourire d'encouragement qui me surprit dès mon entrée, vu qu'il était chiche dans ce domaine.

Assise là, seule, de l'autre côté du bureau, je sentis monter en moi le sentiment familier des ennuis qui arrivent au galop. Le producteur me demanda si j'avais avec moi mon PC portable, je le sortis de mon sac et je lui montrai. Il me demanda de le lui rendre. Comme un flic rend son badge et son arme après une bavure.

J'ai oublié la teneur exacte de la conversation qui suivit. Ça, je l'ai effacé très vite. Il s'agissait, je crois, de mauvais retours de l'équipe sur mon attitude, sur des commentaires désobligeants que j'aurais fait un jour en présence d'un des responsables de la chaîne dans le bureau. Un bel habit pour l'hiver doublé de clous acérés.

Bref, quand on veut tuer son chien…

L'on me coiffa d'un joli seau d'ordures.

Je restais assise, assommée par toutes ces nouvelles qui m'arrivaient comme un tsunami, alors que la veille encore nous rions des vannes que nous avions l'intention d'intégrer au script. Je n'avais rien à dire, pas de défense, pas d'arguments, que répondre à ça ? Me suis-je défendue ? Certainement un peu, mais l'entretien fut très court et il n'y avait pas grand-chose à ajouter devant tant de mauvaise foi et de trahison. J'ai même dû m'excuser d'avoir froissé quelqu'un de la chaîne, d'avoir sorti un bon mot qui aurait eu l'effet contraire, d'avoir fait quoi que ce soit de si terrible que l'on me demande de rendre mon outil de travail.

De toute façon, ne cherchez pas, je m'excuse toujours. Au cas où. Même quand j'ai raison.

Le producteur continua quelques secondes sa litanie de griefs rapportés contre moi et mon incapacité à finir correctement ce job, quand le « *script doctor* » américain, qui n'avait encore rien dit profita d'un lourd silence pour articuler avec son accent très prononcé : « La vérité, c'est qu'ils n'ont aucune envie de partager avec elle qui est une fille les droits sur cette série. Et contre ça, ma belle, tu ne peux rien faire, donc voilà. Ils te veulent *out of it.* »

Donc voilà.

Frozen.

Je me revois me lever, dire merci quand même, et redescendre sans un mot vers notre bureau vide où j'avais laissé mes affaires.

Je fis mes adieux rapidement à notre assistante en essayant de ne pas montrer ma défaite. La jeune femme me dit au revoir, puis se pencha vers moi et me fit un signe du doigt désignant la porte qui donnait sur une pièce nous servant de mini- bureau/cuisine/débarras. Elle chuchota tout bas : « Ils sont là. Ils étaient là avant que tu arrives » et elle eut un haussement d'épaules pour parfaire cette délation qui la soulagea.

Mes comparses d'écriture étaient donc là depuis le matin, enfermés dans cette petite pièce. Ils m'avaient entendue arriver, ils m'avaient entendue monter me faire virer, attendant, tapis dans le débarras, que je dégage comme une malpropre, incapables de m'affronter ou de me dire en face ce qu'ils me reprochaient vraiment, chuchotant, courageux, fiers, téméraires donc...

Une petite nausée m'envahit mais je n'eus pas la force d'aller ouvrir la porte pour leur demander s'ils allaient maintenant mieux respirer sans ma présence.

Je repris l'escalier, le métro, le train jusqu'en Seine-et-Marne. Ma voiture pour rejoindre ma petite maison au milieu des fleurs. Ce n'est que deux heures plus tard, une fois dans le jardin, que je me mis à pleurer. Incontrôlable. Mes chats sur les genoux, le bruit du vent dans les grands arbres, perdue, honteuse, glacée.

Comme il était facile décidément de se débarrasser de moi.

Le lendemain, après une nuit blanche, je repris ma voiture pour faire les quelques kilomètres qui me séparaient de la petite ville toute proche. Je poussai la porte du salon de coiffure. Ma coiffeuse me demanda si on faisait des boucles aujourd'hui, comme toujours (car impossible de toucher à mes cheveux que j'avais laissés pousser depuis quatre ans). Je me regardai dans le miroir, et je dis : « Non, merci, vous coupez tout. » Elle resta le peignoir en l'air, surprise, comme si je plaisantais : « Mais non ! Quel dommage, on en a pris soin de ces cheveux, ils sont très longs maintenant ! »

J'ai répété : « On coupe tout très court. »

Elle posa le peignoir, attrapa les pinces, les ciseaux, le rasoir, et j'ai vu mes longues mèches tomber, comme ma dignité la veille, traîner sur le sol, comme l'espoir que j'avais mis dans cette collaboration et j'ai vu apparaître la tête que tout le monde connaît. Cheveux courts, effilés, bien dégagés derrière les oreilles.

Militaire. Impeccable. Invincible.

Elle a murmuré « Ça vous va bien » pour dire quelque chose.

Je me suis dit : « Quelle importance ? »

Je m'en étais pris à moi-même, à mes cheveux, incapable de me confronter aux autres.

Les autres.

Le grand mou au regard en dessous a quelques scénarios à son actif (et pas des meilleurs), le deuxième, aucune idée, le dernier joue les troisièmes rôles parfois, si on arrive à l'apercevoir sans cligner des yeux. Il eut même le culot de me recontacter par message au pic de mes succès télévisuels, dans l'espoir d'être invité et que j'aie totalement zappé cette journée-là. Car, pour ces gens, tout s'oublie avec le temps.

J'ai pas zappé. Dommage pour lui.

Lors de cette chute libre qui me blessa, je veux souligner que même si j'avais commis quelques erreurs de communication, si j'avais péché par maladresse ou bêtise, je ne méritais pas ce traitement-là.

Une semaine après cette mise à pied de lâches, un des grands responsables de cette fiction à la chaîne m'envoya discrètement un mot absolument adorable, s'étonnant de mon départ, sans être dupe bien sûr de ce qui venait de se passer, et soutenant fermement que malgré toute cette histoire d'ego, je ne devais jamais abandonner la plume, ni me laisser décourager.

Il n'était pas obligé de le faire. Je n'étais personne, pourtant il m'accorda cinq minutes d'importance et je voudrais l'en remercier car, ces cinq minutes, je les garde précieusement pour les moments où j'oublie qui je suis. Trop souvent.

J'avais prévenu qu'il ferait froid.

Je le réalise en relisant et en corrigeant ces fragments de banquise.

Je n'ai pas techniquement la place de tout raconter.

Faut-il vraiment tout raconter ?

Faut-il vous emmener lors de cette soirée organisée pour mon équipe de France Inter ? On avait monté ce dîner pour sceller la cohésion entre nous, avec un budget arraché comme on avait pu à la station, trop heureux de pouvoir se retrouver tous ensemble dans un restaurant-boîte de nuit du 6e arrondissement.

Nous avions même invité nos *guests people* les plus fidèles et je pensais sincèrement que nous allions passer une soirée fabuleuse et une nuit de fête à rire et à danser.

Que nenni.

Arrivèrent en même temps que l'entrée deux de nos chroniqueurs, un comédien de théâtre et un humoriste, en retard et déjà extrêmement imbibés grâce à la présence d'un bar tous les deux mètres dans cette jolie rue. Propos gênés mais bienveillants des autres convives, gentil rappel à l'ordre pour que la soirée se passe au mieux, on tenta d'oublier leurs rires gras, leurs blagues douteuses, les voix qui portent et gênent les tables des voisins, et le regard réprobateur du patron du restaurant.

Tout le monde devisait gaiement au-dessus de son foie gras, quand l'un des deux se mit à jouer avec les assiettes de présentation qui malheureusement étaient dans un métal malléable. Jouant les forts des halles, ils se livraient hilares à des sculptures de César avec la vaisselle du restaurant, ce qui ne fit rire qu'eux, mais très fort.

Notre réalisateur Jean-François tenta fermement de leur demander de freiner leurs ardeurs pour le bien de la soirée, mais rien n'y fit. Ils tordaient les assiettes entre deux fous rires alcoolisés.

Le patron du restaurant s'interposa deux ou trois fois sans succès, l'un des deux « sculpteurs en herbe » le mettant même en garde contre une éventuelle riposte s'il lui interdisait à nouveau de compresser la vaisselle !

Je ne savais plus que dire, que faire, ils étaient en roue libre, ravis de leurs effets de gamins mal élevés.

Je me dis qu'une fois le dîner terminé et une fois tout le monde dans le club, la musique adoucirait les mœurs.

Pas vraiment.

Juste après le plat principal, le patron se pencha vers nous et alors que nous pensions qu'il allait nous demander si tout était à notre goût, il nous demanda très clairement de dégager. Nous sommes restés un instant stupéfaits par cette demande, mais visiblement il ne plaisantait pas.

L'attitude des deux andouilles l'avait mis en rage, et il préférait dégager sur-le-champ tous les invités que prendre le risque de les laisser descendre dans sa boîte de nuit.

Les deux clowns étaient évidemment au paroxysme du plaisir, devant cette annonce catastrophique pour toute l'équipe, et scandaient des « Mais non, mais vous n'avez pas d'humour, alors », face au patron impassible qui annonça : « Tout le monde dehors » façon Jean Gabin, dans le film *Le Tatoué*.

Et c'est ainsi que toute l'équipe, ainsi que des célébrités invitées, se retrouvèrent le manteau à la main sur le trottoir à 22 heures sans voir pu finir leur repas.

Je pensais au gâchis immense de cette journée, aux dix rendez-vous où nous avions dû batailler avec la station pour obtenir un petit budget, à l'organisation, aux invitations, à l'énergie dépensée pour rassembler tout le monde un soir d'hiver.

Sans aucune gêne, les coupables filèrent tout droit vers le bar le plus proche terminer leur soirée au gros rouge, sans aucun mot d'excuse pour moi, pour l'équipe, et tous les invités qui durent repartir dans la nuit. Comme moi, à pied, hébétée, nauséeuse.

Frozen.

Le lendemain matin, au bureau, Jean-François, mon ami et réalisateur de l'émission, leur demanda de venir s'expliquer sur leur conduite qui avait provoqué l'échec absolu d'une soirée sur laquelle nous misions tant.

J'étais à mon bureau, Jean-François assis au sien, et les deux vedettes face à nous, dans la pure tradition du conseil de classe.

Ils étaient hautains, frondeurs, en aucun cas mal à l'aise, se demandant même ce qu'on pouvait bien leur reprocher. Jean-François calmement leur demanda s'ils se rendaient compte du désastre de la veille.

Leurs réponses, enfin surtout celles du plus fort en gueule, étaient de toute beauté. On le soûlait avec nos remarques car si son humour n'avait pas été apprécié ce n'était quand même pas sa faute, concluant par cette merveilleuse réplique, que par la suite nous nous remémorions souvent avec Jean-François : « Et alors ? Quelle idée aussi d'aller dans cet endroit où on se fait chier ! »

Vous commencez à me connaître, j'étais tellement gelée par la bêtise de ces réponses que cette dernière remarque me congela définitivement sur place. Seul le hurlement de colère de Jean-François me sortit de ma torpeur : « Non maiiiiiiis vous n'allez quand même pas lui en vouloir de vous avoir invités là !!! » rugit-il en me montrant du doigt. Les deux lémuriens vacillèrent sur leurs chaises « Alors, messieurs, mais EXCUSEZ-la de vous avoir conviés à cette soirée, excusez-la d'avoir bossé pour payer cette soirée, excusez-la d'avoir voulu vous faire plaisir ! Mais vous êtes complètement cons ou quoi ? »

Le plus silencieux des deux regardait ses chaussures en bafouillant. Pleutre ridicule. Le plus grand, le Depardieu de chez Wish, postillonnait un mécontentement inintelligible.

En y repensant, je me dis que certes je n'étais pas faite pour sanctionner, encore moins m'élever contre des attitudes blessantes, mais de me faire respecter alors que j'étais celle qui les faisait travailler sur cette émission. Le summum de la lose. Mais quelle quiche !

Si Jean-François n'avait pas plaqué les mots justes sur cette situation, avec le ton adéquat et un regard qui ne laissait de place à aucun doute sur la colère qui était la sienne, je suppose que je me serais peut-être excusée de les avoir fait venir à 10 heures du matin, à la Maison de la radio, alors qu'ils auraient pu cuver leur cuite sous la couette bien au chaud.

Frozen.

« On choisit parfois la mauvaise relation, car c'est le seul amour que l'on pense mériter », me disait souvent quelqu'un qui me racontait ses naufrages amoureux permanents et répétitifs.

Je crois que j'ai longtemps navigué en croyant fermement la même chose de manière plus générale.

Il y eut ces histoires-là, et puis bien sûr, beaucoup, beaucoup, beaucoup d'autres. Du même genre, avec le même goût, la même amertume.

Les convocations dans des bureaux d'une direction ou d'une autre, sermonnée comme une enfant de cinq ans, le verbe haut, les mots acerbes pour humilier et dresser mon prétendu caractère un peu trop fort. Les collègues qui me dévisageaient embarrassés ayant entendu la conversation à travers les murs de papier mâché. Moi anéantie, n'ayant su quoi répondre, presque convaincue d'être forcément coupable devant un ou une dingue hystérique me crachant au visage son mépris des femmes, sa pseudo-supériorité intellectuelle, son jugement arbitraire, son monde tournant autour de son ego surdimensionné, dépourvu de compassion ou de nuances.

De mes vingt ans à aujourd'hui, je n'ai quasiment connu que ça. Des punitions idiotes blessantes et injustes par des chefaillons disparus depuis dans les brumes de leur incompétence.

Certes, il y eut parfois des lueurs d'espoir dans ce long tunnel. Des éclairs que j'arrivais à lancer dans un sursaut de survie. Des portes que je claquais définitivement parce que je ne pouvais pas faire autrement. Il fallait me sauver, ce que je fis parfois, mais toujours *corporate*, sans jamais détailler le pourquoi du comment. Obéissant aux directives détournées de ceux qui se protégeaient des vagues en prétendant me protéger moi. Je sortis rarement de ces situations en faisant éclater la vérité, la laide vérité, l'éviction très moche qu'on me demandait de taire ou de camoufler sous un départ volontaire. Prétendument pour mon bien.

On me disait : « À quoi bon raconter tout ça ? Avance et passe à autre chose. »

Mais, finalement, j'ai collectionné les non-dits, j'ai tu les injustices, les folies des autres, les saletés faites en douce, les coups bas, les trahisons. Même si je décidai un jour de m'en éloigner, j'ai toujours accepté de les taire.

Mais de quoi avais-je donc si peur ? Longtemps, ce fut la menace très claire de ne plus travailler. Exprimée tout en finesse par de petites phrases bien connues qui ont toutes la même mélodie : « C'est pour toi, tu sais, après, c'est toi qui décides, mais à ta place, je laisserais passer sinon tu connais ce métier aussi bien que moi : les places sont rares. Et chères. Il faut savoir mettre un peu de sa fierté dans sa poche, non ? »

Non.

Enfin oui. Si !

J'ai acquiescé. Pour qu'on ne me prenne pas le métier que j'aimais. Mais en vérité, non, il ne faudrait pas avoir aussi peur. Aussi peur de ne plus travailler, de ne plus pouvoir payer son loyer, peur de perdre sa passion, uniquement pour avoir dit la vérité et avoir dit stop. On le regrette ensuite, des années après, ce coup de bluff-là, c'est bidon, c'est juste pour se faire craindre. Et ça marche ! Tant de femmes m'ont témoigné avoir entendu ces paroles si souvent dans leur carrière que j'en ai le tournis.

Pourtant il faut oser dire non, sinon on finit comme moi, traînant des valises de tristesse et de regrets, se questionnant sans cesse sur la force qui m'a manqué pour dénoncer plus tôt, plus vite et plus fort.

Je me réveille parfois la nuit avec l'image en Technicolor d'une scène de 1995, de 1986, ou de 2002 qui vient me tirer du sommeil et m'assaillir de questions : « Mais pourquoi je ne me suis pas sauvée ? Pourquoi avoir accepté ? Pourquoi n'avoir rien dit ? »

La réponse est souvent la même : comme l'implant que l'on place dans la tête de Schwarzenegger dans *Total Recall*, le mien m'envoyait la même information en boucle : « Il faut encore travailler, travailler, travailler. Et si tu n'avais plus rien, simplement pour avoir parlé ? » « Et si on te retirait ta passion, ce que tu aimes faire plus que tout ? »

Et cette perspective glaçante me remplissait d'effroi.

Évidemment, avec ce postulat de départ, il est clair que je n'allais pas révolutionner le monde avec mes pauvres clapotis qui auraient dû être de belles grandes vagues rinçant tout sur leur passage. Mon manque de confiance en moi, ma peur exacerbée de ne plus jamais être acceptée, n'ont pas joué en ma faveur.

Logique.

Et je m'en veux.

Virée, remplacée d'un jour à l'autre pour une raison ou une autre (qui ne tenait pas la route), tenue à distance sur des projets que j'avais initiés, spoliée de toute rémunération pour des créations multidiffusées (et d'ailleurs sur cette affaire, bien endormie à coup de « Bien sûr, Laurence, on s'en occupe » pour découvrir après que personne ne s'en était (volontairement) jamais préoccupé et que je ne toucherai jamais un centime, par des gens convaincus que je ne viendrais pas faire un scandale dans leur open space, voir naître à l'antenne de très mauvaises versions de mes projets proposés à la personne même qui le signait au générique comme étant sa propre création avec l'excuse ridicule qu'il me fit pour justifier cet emprunt : « Tu sais bien, Laurence, que les idées c'est bien compliqué à protéger... »

Surtout quand cette idée je te l'ai décrite en tête à tête lors d'un déjeuner sans témoin.

Et, même dans ces moments-là, une fois la colère passée, je n'arrivais à penser qu'à une seule chose : « Mais si vous me volez une idée, au moins réalisez-la bien ensuite ! »

Je n'ai pas l'âme procédurière, visiblement, je devrais. Je serais certainement riche aujourd'hui. Menacée par avocats interposés, pour que je la ferme sur des événements tellement inappropriés et effrayants que la seule solution pour les coupables était de jouer les gros bras et souligner à quel point ma pauvre petite société de production sur les comptes de laquelle il ne devait pas rester grand-chose, n'aurait aucune chance devant les tribunaux si le géant Goliath décidait de me faire de gros ennuis, avec des avocats d'affaires très chers et très aguerris à ce genre de procédure. Quand vous êtes devant la réalité, la vraie, celle des 99,99 % de chances de vous faire écraser vivante par plus fort que vous, vous ne réfléchissez pas en héroïne, ou en passionaria des droits du travail. Vous faites tout simplement les comptes jusqu'à tard dans la nuit, vous imaginez les trois ou quatre prochaines années sans bosser (c'est le cycle moyen pour que ceux qui sont responsables de vos bobos se fassent virer à leur tour) et vous choisissez la paix, la mort dans l'âme.

Même si cette paix-là provoque la tempête en vous.

C'est lâche, je sais.

Mais ça m'est arrivé, et personne n'a pu venir à mon secours, me soutenir, me dire défends-toi, ne les laisse pas gagner, je témoignerai de ce qu'il t'est arrivé, compte sur moi, tu n'es pas seule.

Non, dans ces cas-là, on se confronte à un silence douloureux, mais je n'en veux à personne. On ne peut pas demander aux autres d'être plus vaillants que soi-même. Ils ont aussi une situation fragile, un job qui ne tient qu'à un fil, une famille, des projets. Non, je n'ai aucun ressentiment pour ceux qui savaient et qui n'ont pas pu dire car moi aussi, dans certains cas, je me suis tue.

J'ai donc passé mon temps à craindre d'être virée, et l'autre à espérer l'être pour en finir.

Au risque de me faire du mal physiquement en refusant de dire stop, tant pis, aujourd'hui ce ne sera possible.

Il y a plus de quinze ans naissait mademoiselle Joubert, cette instit' un peu fofolle qui sévissait sur l'île de Ré. Premier épisode à tourner, sous la houlette d'un réalisateur italien qui avait tendance à oublier qu'il n'était ni Fellini, ni Comencini, et que hurler les directions d'acteur n'avait comme effet que d'épuiser toute l'équipe. Le rythme de travail n'était pas aussi épuisant pour lui puisque *il maestro* émergeait de ses agapes nocturnes vers midi et nous ne commencions à tourner que vers 13 h 00.

Il était tellement imprévisible et autoritaire que son équipe technique n'osait pas bouger une oreille, le contrarier, encore moins le contredire. Quand il criait « Moteur », le pape aurait pu passer dans le champ, s'il ne disait pas « Coupez ! » personne ne se serait permis de le faire à sa place.

Le troisième jour, on tourne une scène avec les enfants dans la cour de l'école, pendant laquelle je dois parler tout en reculant, pendant que les enfants se sauvent en courant en arrière-plan. Rien de très compliqué.

Après deux répétitions rapides, « Moteur », allez hop on tourne !

Je donne mes répliques, je recule, je vois du coin de l'œil les enfants sortir du champ, je me dis « C'est bon, je suis dans mes marques », je ne bafouille pas, mais je sens derrière ma jambe une légère résistance.

Je tente de reculer un peu plus, la résistance est toujours là. Mon cerveau tourne à vide, personne ne m'explique rien, les caméras tournent toujours, je ne comprends pas tout de suite ce qu'il se passe. Le réalisateur regarde le plan, le casque vissé sur la tête, je suis un peu perdue.

Et soudain illumination. Ce qui résiste, c'est le corps d'un enfant qui est resté à quatre pattes dans la cour, juste derrière moi, ignorant les consignes et ses camarades.

Je me mets à réfléchir à la vitesse d'une comète décidée à pulvériser la terre.

Option un : je me laisse glisser et je risque de blesser cet enfant en lui tombant dessus de tout mon poids.

Option deux : je tente de l'enjamber le plus largement possible en reculant et en priant pour que l'amplitude de mon saut soit suffisante pour l'éviter totalement.

Tout se passe en une fraction de seconde et pourtant j'ai le temps de me demander pourquoi l'équipe en face de moi ne bouge pas. Personne ne crie « Attention, sauve-toi », ou même « Coupez ! » Rien. Le réalisateur est dans son monde le regard fixé sur son écran.

Je décide de tenter cette figure de gymnastique acrobatique : le saut en longueur à reculons.

Jamais tenté avant ni depuis.

Non seulement, c'est difficile, mais ça se complique encore quand, au moment où vous tentez d'enjamber l'obstacle, ce dernier décide soudain de bouger en se relevant d'un bond.

Je me retrouve donc lancée dans le vide, sur le dos, évitant l'enfant – ouf, c'est le principal –, mais en sachant hélas que la chute sera mémorable, sur le sol de cette école dépourvue de revêtement approprié.

Je tombe de toute ma hauteur, propulsée par mon intention d'éviter ce gamin, et j'atterris sur mes deux coudes. Dans un silence de mort. Personne ne bouge. Je sens une douleur atroce monter dans mon bras gauche, dans ma main, mon poignet mon épaule. Je crois que je laisse échapper un pauvre cri.

Enfin, j'entends : « Coupez ! »

Je suis allongée par terre sonnée et je ne sais même plus ce qui s'est passé.

Certains viennent aux nouvelles, on tente de me bouger le bras. Une maquilleuse, qui a dû faire radiologie deuxième langue, m'assure fermement que ce n'est pas cassé vu que je peux bouger le poignet.

Je tente de me relever tant bien que mal, et j'aperçois du coin de l'œil le réalisateur s'arracher les cheveux, qu'il a longs et bouclés, au sens propre. Il nous la joue dans la plus pure tradition de la *commedia dell'arte*. Jurons en italien, malédiction sur la lignée entière de ceux qui ont conçu cette cour de récréation. Je l'entends hurler entre deux suppliques à la Madone que c'est une catastrophe, un drame, une injustice... La totale.

On me jette dans une voiture vite fait pour aller passer une radio à Saint-Martin-en-Ré, dans une officine déjà débordée par les traditionnelles chutes à vélo des Parisiens en vacances sur l'île, assis sonnés dans la salle d'attente, les genoux écorchés et le casque de travers.

Un médecin très décontracté me lance en regardant mes radios : « Ah ben ça, c'est pété ! » Comme s'il avait dit : je crois qu'il va pleuvoir. « Le coude, ça ne pardonne pas, et on ne plâtre pas. Donc, on va vous strapper le bras bien coincé sous la poitrine et vous ne bougez plus pendant un bon mois minimum. Minimum. »

Je reste abasourdie par la nouvelle.

Je sors de là choquée, saucissonnée dans mon attelle, la douleur est insupportable, et je ne peux même plus bouger la main sans crier.

Retour à mon hôtel pour bien apprécier le ratage total de cette troisième journée de tournage.

La nouvelle s'est répandue très vite dans l'équipe, jusqu'à la production.

Procédure habituelle : ils doivent prévenir les assurances pour déclarer l'accident, et prévoir les frais en cas d'annulation du tournage. Je découvre les joies des assurances du spectacle.

Coup de téléphone du fameux médecin des assurances que nous connaissons tous à l'époque dans le milieu, qui me demande comment je vais, ce qu'il s'est passé et le résultat des radios. Je lui raconte ma mésaventure et de cette voix, qui me revient maintenant comme si c'était hier, il me demande de but en blanc : « Alors bon, ma grande, tu veux faire quoi ? »

Je suis assise sur le lit de cette chambre d'hôtel, j'ai tellement mal que j'ai envie de m'évanouir, l'attelle me compresse le bras, j'ai juste envie de rentrer chez moi.

Je ne comprends pas bien la question alors il m'explique : « On peut arrêter tout le tournage évidemment, il reste vingt jours, ça implique de renvoyer toute l'équipe, et de reprogrammer ce tournage, ça va pas être facile, ça va surtout coûter un paquet aux assurances, je t'avoue que la prod est proche de l'infarctus... »

Ah. Évidemment, si je coûte des sous aux assurances et si l'équipe doit rentrer par ma faute... Ça ne se fait pas. C'est pas cool.

« Ou alors, me dit-il, tu te sens de continuer avec le coude cassé. C'est toi qui vois. »

Silence.

Et je m'entends dire : « Ah non, je ne veux pas causer de retard, je vais continuer à tourner évidemment. »

C'est donc avec un coude cassé que je reprends le tournage dès le lendemain, et comme il est impensable de voir apparaître sans explication cette prof avec une attelle bleu turquoise, on décide carrément de l'enlever et on me coince ce bras douloureux et quasi sans vie avec des livres, des cahiers, des pots à crayons, n'importe quel accessoire qui fera l'affaire, car je suis totalement incapable de m'en servir.

Quand je me tiens debout, mon bras pend lamentablement comme un chiffon mouillé, et j'occupe l'espace de mon mieux avec mon seul bras valide. J'en bave, j'ai tellement mal que je vois des étoiles dès que je me déplace, mais on tourne et le réalisateur a arrêté de maudire le ciel, et toute l'équipe est à son poste, et personne n'a perdu son job à cause de moi.

Le soir, ma meilleure amie replace l'attelle, serre comme elle peut pour m'immobiliser le bras et me cale entre mes deux oreillers, après m'avoir donné ma dose d'antalgiques. Je dors d'un sommeil pourri, en serrant les dents, chaque mouvement est une torture, mais je suis tranquille car ON tourne.

Cette plaisanterie a duré vingt jours.

Mon coude a mis des mois et des mois à récupérer et à se remettre en place, mal puisqu'il n'était pas maintenu correctement la journée. Le réalisateur trouvait presque normal que je prenne sur moi. Mon rhumatologue des années plus tard jugea, à raison, mon comportement « totalement insensé et très con » lorsque je dus le consulter pour des douleurs atroces au bras.

De vous l'écrire aujourd'hui me donne envie de me donner deux gifles.

C'est fait.

Je le mérite.

Je n'apprendrai jamais.

Je n'apprendrai jamais à me protéger, à me préserver, à prendre soin de moi.

La petite voix susurre toujours : « Ne te plains pas, ne dis rien, continue, tu seras malade plus tard. »

D'ailleurs, je n'ai perdu que très rarement ma voix. Perdue, perdue. Et, pourtant, c'est l'organe le plus fragile chez moi. Enrouée, oui, muette, non.

Sauf à deux reprises.

La première, quand on m'a annoncé simultanément la fin brutale du « Maillon faible » auquel je ne m'attendais pas, et l'arrêt définitif de mon protocole de FIV.

Évidemment, je précise que ce sont deux personnes différentes qui me les ont annoncés !

Mais il y a des jours comme ça où vous devez avoir Saturne dans la maison de la poisse ! En l'espace de quelques minutes, j'ai pris ces nouvelles dans le plexus.

Une heure à peine après, je n'arrivais plus à sortir un son intelligible. Plus rien. Le calme plat. Encore sous le coup de ces deux nouvelles, il a fallu me rendre à l'évidence : comme ça, sans prévenir, je ne pouvais plus parler. Énorme coup de stress ? Laryngite soudaine ? Je n'ai jamais vraiment voulu analyser cet événement étrange et très perturbant mais j'ai dû retrouver un semblant de voix soixante-douze heures plus tard sans plus de raisons.

La deuxième fois, je m'en veux encore. Je suis en plein tournage, il faut enchaîner comme c'est la coutume un nombre important d'émissions pour réduire les coûts de studio et augmenter la marge de la production. C'est la base. Être efficace afin que la production gagne plus. La carotte, c'est d'en tourner le maximum par jour, autant que le corps d'une femme de soixante ans peut endurer.

Ce matin-là, je commence les enregistrements avec un mal de gorge épouvantable. Je préserve ma voix comme je peux, avale du miel, de l'eucalyptus, de la teinture-mère de bourgeons de cassis, des gouttes d'herbes aux chantres… Une pelletée entière de tout ce qui se trouve sur la table de ma loge.

Pendant la première émission, je suis encore audible, mais je sens que peu à peu ma gorge s'enflamme et que mes cordes vocales commencent à crier grâce. Les candidats tendent l'oreille, me font répéter, rient avec moi de cette nouvelle voix rauque à la Claudia Cardinale, je lis une légère inquiétude dans leur regard et je commence à me dire que la journée va être compliquée.

Bien sûr, on me rassure, ça ne s'entend pas du tout à l'antenne !

Ah bon ?

Ma maquilleuse me glisse dans l'oreille que j'ai une voix étrange et que si je le souhaite elle peut aller me chercher un truc à la pharmacie.

Je continue mais, après quelques minutes, seul un filet de voix miteux sort de ma bouche, au prix de gros efforts, ce qui rend le tout encore plus douloureux.

J'ai l'impression de hurler, alors qu'à deux mètres de moi malgré le micro poussé à fond les candidats tentent de lire sur mes lèvres. J'ai très mal, je suis très mal, mais on m'assure toujours que ça ne s'entend pas.

J'attrape le regard d'une partie de l'équipe qui n'ose pas avouer que j'ai la voix cassée, brisée, qu'ils ont mal pour moi et que c'est très pénible à l'écoute.

Il reste quatre émissions à enregistrer et je n'ai même plus la force de murmurer sans m'étouffer.

Dans ma loge, j'avale quatre comprimés de cortisone pour enrayer la catastrophe, un litre de thé, je vide un spray sur mes amygdales et je prie pour que ça tienne.

Mais rien n'y fait.

Au bout des six émissions, je n'ai même plus un souffle de son, une nano lichette de voix, je n'ai que mes mains pour faire signe que je suis totalement aphone.

Peu importe, les six émissions sont dans la boîte.

Je rentre chez moi, inquiète de cet incident, et je commence à me demander si je n'ai pas fait une bêtise en continuant à brutaliser mon outil de travail.

Le lendemain matin, je suis silencieuse comme un mérou. Totalement muette. Ma fille, impressionnée, doit répondre à l'interphone et au téléphone à ma place. Terrorisée à l'idée de causer quelques retards que ce soit au tournage, je tente un SMS à mon ORL habituel pour lui confier ma trouille, ma terreur et lui demander de l'aide.

Je pleure en silence sur mon lit, je suis paumée, je me demande quand je vais retrouver un peu de voix. Je retrouve le mail d'un ancien ORL, spécialiste de la voix, et je lui écris ma détresse absolue.

Il a l'intelligence de ne pas m'appeler, car au téléphone on ne m'entend pas, et il me répond de passer à son cabinet dans la journée.

Je m'y rends, montrant du doigt au chauffeur de taxi l'adresse sur une ancienne ordonnance. Batterie de tests, caméra qu'on fait passer par le nez, essai de sonorisation, tout est passé au crible. Il s'assoit en face de moi et tourne l'écran de son ordi face à moi :

« Vous voulez voir ce que vous vous êtes fait ? Vous voyez ces taches-là dans la gorge ? Ce sont de gros hématomes, des bleus, quoi… C'est hallucinant ! Vous avez les cordes vocales de quelqu'un qui aurait été kidnappé et qui aurait crié au secours pendant des heures. »

Je baisse les yeux, gênée. J'ai même pas crié au secours en plus…

Il continue :

« Donc, le mal est fait, la cortisone ne sert absolument plus à rien, vous vous êtes arraché la gorge et le seul moyen maintenant pour récupérer, c'est de se taire complètement. »

Je ne sais pas comment j'arrive à lui demander si ça va revenir vite.

Il me regarde comme si j'étais une petite fille chez le proviseur :

« Comment vous dire, ça va certainement revenir mais pas tout de suite vu l'étendue des dégâts. Il va falloir être sage et patiente. Puis-je vous poser une question ? Quand vous avez senti que votre voix faiblissait, pourquoi avoir continué ? »

Je fais un bruit de bouche pour signifier que je ne sais pas. (Même si je sais, c'est toujours la même histoire…)

« Écoutez, madame Boccolini, dit-il en éteignant toutes ses machines et en poussant un gros soupir, c'est bien beau de vouloir travailler à tout prix, mais même les chanteuses que je reçois savent protéger leur instrument de travail. Car c'est leur gagne-pain. Annuler un concert de milliers de personnes, ça ne leur fait jamais plaisir, mais elles le font. Pour se préserver, pour pouvoir continuer à chanter longtemps. Elles n'agissent certainement pas de façon inconséquente comme vous ! Va falloir apprendre à penser à vous ! »

Je refais le même bruit avec ma bouche pour dire « OK ».

Il me prescrit très peu de choses finalement, des gargarismes, des plantes, du Doliprane si ça fait vraiment mal en me précisant que seul le silence va m'aider. Alors chut.

Je rentre chez moi dévastée.

C'est terriblement compliqué de gérer le quotidien sans dire un mot. J'écris sur une ardoise, je gesticule, je mime, je pleure, je me sens nulle et irresponsable.

Tout ça pour six émissions.

Pour résumer, je me suis tue pendant plus de huit jours ! À devenir folle. Le matin, j'essayais de parler et… rien. Une carpe.

Un léger murmure compréhensible a fini par sortir le neuvième jour, en me concentrant très fort.

Eh oui, de jour en jour, c'est revenu *crescendo* avec des hauts et des bas.

Ma vraie voix n'est jamais vraiment revenue. Je le sais, je le sens. Je n'arrive plus à chanter comme avant, j'ai du mal dans les aigus et mes cordes vocales se grippent très vite. Je me suis blessée volontairement. J'ai abîmé ce qui me permet de gagner ma vie.

Ma faute.

Ma très grande faute.

Je me suis fait passer bien après des contingences financières.

Pourtant il y eut une preuve, écrite, qu'un jour je sus dire stop.

Et je l'ai reçue par courrier dans des circonstances très étranges.

Mon premier compagnon, celui de mes 20 ans, celui de la radio, celui que je salue via ces lignes et que j'espère heureux, celui avec qui je partageais la même passion de la musique, celui qui n'est synonyme ni de trahison, ni de déception, ni de douleur, mais que seule mon incapacité à voir le bonheur simple a poussé à chercher le sien ailleurs, mon Dieu, qu'il a bien fait, il ne l'aurait jamais trouvé avec moi.

Donc celui-là même, que je n'avais pas revu depuis des décennies, m'envoie un SMS pour me dire qu'il fait du tri chez lui et qu'il a retrouvé des fiches de paye du temps d'avant, qui pourraient m'être utiles quand le moment de la retraite sonnerait ! « Je te mets ça sous enveloppe ! » me dit-il.

Quelques jours plus tard, je reçus les fiches de paye jaunies, d'un temps lointain, lorsqu'elles étaient encore remplies à la main, d'une belle écriture cursive ; il avait aussi cru bon d'ajouter une copie de ma lettre de démission de la radio dans laquelle nous travaillions.

Le souvenir de cette prise de décision me revint comme un boomerang en pleine tête. Fin des années 1980, le soir dans notre maison du 78, moi lui disant « Je n'en peux plus, il me parle comme à un chien », et lui répliquant : « Si tu veux partir, fais-le, on se débrouillera avec mon salaire. »

Il m'avait demandé de me respecter, de ne plus accepter, et il m'avait surtout dit sans le dire : « Je te protège. »

J'ai relu ma belle écriture, exposant brièvement mes griefs et mes peines d'alors, ma volonté de quitter cette radio que j'aimais et qui était ma maison. À la relecture de cette lettre, un peu d'espoir germa en moi sur ma capacité à me rebeller !

J'étais jeune, inexpérimentée, résiliente, docile et pourtant j'avais trouvé la force de claquer la porte.

Je craignais de quitter cet endroit, je n'avais aucune alternative et nous n'allions pas vivre éternellement sur le salaire de mon partenaire.

Il y eut deux mois de flottement, de questions sans réponse, de journées pendues au téléphone, d'inquiétude. Et puis il y eut un coup de téléphone d'Europe 1 et cette maison devint la mienne pendant presque sept ans.

Avant que vous n'attrapiez la pneumonie en lisant ce chapitre où l'on se gèle, je ne peux pas passer sous silence le plus bel exemple de ma carrière, comme dans *Les Visiteurs du soir*, ce film iconique que je vous conseille vivement de revoir, ou de découvrir, je fus littéralement changée en statue de sel.

The Joke

Je venais de sortir *Puisque les cigognes ont perdu mon adresse*, un humble témoignage sur mon long parcours pour avoir un enfant, mes nombreuses FIV, bref un sujet archi tabou dont personne ne parlait en 2008, détail important.

Aujourd'hui, vous pouvez nourrir une bibliothèque entière de ce type de publications mais, à l'époque, peu de gens connus osaient avouer qu'ils faisaient la queue comme tout le monde dans le laboratoire à 7 h 30 du matin, en compagnie de couples qui affichaient la même tête désespérée qu'eux et les ovocytes en berne ou les spermatozoïdes à compter sur la main gauche de Django Reinhardt.

Je suis très heureuse que tout le monde puisse trouver aujourd'hui des témoignages qui les rassurent et que l'infertilité ou l'endométriose ne soient plus *persona non grata* sur les plateaux télé. Ce n'était vraiment pas le cas à cette époque.

Un soir, deux invitations arrivèrent au service de presse de mon éditeur.

L'une pour aller en parler chez Fogiel, l'autre chez Ruquier.

Faire les deux aurait créé un conflit et l'on me demanda de choisir.

Sans réfléchir, je choisis Laurent, par loyauté pour les années passées à ses côtés dans « Rien à cirer », cela me semblait logique, normal, et je donnai ma réponse en toute confiance à cette invitation. J'ajouterais : ravie.

Convocation au studio à 18 h 30 pour maquillage, coiffure, PAT (prêt à tourner 20 heures), la routine, je m'y rendis guillerette et confiante.

Une assistante sympathique m'accueillit, me montra un coin où déposer mes affaires et l'on me dirigea aimablement vers la loge maquillage.

J'étais prête bien avant 20 heures mais je savais aussi que l'on commence rarement à l'heure et que j'allais devoir attendre un peu.

Même beaucoup.

Au point que l'on me demanda si je désirais quelque chose à manger en attendant.

Je crois avoir décliné l'offre tout en réalisant soudain que je n'avais que très peu regardé cette émission, qui passait tard le soir. Quelques extraits, mais peu de choses pour être honnête.

Peu importe, l'idée même de retrouver Laurent me remplissait de joie, et les invités présents avaient l'air sympathiques.

J'allais dire deux mots de mon livre et rentrer faire dodo.

Si ma mémoire est bonne pour un PAT à 20 heures, je ne suis pas descendue sur le plateau avant 22 h 30 voire 23 h 00.

Je sentais peu à peu mes forces me lâcher. En plein traitement hormonal pour ma cinquième FIV, je commençais à ressentir les effets secondaires du produit que je m'injectais tous les jours depuis des années. J'avais pris 15 kg en deux mois et j'avais le visage enflé comme un poisson-lune.

Sur le plateau, nous étions toute une ribambelle d'invités, qui passaient chacun sur le fauteuil de l'interviewé. Mais les heures passaient, très lentement, et ce n'était jamais mon tour.

Je constatai que j'étais là depuis 18 heures et qu'il était plus d'une heure du matin.

Kristin Scott Thomas était assise à côté de moi et, pour passer le temps, j'admirais la délicatesse de sa peau claire, les veines de ses bras qui affleuraient la surface sous sa blouse de mousseline. Elle se pencha doucement vers moi et me glissa à l'oreille « Mais en fait, qu'est-ce que je fous là ? » en me désignant sa montre.

La question resta sans réponse car ce fut à son tour de prendre place dans le fauteuil.

Il était si tard, j'étais épuisée et mon corps criait « On ferme. » Je n'écoutais même plus ce qui pouvait bien se dire sur ce plateau.

J'applaudissais et je souriais avec les autres comme une otarie savante. L'invitée idéale.

Soudain, j'entendis mon nom et je sus que mon heure était arrivée !

Enfin !

Je n'en voyais plus le bout de cette émission et mon ventre gonflé d'hormones me faisait terriblement mal. J'avais chaud, j'avais froid, mais bientôt ce serait fini.

Et c'est toute confiante que je posai mon séant dans l'étroit fauteuil de l'interviewé sous les applaudissements du public.

Je crois que Laurent dut dire quelques mots d'introduction sur le livre avant de passer très vite la parole à Éric Naulleau, que je ne connaissais pas. D'ailleurs, à l'époque, peu de gens le connaissaient, il suffit de taper son nom sur Internet : avant la date de cette émission, vous n'obtiendrez pas grand-chose. Je fus donc – tout le monde s'accordera là-dessus, vu le nombre de reprises dès le lendemain de son grand numéro – son premier fait d'armes.

Éric Naulleau me souriait. En plus !

Je ne compris pas tout de suite que j'allais passer un sale quart d'heure, même quand il s'en prit à la toute première phrase de mon livre qui soulignait que ceux qui comprendraient ce que j'allais raconter ne seraient pas nombreux.

D'expérience, citer la première phrase, signifie souvent que l'on n'a pas dépassé la troisième page, que l'on a parcouru le livre en diagonale, bien trop occupé à lire de vrais livres, écrit par de vrais écrivains qui eux méritent le respect.

Je devais être totalement dans le gaz ou anesthésiée au Propofol pour laisser place à tout ce qui fut dit par la suite !

Il m'accusa d'abord d'avoir écrit ce « truc » (on sentait bien qu'il ne le plaçait pas entre Voltaire et la Pléiade) uniquement pour faire pleurer dans les chaumières.

Aujourd'hui, je lui répondrais que puisque depuis des années je pleurais dans la mienne, où était la honte de partager ma peine avec d'autres ?

Mais je souris mollement à cette première critique.

Et puis il assena les coups comme un boxeur ivre sur une mamie grabataire.

« Mais qui ça peut intéresser ce genre de récit ? » s'interrogeait-il. Il critiqua le fond, la forme, mit même en doute ma légitimité à m'approprier ce sujet et, malgré l'heure tardive, je sus que je payais ici ma loyauté à TF1, chaîne concurrente qui visiblement le remplissait de dégoût et qu'il comptait bien me remettre à ma place. Mais qui étais-je donc pour venir l'emmerder avec mes problèmes de conception et publier en outre, chez un vrai éditeur ?

Le silence sur le plateau était d'or, d'argent, de platine.

On aurait pu entendre Charlotte Gainsbourg, aphone, murmurer le répertoire d'Étienne Daho depuis les loges.

J'essayais de fixer un point dans le public et je me raccrochais aux mines effondrées de certains spectateurs qui comptaient les points, et c'était un 40/0.

Je ne sais même plus si j'ai répondu, si je me suis défendue, j'étais prise de court par tant de haine. Je ne venais absolument pas présenter une œuvre majeure de la littérature française, mais un simple témoignage. Quelques pages d'une femme qui n'arrivait pas à devenir maman et qui en mourait de chagrin.

J'entendis Laurent argumenter très vite, entre deux pavés dans ma face, que le livre était bien écrit et qu'on était bien triste pour moi en effet…

Quelle heure était-il ? Pourquoi étais-je là ? Pourquoi je m'infligeais à 2 heures du matin un peloton d'exécution de pauvres mecs aigris et haineux ?

Parce que ce fut loin d'être fini.

Après la jubilation de Naulleau, j'eus droit à la deuxième couche d'Éric Zemmour.

Tapi dans son fauteuil, petite fouine mal à l'aise à la voix de fausset, il attendait patiemment son tour pour en finir avec moi. Et il ne se priva pas de m'achever. Son angle était différent et très étrange : « Bon oui, je voulais un enfant, je voulais un enfant, la belle affaire, mais chère madame, on NE NAÎT PAS avec un droit à l'enfant !!! » (Phrase souvent citée par ceux qui en ont plusieurs !) Alors là que répondre ?

Le traitement ne fut pas plus doux que celui administré par son prédécesseur mais je trouvai la force de lui demander de revenir me donner des leçons de morale quand il aurait un utérus ! Ce qui le fit ricaner de plus belle, et il lâcha un « Évidemment, on ne peut pas vous parler car vous êtes en plein affect. » Dans l'affect ? Doux euphémisme. J'étais un paquet de larmes, du chagrin en fusion et je pensais qu'au moins il aurait pu respecter cet « affect ».

Je n'ai pas eu la force de lui raconter que ces quatre dernières années j'avais passé plus de temps les pieds dans les étriers du gynécologue que sur la terre ferme, que l'on m'avait visité l'utérus plus souvent que les Japonais le Mont-Saint-Michel, à coups de pince, de caméra en tout genre, de tube soufflant de l'air à travers les trompes, que j'avais hurlé de douleur quand on tentait de me replacer les trois pauvres embryons survivants, les cuisses pleines de sang, que j'avais perdu toute dignité, toute pudeur, tout respect de ma zone sud, à force d'y avoir senti tant de corps étrangers, de mains, de doigts, de spéculum en acier glacé. Que j'avais vomi le traitement, que j'avais pleuré en boule sur mon lit, les ovaires gonflés comme des figues prêtes à éclater, visibles sous la peau de mon ventre douloureux, que j'avais tourné des flopées d'émissions avec des vertiges fulgurants, le manteau noir déboutonné discrètement au niveau du pupitre tant mon ventre était tendu comme celui d'une femme enceinte de sept mois alors qu'il restait désespérément vide.

J'ai eu envie de tout lui raconter pour recevoir une seconde d'humanité mais je n'ai rien dit.

Ce soir-là, je ne comprenais pas pourquoi cela provoquait chez eux autant de véhémence et de cruauté.

J'esquivais, je répondais par monosyllabes, je voulais disparaître.

Et puis quelque chose survint et je ne l'oublierai jamais.

J'essayais tant bien que mal de survivre aux attaques, sur ce plateau silencieux, quand je sentis un truc chaud couler sur ma joue.

Je devinais aussi le déplacement du cadreur tout près de moi et je sus avec certitude que mon visage était en gros plan. Il avait sa caméra-épaule braquée sur moi, il y avait certainement une raison.

Tout proche de moi, il portait son casque sur une seule oreille, ce qui me permit d'entendre ce qu'on lui demanda dans les ordres (qui viennent de la régie). Cette voix, je la connaissais. Une voix qui lui dit très fort : « Rapproche-toi, elle chiale ! »

Et c'était donc ça sur mon visage. Le truc chaud qui coulait.

Je pleurais.

Ah mince alors…

Une première à la télé. Jamais je ne pleure sur un plateau. Impossible. Trop de lumières, trop de câbles, trop de technique, trop de boulot. Peu de choses arrivent à m'émouvoir sur un plateau ; je suis en über hyper vigilance, je connais les axes des caméras et les intentions de la production, j'ai mon armure, ça ne marche pas.

Il se rapprocha doucement et je vis même apparaître, comme par magie, un paquet de kleenex pour essuyer la honte qui coulait sur le maquillage.

Il reste une photographie de ce moment précis sur le Net, une photo où j'essuie mes yeux d'un revers de la main comme une petite fille grondée. Je ne peux pas regarder cette photo trop longtemps car elle me blesse encore, mais elle existe.

On peut même visionner l'extrait de l'émission qui glorifia ce soir-là les propos des deux chroniqueurs, surtout un qui devint en une soirée celui avait fait pleurer Boccolini.

On peut applaudir car c'est un exploit.

Pour le reste, je vous laisse juge.

J'eus l'impression que dans ce silence parfait, cette interview avait duré des heures.

Quand mon temps fut terminé, tout le fiel vidé, et les fusils déchargés sur ma carcasse, je retournai à ma place en essayant de ne pas m'écrouler de fatigue, de chagrin, d'angoisse, de surprise.

Je ne sais plus quel invité prit ma main sous la table pour la serrer très fort.

J'ai oublié. Mais merci.

Enfin, on me libéra pour faire place à d'autres, l'émission suivait son cours.

Je ne sais pas comment j'ai retrouvé le chemin des coulisses, en titubant, sonnée comme un mauvais boxeur, mais entre le plateau et la loge où je récupérai mon sac, je me souviendrai toujours des regards bien embêtés de certaines personnes de l'équipe, d'un comédien qui allait descendre les marches pour faire son entrée et me glissa à l'oreille un « Pardon, mais c'est qui ces connards ? », l'air abasourdi par le traitement qui m'avait été réservé, et d'un des agents de sécurité qui insista pour m'accompagner jusqu'à mon taxi et me prit dans ses bras avant que je n'y monte en me disant : « Avec ma femme, on vit la même chose que vous, je suis désolé pour ce soir. »

J'ai dû dire : « C'est pas grave, ça va aller », puisque c'est ce que je dis toujours quand je veux m'échapper vite d'une situation.

Je ne sais plus dans quel état je suis rentrée chez moi, je sais que je n'ai pas pleuré dans le taxi, ni dans mon lit, j'ai certainement dû m'écrouler le lendemain quand tout est revenu, frais, aigu, tranchant comme un couteau.

Tout cela n'était pas nécessaire.

Je n'avais rien fait de plus que de raconter quelques mois de mon parcours pour dire aux femmes et aux hommes dans la même situation que si nous en parlons alors nous nous sentirons moins seuls, moins perdus, moins abandonnés devant nos traitements médicaux à rallonge, nos allers-retours quotidiens aux laboratoires, nos espoirs, nos désespoirs, le silence du corps médical, nos questions sans réponse.

Ce soir-là, je n'ai pas menti, j'étais la statue de sel des *Visiteurs du soir*, incapable de bouger ni même de comprendre ce que je faisais là. Et comme dans le film, on m'avait fouettée parce que mon cœur battait encore.

Aujourd'hui, j'en suis convaincue, cette interview n'aurait pas duré plus de deux minutes dans ces conditions.

Je me serais excusée du plateau très poliment, prétextant que je n'étais pas venue assister à mon procès, et peut-être aurais-je en passant décoché un coup de boule à l'un des deux chroniqueurs, peut-être aux deux, sans aucune crainte du procès qui suivrait. Et quinze ans plus tard, cette soirée me blesse encore, mon apathie me révolte, ma résignation et ma docilité me tourmentent toujours.

C'était inacceptable.

On m'en a parlé pendant des années, on m'en parle encore, des femmes et des hommes de tout âge, à chaque signature de ce livre, on me rappelait que je n'avais pas mérité ça.

Fallait-il que ce soit des inconnus qui me rappellent à l'ordre pour que je comprenne qu'il était interdit de se laisser traiter ainsi ?

Ce soir-là, je n'ai pas été là pour moi. Voilà l'autre vérité.

J'étais absente à ma propre exécution et c'est dommage.

J'ai eu beaucoup de mal à écrire ce passage, que je couche sur le papier pour la première fois. Mais il était important que je m'en affranchisse une bonne fois pour toutes.

Un jour, on arrête de bourrer de grosses valises sans fond, on se refuse à dépasser le poids autorisé et on décide de voyager léger, avec un simple bagage cabine, les mains dans les poches.

Libre.

Propre.

Par la suite, après cette soirée, je refusais quasi systématiquement les interviews, les promos en tout genre. Je mis des années à retrouver peu à peu confiance sur un plateau pour évoquer un peu de moi, mais le cœur n'y est pas.

Je compris que je serais souvent jugée malgré moi, sur de mauvaises bases, et ma conviction de ne vouloir appartenir à aucune famille de télévision, ou politique, se renforça un peu plus chaque année. Pourtant, d'expérience, la « famille » dans ce job, c'est une aide non négligeable dans les moments de creux professionnels, on ne va pas se mentir et « ouh les menteurs » à ceux qui osent dire le contraire.

Mes amis tiennent autour d'une table de cuisine et ne font pas de télé.

Certains ne la regardent même pas.

En revanche, on parle beaucoup de musique et d'hortensias, de paysages et d'enfants qui grandissent trop vite et finalement ça me va très bien.

Ne laissez jamais s'installer le silence. Jamais. Même tout près de vous. Même avec ceux que vous considérez comme des proches. Plus tard, la douleur sera bien plus aiguë et vous en souffrirez. N'acceptez pas au nom de l'amitié, de l'affection, ou de la famille. Il n'y a pas d'excuses valables. Ni la peur, ni le travail, ni la loyauté dont vous vous croyez redevable.

Ne faites jamais ça.

Il y a quelques années lors d'un long tournage à l'étranger, je me mets à ressentir des symptômes assez inquiétants. Des douleurs affreuses dans le bas du dos et des difficultés à uriner (désolée pour les détails). Je me soigne d'abord comme je peux dans ma chambre, mais rien n'y fait, un médecin local me donne cinq comprimés d'antibiotique en me prévenant que si ça continue il faudra s'en préoccuper.

Ça empire. Avec l'ambiance sur le tournage qui est épouvantable et qui n'arrange rien, je gère difficilement la situation. Mon médecin depuis Paris me supplie d'exiger qu'on m'emmène passer un scanner pour avoir la conscience tranquille, mais à part pleurer dans les toilettes pendant que ma maquilleuse tient la porte, je n'ose rien dire.

Je communique *via* WhatsApp avec le médecin français présent avec nous sur le site mais qui n'a pas la main quant aux décisions médicales importantes, qui reviennent à son homologue local. C'est la loi sur ce tournage. Il ne cesse de me répéter de ne pas m'inquiéter, que c'est ça d'être une femme, c'est pas rigolo, que le stress du tournage n'arrange rien, bref tout va bien, mais je m'en fais un opéra alors que tout est dans ma tête.

Il me promet de me croiser sur le tournage le lendemain après un autre message douloureux de ma part à minuit. Je l'y croise comme convenu. Très souriant et peu inquiet, il me donne un flacon stérile et me demande de faire pipi dedans pour détecter une éventuelle infection urinaire. Mais il ajoute qu'il sait que je n'ai rien. Une fois le flacon rempli, je lui rends. Il rit, me le brandit sous le nez et me dit « C'est une infection urinaire, ça ? C'est clair comme de la Volvic ! Je vais faire les tests QUAND même. »

Je sais pas, moi, je ne suis pas médecin. Tout ce que je sais, c'est que je souffre en silence.

L'échantillon revient négatif. Pas de chance. Il est tout fier de lui : « Alors, qui avait raison ? »

Depuis Paris, mon médecin m'alerte sur le fait qu'il faut refaire l'analyse sur plusieurs jours, que le test bandelette n'est pas fiable, etc.

Je lui rapporte timidement tous ces éléments, il hausse encore une fois les épaules et me prend à part d'un air inquiet : « Tu vis un moment pas facile psychologiquement, tout le monde le voit, ça joue beaucoup, dans la tête, et sur le corps… le stress, c'est direct, bim paf pouf, sur le système urinaire…

— Oui, mais j'ai très mal ! C'est pas dans la tête !

— Écoute, je vais te donner des gants et de la vaseline, car je pense qu'il s'agit peut-être d'une certaine sécheresse vaginale, vu ton âge, et que ça peut jouer aussi. Tous les soirs avant de dormir tu te tartines l'intérieur avec la vaseline, tu vas voir, ça va aller, et tu prends du Spasfon ou du Doliprane. Et tu n'y penses plus, OK ? »

Je repars comme une nouille avec mon pot de vaseline et mes douleurs.

Il est médecin, il est avec nous, je lui fais confiance.

Ça doit être dans ma tête alors.

Tout le tournage fut un calvaire, pour d'autres raisons, mais celle-ci vint s'ajouter aux autres. Mon coiffeur et ma maquilleuse avec qui je vivais de 6 heures du matin à 22 heures assistaient impuissants à ma descente aux enfers.

Dans l'avion du retour, je passai la moitié du vol à tenter de calmer les spasmes et à faire des allers-retours aux toilettes.

Une fois à Paris, aucun changement. J'envoyai un dernier SMS au médecin du tournage, comme un dernier SOS, pour lui demander si je devais m'inquiéter.

Sa réponse, que je garde encore, comme toutes nos conversations conservées en capture d'écran, fut assez comique : j'avais vécu un sale tournage, c'était dans ma tête, tout allait rentrer dans l'ordre et dans quelques semaines je n'y penserais plus… promis ! Je l'ai chaudement remercié de son soutien et lui ai répondu : « Oui, bien sûr, je vais passer à autre chose… »

Comment ai-je pu répondre une idiotie pareille à quelqu'un qui avait balayé mes symptômes d'un revers de la main ? Comment avais-je pu accepter qu'on me dise que « tout était dans ma tête » ?

Quelqu'un de mon équipe m'appela ce jour-là pour prendre des nouvelles et, devant ma voix moribonde, me confia que ce médecin leur avait dit pendant le tournage que j'étais trop sensible, que je me fabriquais mon stress et que je n'avais rien. La personne au téléphone m'assura qu'elle avait rétorqué fermement à ce monsieur que je souffrais réellement, qu'elle m'accompagnait dix fois par jour aux toilettes et me réconfortait pendant que je pleurais de douleur. Mais il avait continué à minimiser et à leur demander de ne pas rentrer dans ce jeu.

J'étais sidérée.

Mais je ne l'appelai pas.

J'avais autre chose à faire à cet instant précis : survivre...

Soudain, j'eus de la fièvre, l'impression d'évoluer au ralenti, une sensation de brouillard. On me conseilla en ce jour férié de ne pas trop attendre et un ami me dirigea vers un confrère de garde dans un hôpital privé. Pas le choix.

Le reste est assez flou.

Je me rappelle être descendue au scanner. Avoir attendu longtemps les résultats. Qu'on ne me donna pas directement, préférant que je voie ça avec le médecin à l'étage.

Je me rappelle être remontée dans son bureau et avoir entendu cette phrase : « Avez-vous quelqu'un pour garder votre fille ?

— Mais pourquoi ?

— Pour qu'on puisse vous soigner !

— Je peux revenir demain et m'arranger, ai-je dit, très décontractée.

— On va vous monter dans votre chambre tout de suite.

— Tout de suite ? Mais pour quoi faire ?

— Vous êtes en train de perdre votre rein. »

Une amie a dû accourir à la maison pour s'occuper de ma fille, un autre partir sur les chapeaux de roues de sa région angevine pour venir les rejoindre en panique. Le résultat des analyses montrait clairement que j'hébergeais depuis des semaines une *Klebsiella pneumoniae*, une bactérie résistante, très loin d'être une copine sympathique, qu'elle avait attaqué mon rein, et que j'étais en pleine pyélonéphrite et que le pronostic n'était pas joyeux.

Je me souviens vaguement du premier jour d'hospitalisation, de la bactérie qui me donnait comme des décharges électriques à intervalles réguliers, de ma passivité étrange quand on m'a aidée à me déshabiller, quand on m'a recouverte de plusieurs couvertures pour que je ne claque plus des dents. Des prises de sang, des perfusions, des regards inquiets, des va-et-vient des infirmières. Du néant. Des instructions à donner au téléphone pour que tout soit lavé et bouilli à la maison, car cette bactérie se transmet par le biais de contacts notamment avec les mains.

Je suis restée les deux premiers jours totalement dans le gaz, sur mon lit, seule, bourrée de tous les cocktails possibles d'antibiotiques, hagarde, abattue. Je tentais de retrouver le sourire lorsque j'appelais ma fille en FaceTime pour la rassurer, mais elle refusait de me répondre et je la voyais disparaître au fond du canapé, le menton tremblant, les larmes aux yeux, puis j'entendais ses sanglots et aucun de mes mots, aucune de mes blagues n'arrivaient à la rassurer.

J'avais l'impression qu'on allait me garder longtemps, la fièvre ne baissait pas, quoi qu'on fasse, quoi que l'on me passe en intraveineuse et les médecins se mettaient en quatre pour trouver le bon antibiotique, et tenter d'enrayer la dégradation de mon rein.

J'avais les veines des mains tellement abîmées qu'on dut me poser (difficilement) un pick-line à demeure, sous le bras, afin de pouvoir faire passer les produits plus facilement. C'est en revenant du bloc, sur mon brancard, que je vis le petit carton rouge glissé sur la porte.

Je demandai au brancardier la signification de ce carton rouge et il me répondit en haussant les épaules d'un air dubitatif : « Contagieux, je crois… Ou isolement. »

Ah bon ?

Et là, je compris mieux. Les doubles blouses des infirmières, leurs gants quand elles venaient juste changer les perfusions, les médecins qui me parlaient sans s'approcher trop de mon lit. J'eus une vraie prise de conscience de ce qui m'arrivait, de ce que je m'étais imposé en refusant d'exiger des examens plus poussés sur le tournage, en supportant la douleur, en laissant ce médecin minimiser mon état et ma crainte, et me faire passer pour une pauvre fille ayant bien du mal à supporter les difficultés d'un tournage dont je ne maîtrisais rien.

Le résultat : j'étais allongée toute seule sur ce lit, avec cette saloperie qui rongeait mon rein, et l'éventualité de ne pas m'en sortir et peut-être aussi d'avoir mis en danger la vie de ma fille, en la contaminant puisqu'elle avait partagé la même chambre que moi pendant tout ce séjour.

Si l'univers avait voulu m'envoyer un message d'alerte, celui-là était tout à fait clair. Car côté messages, ce n'était pas non plus le déferlement. Je ne parle pas bien sûr des amis, des proches, des collègues ou des techniciens qui avaient appris où je me trouvais, je parle de ceux qui avaient sciemment choisi de me pousser à continuer. Eux étaient plus enclins à se faire discrets, très discrets. La chaîne comprise.

Mais ce n'était « que » moi. Et c'était juste pas de bol, me fit-on comprendre, et il serait plus sage de ne pas trop raconter tout ça. Et ce n'était pas leur problème. J'ai bien compris que, si je parlais, c'est moi qui payerais. Moi, je n'étais que moi, sans armures, sans protection, sans énorme machine de guerre pour terroriser l'adversaire.

Je l'ai bien fermée. Pour parler vrai et malheureusement d'autres se sont exprimés à ma place.

J'ai eu l'impression de rester une éternité à l'hôpital.

Pourtant, un jour, la fièvre décida de tomber et la bactérie de faire museau. Même si elle est toujours en moi. Elle dort, c'est tout. Elle se réveille parfois.

Je suis rentrée chez moi exsangue, avec le pick-line sous le bras, et pendant un mois, chaque soir, un infirmier venait m'injecter un « biberon » d'antibiotiques, après avoir pris soin de placer des champs stériles tout autour de moi, de désinfecter les alentours et d'enfermer le chat dans une autre pièce. On attendait en silence les vingt minutes nécessaires, je sentais le produit tout froid et bizarre qui passait lentement, j'étais anormalement fatiguée, usée, déprimée, triste et en colère. Un drôle de cocktail d'émotions.

Mais je n'avais pas la possibilité de me rebeller, et cette colère je la gardais pour moi.

Un matin, je reçus la note de frais de l'hospitalisation. Comme une nouille, je n'avais pas percuté que toutes ces journées d'hospitalisation dans le luxueux privé allait me coûter un bras. Mais je n'avais pas eu la présence d'esprit ni la force d'y réfléchir, quand on m'avait annoncé qu'il fallait être hospitalisée là maintenant tout de suite. Bien sûr, j'aurais pu me diriger vers un hôpital public, mais je n'avais aucune idée à cet instant que j'allais y passer le temps d'un séjour *all inclusive* en hôtel cinq-étoiles. Je n'étais absolument pas en état de réfléchir pour être honnête.

La douloureuse était douloureuse.

Ma mutuelle fit de son mieux, mais il en restait une bonne partie à régler.

Mon employeur de l'époque me rappela poliment qu'il n'avait rien à voir avec cette histoire et que je n'avais qu'à voir ça avec le producteur.

Vous commencez à me connaître, je me couchai devant ce dernier coup bas comme devant une quinte flush au poker, et je réglai la somme.

Je n'eus même pas la présence d'esprit d'envoyer un grand « merci à toi et à tes bons conseils » au médecin du tournage dont je relis parfois les messages hallucinants de mépris à l'époque. Si quelqu'un lui lit ce passage, qu'il sache que je lui pardonne. Et que je le remercie encore pour les gants et la vaseline.

Les points positifs : je fus très bien soignée, le docteur C. est devenu un copain que j'aime énormément, et mon rein se tient tranquille. Pour le moment. Mais on le surveille.

Dans cette histoire, je mérite l'oscar de la bêtise.

Un dernier exemple. Après, je vous laisse respirer.

Il y a fort longtemps, je me suis mariée dans un royaume fort fort lointain, avec un prince qui tenait plus du crapaud finalement – et c'est si méchant pour les crapauds.

Ça, j'assume.

Mauvaise pioche. Mais quand on ne connaît rien d'autre, on pioche où l'on peut.

J'étais plus jeune, un peu perdue, mais surtout je pensais mériter cet amour-là, pas plus, surtout pas mieux.

J'organise toute seule ce mariage avec deux trombones et un bout de scotch, un budget ridicule, à supplier le traiteur de me faire un prix, pour nourrir les vingt personnes qui viendront festoyer un samedi midi dans mon jardin. J'étais au chômage à l'époque.

Dans « Quatre mariages et une lune de miel », j'aurais à peine obtenu la moyenne : pas de budget, pas de déco, pas de thème et pas d'ambiance. Ce n'est clairement pas moi qui aurais remporté la lune de miel dans un hôtel une-étoile en République dominicaine.

Je ne regrette rien, car si la vie m'a mise sur ce dossier, c'est que je devais en passer par là, pour comprendre qui j'étais, et pourquoi ma route était un chemin de terre impraticable, même pour la chèvre la plus sportive du troupeau.

Petit budget oblige, je m'attelle à la fabrication et à l'impression des faire-part. Par souci d'économie, je vais les imprimer moi-même sur de jolis cartons décorés.

Machin et machine seraient heureux, etc. Rien de très stylé, mais efficace. Je m'applique la langue entre les dents à faire de mon mieux et, hop, le petit paquet d'invitations part à la poste gaiement.

Quelques jours plus tard, je reçois déjà les réponses, grâce au petit carton rsvp que j'ai glissé dans l'enveloppe (ça fait grande maison, je trouve) : « Truc et bidule seront de la fête, on vous le confirme », enfin une chose dans ce genre.

Les invités répondent favorablement à cette simple invitation, même mes voisins mitoyens m'envoient leur réponse en retour, ces voisins que je remercie au passage d'avoir toujours été là pour moi dans les moments terribles, dans les moments heureux, dans la douleur et la catastrophe, Françoise et Philippe vous êtes dans mon cœur à jamais.

Les réponses arrivent, enthousiastes, polies, courtoises, le truc habituel lorsque vous êtes invités à une cérémonie. Soit vous n'avez aucune envie d'assister à l'union de ces deux personnes et vous déclinez poliment en faisant porter un pot de bégonias le jour J, soit vous acceptez d'aller vous goinfrer de petits fours et vous arborez votre tenue la plus aimable, pour jouer le jeu. Y a pas d'entre deux.

Il y eut une réponse qui mérite qu'on s'y arrête un instant.

Sur le carton-réponse, la personne avait fait une énorme croix au feutre rouge sur le nom de son époux (qui n'aimait pas le futur marié et qui voulait certainement le faire savoir ainsi dans un élan de courage non feint), puis elle avait entouré le sien comme dans un QCM, style, moi, je préférerais avoir une gastro explosive dans le bus que de me farcir ce truc, mais je viens quand même, obligée.

Déjà, ça m'a piqué les yeux, d'autant plus que je pensais que cette personne m'aimait un peu, voire beaucoup.

Mais ça ne s'arrêtait pas là : elle avait également renvoyé le faire-part original, en plus du carton-réponse, où, horreur, j'avais, me le faisait-elle remarquer, commis une petite faute d'accord dans ma précipitation à les fabriquer moi-même.

Cette faute avait été entourée en rouge grossièrement, comme à l'école quand le prof pète un câble, avec un feutre qui avait tourbillonné de colère autour de mon erreur pour mieux me l'écraser au visage.

Prends ça.

J'ai pris.

Il y a eu la honte d'avoir fauté sur un accord de participe passé.

Et puis l'incompréhension.

Pourquoi ravager mon invitation avec ces croix, ces gribouillis, sans un mot…

Oh mais quelle héroïne ! Quel courage ! Car il en faut pour renvoyer de son plein gré un message de haine aussi fort à quelqu'un qui vous invite tout simplement à partager un instant de sa vie. Comme on doit se sentir fort et tout-puissant après avoir sali cette feuille, comme on doit se croire intelligent, habile, machiavélique. Je viens, mais sachez que… je vous fais l'honneur de ma présence mais pas de ma compassion. Votre faute d'accord, si les autres invités ont fait semblant de ne pas la voir, moi, je vais vous la faire manger.

N'importe quel être doté d'un peu de dignité aurait rayé définitivement ce nom de la liste de ses proches pour violence morale aggravée et lui aurait demandé de rester à cuver sa connerie chez elle.

J'ai regardé longuement le faire-part et je me suis concentrée sur la faute d'accord.

C'est vrai, c'est pas bien joli de ne pas vérifier ce qu'on envoie un jour important comme celui-là. Mais que je suis nulle.

Cette violence, cette bêtise, cette méchanceté gratuite, je n'ai pas voulu la voir, j'ai refusé qu'elle soit vraie et tangible, j'ai minimisé la portée de cet acte, j'ai caché à tous cette réponse au fer rouge. J'ai eu honte de moi. Parce qu'avoir honte du comportement de l'autre c'était trop.

J'ai caché l'enveloppe.

Et puis bien des années après, lors d'une thérapie de groupe à laquelle je participais, on nous demanda d'apporter des souvenirs du passé, des photos, des écrits pour égayer les discussions... J'avais gardé ce faire-part au fond d'un dossier, bien enfermé, et il réapparut soudain le jour de cette séance, au milieu d'autres écrits, sans que j'y voie une importance particulière.

Pourtant, il fit l'effet d'une bombe. Et il fallut que j'observe la peine de plusieurs personnes dans la pièce à la lecture de ce document pour que quelque chose en moi bouge. Enfin, là, assise en tailleur et en chaussettes, je comprenais ce qu'on avait voulu me faire ce jour-là. Enfin, je commençais à comprendre que c'était inacceptable.

Enfin, j'entrevoyais que la honte n'était pas du bon côté. Elle n'avait rien à faire du mien.

On me disait les mots que j'aurais dû entendre, et la réponse que j'aurais dû donner à cette claque non méritée.

Il fallait que j'accepte de me sentir blessée, et de le faire savoir clairement.

Ce que j'aurais dû faire en ouvrant l'enveloppe. Dès réception.

Personne n'a le droit de vous faire ce mal. Personne.

Tout ce qui n'est pas exprimé, un jour, sera pleuré.

Croyez-moi.

Laissez tomber la parka en duvet et les grogs.

Je ne veux plus avoir froid en écrivant à travers la glace.

Même si ces instants resteront à jamais gelés en moi, passons à la suite, nous ne sommes pas à l'abri d'y découvrir un peu de chaleur.

Me and Bobby McGee

Vous m'aviez laissée au sous-sol de l'hôpital à la recherche des toilettes.

Je les ai trouvées.

Enfin, j'ai trouvé ce qui ressemblait à des toilettes. Sans verrou, pas de papier, une ampoule au bout d'un fil.

J'ai admiré le carrelage bleu du mur, parcouru de graffitis vulgaires en tout genre dont un, magique, trônant en son centre : *Fuck Chirac !*

J'ai souri.

Pas besoin de réfléchir longtemps pour en arriver à la conclusion que ce luxueux boudoir n'avait pas dû être refait depuis un petit moment.

Nous sommes en début d'après-midi et je commence à ne plus compter les douleurs, gargouillis, débuts de migraine et l'envie d'en finir.

Je retrouve, au pif, ma chaise de bureau dans les courants d'air, je rabats le grand drap jaune sur ma tête et j'attends.

Un monsieur très vieille France et grosse fortune, bronzé comme Séguéla en août, discute d'une voix de ténor contrarié de son planning depuis son brancard avec une infirmière qui subit son mécontentement. J'apprends sans même écouter, qu'il est donc hors de question pour lui qu'on « passe par le pli de l'aine » s'il faut ensuite rester allongé pendant six heures. Il n'a pas le temps, il a autre chose à faire que rester couché six heures ! Non, mais c'est incroyable ! L'infirmière s'en prend plein la tête, elle fait des allers-retours au bloc et revient avec la bonne nouvelle : le médecin, finalement, accepte « de passer par le bras mais ce sera moins facile pour lui d'accéder. » « Je m'en fous, énonce clairement le patient impatient, je ne resterai pas six heures couché après. »

Il a gagné.

Là, j'apprends un truc nouveau : je ne savais pas qu'on pouvait négocier les procédures chirurgicales avant d'y passer et je découvre à quel point le personnel est patient avec les casse-pieds.

Dans mon cas, je sais qu'ils passeront par le pli de l'aine, que ça va durer bien plus de quatre heures et qu'il faudra restée allongée sans bouger pendant six heures. C'est vrai que ça fait long, mais finalement si l'alien pouvait ne pas survivre à cette invasion, je suis prête à rester allonger la semaine, s'il le faut.

Enfin, c'est à moi. J'entends mon nom qui résonne dans ce couloir où un homme en tenue de bloc vient à ma rencontre : « Allez, en piste ! On y va ? » J'en déduis que c'est l'anesthésiste. Je ne sais pas pourquoi, ils ont toujours un petit truc reconnaissable, un humour noir, un ton un peu appuyé, certainement le résultat de toutes ces années à hurler « C'est fini madame tout s'est bien passé » à des gens dans le gaz qui ont du mal à émerger.

« On va vous endormir », se croit-il malin d'ajouter.

« J'espère bien », j'ai soupiré en le suivant comme j'ai pu dans ce couloir gris, mon drap sur la tête et le *Fuck Chirac* encore bien présent.

On tourne à droite, c'est encore plus moche, puis on entre dans un sas surprenant, et là… c'est la NASA.

Incroyable. La salle vidéo de la navette spatiale en plus petit. Des écrans partout, de la moquette, des techniciens qui s'affairent et une immense salle d'opération vitrée qu'ils vont surveiller depuis leurs consoles vidéo donc. Il manque juste Monsieur Spock et le capitaine Kirk.

Je marque un temps d'arrêt tellement c'est beau. C'est là que l'on va me téléporter !

L'anesthésiste me désigne un jeune homme un peu surpris : « Tiens, je te présente Laurence. Laurence, c'est Kévin, c'est lui qui va t'endormir ! »

On se regarde tous les deux effrayés par cette nouvelle.

« Ah hein ? Non, non, c'est pas moi », nie vigoureusement le jeune homme.

« Je plaisante, humour, quoi », précise l'anesthésiste qui visiblement n'est pas le dernier pour la déconne.

Je trottine donc derrière Dany Boon en blouse blanche jusqu'à cette fameuse salle des machines.

Il y fait un froid polaire qui vous gèle sur place et la table sur laquelle je dois grimper nécessite d'avoir fait un stage au cirque Grüss pour ne pas basculer de l'autre côté.

Comme un labrador cherchant la bonne position dans son panier, j'arrive enfin, au bout de cinq minutes, à m'installer comme je peux, en évitant de me défoncer la tête sous les énormes appareils de surveillance vidéo, tout proches. Le tout, je vous le rappelle, en mondovision, avec derrière la vitre plusieurs spectateurs qui observent mes dons en gymnastique solo.

Deux infirmières absolument adorables se mettent à me couvrir d'une énorme couverture transparente gonflable pour me réchauffer, galèrent dix bonnes minutes pour trouver une voie dans les veines de ma main que des années de FIV ont totalement ravagées, me rassurent, me chuchotent qu'on va devoir enlever mon pantalon pour poser la sonde car l'intervention va durer longtemps et qu'on va balancer des litres de sérum physiologique. En gros, c'est pour éviter de faire pipi sur la table. Je dis « oui, oui, bien sûr, allez-y, merci beaucoup », tout ça, quoi.

Pendant ce temps, l'anesthésiste effectue son travail, me colle le fameux sticker sur le front qui va surveiller la profondeur de l'anesthésie, des capteurs un peu partout puis disparaît sans un mot. Pschitt. Envolé.

Et je ne pense qu'à l'alien, au moment où je vais me réveiller et où il aura peut-être disparu. « Peut-être », avait annoncé Dieu le Père que je vois passer au loin derrière la vitre. Ah, il est là, on va commencer. Le chef d'orchestre est arrivé !

Et puis tout à coup je sens un truc qui me pique dans les jambes. Mais c'est quoi ?

Ça brûle un peu. J'aime pas. Mais, il n'aurait pas envoyé le produit sans me prévenir, quand même ?

L'infirmière se met en mode doula et me caresse le front en me disant de penser à des jolies choses, à un endroit que j'aime… Elle me fait penser à celle qui me demandait de trouver une plage, un camping, une aire d'autoroute rassurante.

Là, j'écoute pas.

Mais oui ! Il a envoyé le produit sans même me dire « Attention, j'envoie ! »

Si j'étais pas allongée et attachée sur la table, je me lèverais pour lui dire ce que je pense de ces méthodes ! Je déteste ce qui se passe, je ne reconnais pas les sensations habituelles, j'ai l'impression que ça prend des heures, j'ai mal partout, ça me fait froid dans les veines et dans la gorge. C'est nul. Alors si maintenant il faut venir avec son propre anesthésiste, mais où va le monde !

Je veux dormir et je n'y arrive pas, l'infirmière ne sait plus quoi me susurrer et moi je suis bloquée sur le produit qui arrive à deux à l'heure. Voilà, je vais m'endormir contrariée. Bravo ! Ah bien joué. Franchement !

D'habitude, tout va bien, je sais ce qu'il se passe, je peux suivre le trajet du produit, je sais quand ça va faire boum dans ma tête. Certains précèdent l'injection principale par un petit avant-goût « juste pour détendre ». L'un d'entre eux appelait ça une petite piña colada ! J'adorais ce médecin (tu m'étonnes).

Détendue à l'extrême, toujours consciente mais complètement pétée, vous vous demandiez pourquoi vous n'aviez pas goûté aux démons de la drogue plus tôt.

Bref, là, c'est pas ça, je me mets à me répéter en boucle le prénom de ma fille dans ma tête, ça m'aide souvent. Mais c'est long, j'en ai marre ! Au bout d'un siècle, je sens enfin mon champ de vision se rétrécir et je me mets comme d'habitude à me moquer de tout.

Ça aura pris un temps ! Je ne suis pas satisfaite. Je lui dirai tout à l'heure en face ! Ça se fait pas ! On prévient !

Plus tard.

Si je le vois, ce traître.

À tout à l'heure. Dieu le Père va venir faire sa fête à l'alien d'abord.

Dormir.

Je parle, je parle, mais je m'aperçois qu'au bout de cent pages je ne vous ai toujours pas fait les présentations.

Mesdames, messieurs, voici l'alien. Appelons-le Bobby.

Ce n'est pas comme si je le connaissais depuis la semaine dernière. Oh que non. Il fait partie de ma vie depuis des années en silence, discret, invisible, parfait.

Le souci est que je ne me souviens plus exactement du moment où il a toqué à ma porte.

J'ai dû ouvrir car il est là et bien là.

Cinq ans ? Quatre ans ? Possible.

J'ai pas bien compris d'abord ce qu'il m'arrivait.

Des otites à répétition ? Des angines en pagaille ? Des extinctions de voix en veux-tu en voilà… Oui mais ça, c'est le lot de beaucoup de gens dont le job est de parler douze heures par jour, avec des bouches de clim qui vous arrosent de chaud, de froid et de poussières. On fait bonne figure, on se bourre de tout ce qu'on trouve et on va bosser.

Il y eut des petits trucs bien embêtants mais rien de grave. Comme le jour où je suis devenue totalement sourde en descendant de l'avion à Athènes. Les oreilles bouchées pendant la dernière partie du vol ne s'étaient absolument pas débouchées à l'atterrissage. C'était assez comique de me voir parler tellement fort que les gens se retournaient sur mon passage. J'avais eu très mal tout à coup en plein vol, les tympans avaient fermé le rideau et me voilà sourde comme un pot.

Au bout de trois grosses heures, alléluia, j'entendis clairement à nouveau.

Moment flippant mais vite oublié.

Avant que ça ne recommence quelques mois après.

Je me réveillais parfois en ayant l'impression d'être un scaphandrier des grands fonds, percevant les sons comme à travers l'immensité de l'eau au-dessus de moi.

D'ailleurs, ce phénomène porte le joli nom d'« oreille du plongeur ».

Cortisone, sprays, pschitt, gouttes, suppléments alimentaires, le barda des grands jours sans résultats probants.

Je détestais chaque instant de cette situation, m'empêchant de savourer la clarté du son, des mots, les aigus de ma musique préférée, m'obligeant à me pincer le nez et à souffler fortement pour commander à mes trompes d'Eustache de s'ouvrir un peu.

Et puis c'est revenu.

Et puis ça a recommencé.

J'ai arrêté de compter.

Et il y eut le premier tic-tac tout léger. Imperceptible. Comme un métronome oublié au grenier. Rien de grave. Il suffisait que je pense à autre chose ou que je me mouche pour ne plus l'entendre.

Un tic-tac, ce n'est pas bien grave, on ne se précipite pas aux Urgences pour ça.

Et puis le tic-tac est devenu un peu plus présent, le métronome est passé du grenier au premier étage et j'ai commencé à perdre mon calme. Se moucher, souffler, se frotter l'oreille, rien à faire.

Je pris un rendez-vous chez L'ORL dont la première disponibilité était en juin.

On était en février. J'étais chanceuse.

L'ORL regarda l'oreille : « Oui bon, je vois un petit truc sur le plancher du tympan. Faudrait faire un scanner au cas où, ça doit pas être bien grave. »

Ouf ! déjà, c'est pas bien grave.

Je fis le scanner quelques mois après, pour ne pas en apprendre plus. L'examen n'étant pas assez précis, la seule solution était de se diriger vers l'IRM.

Vous avez lu dans les pages précédentes mes relations avec ladite machine, vous imaginez bien que je ne me précipitais pas pour en faire un. Loin de là.

Je restais avec le tic-tac dans l'oreille, et l'ordonnance pour cet IRM de l'enfer dans un tiroir et personne pour me dire : « Allez hop on se dépêche, on va vous aider à trouver une solution, mais il vaudrait mieux ne pas rester trop longtemps avec ce machin… »

J'espérais qu'on en resterait là.

Mais je me trompais.

Très vite, le tic-tac se transforma en boum, tchac, boum régulier, de plus en plus fort, au rythme des battements de mon cœur, comme une échographie lorsque le médecin vous fait entendre la tendre pulsation du bébé.

J'avais le mien dans l'oreille gauche.

À fond.

La journée, la nuit… Tout le temps.

Sans aucune pause désormais.

Je me réveillais la nuit terrifiée par ce bruit, incapable de me rendormir tant le battement dans l'oreille était puissant.

Je me retrouvais en pleine rue totalement désorientée par ce camarade bavard.

Soudain, il n'y eut plus une seule minute de silence. Jamais.

Moi qui ai toujours eu un faible pour les batteurs, allez savoir pourquoi, j'avais Keith Moon, John Bonham et Manu Katché qui jouaient à domicile dans ma tête.

Veuillez accueillir l'acouphène de compétition, qui m'empêchait désormais de vivre normalement. *Welcome !*

Pendant ces nuits blanches à chercher pourquoi Bobby faisait des siennes, je fouillais Google, YouTube et tous les sites imaginables à la recherche de cas comme le mien et, avec stupeur, je tombais sur des groupes d'entraide, des communautés, des témoignages à la pelle qui racontaient la même histoire.

Et ce n'était pas encourageant.

S'étalaient devant moi tout le désespoir et la douleur de ces patients, vivant l'enfer sur terre, supportant à peine leur vie de tous les jours, le cœur à l'oreille qui fait boum, accompagné parfois de monstrueux sifflements, de bruits divers, de grondements, de bourdonnements, de grincements.

Je lus leur détresse dans laquelle je reconnus la mienne. Je lus clairement des propos suicidaires : « À quoi bon vivre s'il faut vivre ainsi. » Je lus l'effroyable réalité de tous ceux qui vivaient ainsi, sans traitement, sans diagnostic, ayant vu pendant des années des médecins totalement démunis devant leur pathologie, passant d'un traitement à l'autre, ou d'une thérapie à l'autre, quand on leur suggérait que ce qu'ils entendaient était d'ordre psychologique.

Une toute jeune fille avouait dans une vidéo qu'elle avait décidé d'en finir une fois pour toutes, avec le fusil de son père, tant elle ne supportait plus son état : de devoir faire hurler la télé pour entendre vaguement Nikos présenter « The Voice » et ne plus pouvoir dormir tant le bruit lui rendait la vie intenable.

Mais, oh espoir, elle avait entendu parler de Dieu le Père dans un grand hôpital parisien et, oh miracle, elle avait pu être opérée par lui-même en personne et elle était sortie le soir même, guérie, silencieuse, prête à reprendre une vie normale.

Je notai le nom de ce docteur miracle et lui envoyai un courriel décrivant mes symptômes.

Quelque temps après, on me proposa un rendez-vous pour dans trois mois. J'étais chanceuse.

Je m'imaginais sortir de ce rendez-vous légère et heureuse, en sachant qu'il allait pouvoir me guérir comme cette jeune fille, et, enfin, ma vie allait reprendre une couleur moins grise.

Pendant ce temps-là, Bobby se portait très bien, au point que pour lui fermer le museau j'avais deux options : porter un AirPod en permanence avec de la musique à fond, tout sauf Clara Luciani pour contrer le bruit de Doppler, ou alors appuyer fortement sur ma veine jugulaire, sous mon menton avec la main ou le poing.

D'ailleurs, indice en bas de votre écran, si vous regardez quelques émissions de jeux, on peut m'apercevoir très souvent poser ma tête d'un air détaché sur ma main, style journaliste captivée par les propos de son interlocuteur. En vérité, j'appuie le dos de ma main sur la jugulaire afin de bloquer l'afflux de sang jusqu'à mon oreille et profiter de deux secondes de calme.

Oui, ça fait grosse fainéante qui a la tête trop lourde, mais en réalité je m'octroie une dose de silence et, pour moi, c'est le nirvana.

On a les systèmes D que l'on peut.

Et le temps a passé avant que je ne rencontre le grand manitou du problème, hélas. Peu à peu, je me mis à m'entendre en permanence, comme un écho dans ma tête.

Ma propre voix me revenant sans cesse dans l'oreille m'empêchait désormais de chanter juste, puis de chanter tout court.

Ce fut dramatique. Avec mes musiciens, nous voulions faire un dernier petit concert qui nous ressemble, nous retrouver sur scène entre un piano et une guitare, mais comment faire quand vous n'avez plus aucune idée de la voix que vous avez, plus le moyen de contrôler la justesse du son ?...

Ce fut un deuil terrible à faire, celui de cette passion qui m'habitait depuis toujours.

Mais j'étais convaincue que la médecine allait me débarrasser de cette chose atroce qui faisait de ma vie un enfer.

C'est donc armée de tous les espoirs du monde que je galopai vers mon sauveur.

Il regarda longuement les images de l'IRM, se gratta la tête, prononça cette phrase que depuis j'entends pratiquement à chaque rendez-vous médical : « Alors déjà, ce que vous avez est extrêmement rare ! »

Oui et ? La belle affaire d'avoir un œuf de Fabergé dans l'oreille, ça nous avance à quoi.

« Alors vraiment on en voit très peu, bon c'est comme ça, c'est très rare. »

Oui, OK. C'est très rare. Avançons, s'il vous plaît.

« J'ajouterais hélas que sur celui que vous avez je ne pourrai pas faire grand-chose. »

Pardon ? Vous pouvez répéter ?

Le monde s'écroula sous ma chaise. Et moi avec.

« On ne peut pas y toucher. Vous devez avoir ça depuis très longtemps, je suis d'ailleurs étonné que votre ORL n'ait pas été alerté plus que ça. Le problème du vôtre, c'est qu'il est dans le nerf facial. Si on opère, il y a de fortes chances que vous restiez paralysée de la face, ou avec une sonde pour la déglutition… »

Dans ma tête, c'est la foire du Trône. Avec les bagarres entre bandes rivales au-dessus des pommes d'amour.

« Même un radiothérapeute aura certainement du mal à traiter ça, sans toucher au nerf facial. Et on ne va pas se mentir dans votre métier, c'est pas génial comme situation… »

Mais c'est de l'humour, ça ?

Non, c'est factuel. Le mec est juste factuel.

Vite, je balaye cette idée très osée.

Je me rassure comme je peux.

« Alors on ne peut rien faire ? »

Je sentais que j'avais envie de pleurer ; mais, comme à mon habitude, je me retenais.

« Eh bien on peut tenter l'embolisation. C'est-à-dire mettre des coils, comme des petits ressorts dans les vaisseaux alentour, pour arrêter sa progression. Est-ce que ça va réduire le bruit ? Pas forcément. Mais elle aura moins d'afflux sanguins, ce sera déjà ça, et la tumeur sera moins nourrie. »

Et le bruit ? Et le boum boum, et le pschitt pschitt, et le ramdam d'enfer vingt-quatre heures sur vingt-quatre, et chanter, et parler normalement, et entendre sans parasite ? Et cette sensation d'avoir la tête dans un casque en marbre ?

« La bonne nouvelle, c'est qu'elle n'a aucune chance de se métastaser. »

Ça oui, j'avoue c'est une bonne nouvelle.

« Mais elle risque de grossir et c'est quand même proche du cerveau. »

— Ah oui ça, on veut pas. [Je ne tilte même pas sur le mot « cerveau ».]

Je radote : « Mais et le reste ? Tout le reste alors ? »

« Pour ça, je ne peux rien vous garantir, personne n'ira vous opérer à cet endroit, je peux aussi vous conseiller un bon radiothérapeute… »

La suite, vous la connaissez si vous avez lu la première page du livre, je ne vais pas tout recommencer depuis le début, faites un effort aussi.

Voilà donc pourquoi je suis là aujourd'hui endormie sur cette table, dans cette salle de la NASA des hôpitaux publics, prête à en découdre avec mon ennemi, ce fameux Bobby, moins sympa que celui avec lequel Janis Joplin partageait son pétard et son bandana rouge.

Bon maintenant il va falloir se réveiller, cocotte.

Hell's Bells

C'est parti.

C'est le moment que j'aime le moins.

Celui où on sort des ténèbres, où on ne sait pas ce que l'on fait là, où on capte un mot sur deux, tout en sentant des mains étrangères vous porter, vous secouer, vous rhabiller, vous ordonner de respirer bien fort.

Je m'entends dire : « J'ai envie de vomir » pour la première fois depuis des années.

C'est un truc dont je suis assez fière, je n'ai jamais de nausées après une anesthésie générale.

Mais là j'ai vraiment envie de vomir. Je vais vomir.

La douce voix de l'infirmière me rassure qu'on va m'injecter le produit pour les nausées.

Je suis mécontente. Ça, c'était couru. Déjà, j'étais contrariée en m'endormant et voilà… Je me réveille avec le mal de mer !

J'en étais sûre !

Je vais lui faire sa fête à l'anesthésiste.

Et puis j'entends quelqu'un me demander très fort de sourire !

Pourquoi ?

Ils prennent des photos post-opératoires pour *Gala* ?

Je refuse de sourire. Et puis quoi encore ?

« Souriez, souriez ! »
Je reconnais la voix de Dieu le Père.
Je souris.
« Plus grand, souriez plus grand. »
Je souris comme sur la photo de classe de mes quatre ans avec mon chignon, ma robe vichy et mon bouquet d'œillets.
« Bon, c'est bon, pas de paralysie ! »
Ah OK. Je comprends mieux !
« Le professeur a mis tous les coils qu'il a pu trouver, on a failli descendre le stock rien que pour vous », plaisante l'infirmière.
« J'ai envie de vomir. » Désolée mais moi je reste bloquée sur ça. J'ai jamais envie de vomir. C'est une tradition chez moi.
Puis elle pose sa main en conque sur mon oreille et me demande : « Est-ce qu'il est toujours là ? Vous l'entendez toujours ?
— Qui, Bobby ? »
J'avais imaginé pleurer de joie, exploser d'émotion, entre deux sanglots – « Non, je ne l'entends plus ! Merci ! » – et m'écrouler dans des hoquets de bonheur en embrassant les mains du chirurgien qui, tel un héros, jetterait ses gants dans la poubelle en sortant du bloc et lancerait : « Elle vivra ! »
Le folklore.
C'était le plan.
J'attends quelques secondes, je me concentre très fort pour percevoir le bruit si familier, je cherche, je scrute.
« Oui, je l'entends… Je l'entends toujours », ai-je déclaré d'une voix pathétique. Bobby se tenait là bien sage toujours au même endroit.
Elle remonte les draps sur moi, me dit : « Je vais revenir. »
Une aide-soignante souligne qu'il est déjà 19 heures et je calcule mentalement tout le temps que j'aurai passé en salle d'opération.
Pour rien.
Bobby est toujours là.
Je l'entends toujours. Je suis en boucle.

Il m'avait bien dit que, pour le bruit, rien n'était garanti, mais quand même, quoi !

Au moins un peu moins fort.

Rien qu'un peu.

Après, c'est un peu confus. Encore un peu dans le gaz, je perçois tout ce qu'il se passe autour de moi, dans cette salle de réveil.

Les aides-soignantes vérifient les perfusions, téléphonent, tentent de trouver désespérément un brancardier qui ne vient jamais, indiquant qu'on ne pouvait pas remonter tel malade par ce chemin à cause des ascenseurs encore en panne, accueillent les nouveaux patients en suppliant qu'on vienne chercher ceux qui attendent depuis longtemps… Une lutte permanente pour bosser avec trois fois rien et mener à bien son travail quand même. Même en sortant d'anesthésie, vous vous prenez en pleine face la désolation de l'hôpital public, l'angoisse et le stress du personnel.

Un infirmier s'occupe d'une petite mamie qui a soif dans le box à côté du mien et qui n'arrive pas à boire. Je l'entends lui dire qu'il va lui fabriquer une paille avec « du papier ». La petite mamie dit : « Merci, monsieur. » Il revient avec un truc bricolé, satisfait que son système D marche.

J'entends toutes leurs conversations.

Leurs demandes, leurs suppliques, leur ras-le-bol.

Leur agacement de devoir bosser comme ça.

J'entends la jeune fille qui s'est occupée de moi murmurer à sa collègue : « Je n'en peux plus, personne n'imagine la charge mentale de ce job. »

J'écoute quelqu'un se rebeller sur le fait que je suis là depuis plus de deux heures et demie et que personne ne vient me chercher.

Il est vrai que ça devient un peu long, le brancard me fait tellement mal au dos que je me suis roulée en boule comme j'ai pu sur le côté. Tant pis, on me remontera dans cette position. M'en fous.

Si on me remonte un jour, car pour l'instant il n'y a pas de place.

« En chir-digestive ? Oui ? Ah bon, OK, une voix de femme au bout du rouleau. Je les rappelle alors… S'ils répondent. »

Ça veut dire non, à mon avis.

Je l'entends essayer plusieurs services qui ne répondent qu'au bout de vingt minutes.

Et c'est toujours non.

Je n'ose pas proposer la pédiatrie, un petit lit dans un coin peut-être ?

Ce que je retiens de ce long séjour en salle de réveil, c'est le travail incroyablement difficile de ces hommes et de ces femmes, qui sont submergés de tâches annexes, les empêchant d'exercer sereinement. Des pannes, des manques de place, des rythmes de dingue, des malades qui arrivent des blocs alors que d'autres ne sont pas encore partis. Au-delà de leur métier d'infirmier ou infirmière, d'aide-soignant, il faut être bricoleur, aiguilleur de l'air, standardiste et moine bouddhiste pour ne pas tout envoyer sur les roses.

Finalement, on m'a remontée très tard dans la soirée. On m'a glissée avec un chausse-pied dans une chambre vitrée si petite qu'il ne restait que vingt centimètres maximum entre le mur et le lit.

Un placard de cinq mètres carrés étouffant dont on avait ouvert la fenêtre, ce qui m'a permis de profiter toute la nuit des arrivées aux urgences, des policiers qui attendaient en prenant l'air, en fumant une clope tout en se racontant leur vie, leurs angoisses, leurs déboires amoureux… J'étais aux premières loges, l'oreille dressée. Et même si je ne rêvais que de dormir après cette belle journée, j'enchaînais les apnées qui faisaient biper les appareils de surveillance dès que je fermais l'œil. L'infirmière venait au galop me secouer pour me demander de respirer. J'ai dû finir par arrêter de retenir ma respiration, car j'ai ouvert l'œil deux heures plus tard devant un grand médecin à la voix de stentor, et une dizaine d'internes bien trop nombreux pour arriver à se faufiler dans mon cagibi.

Papotage d'usage : « Bonjour, madame, comment on se sent ce matin, qu'est-ce qu'on vous a fait ? Ah oui, c'est ça : embolisation, et alors ? »

« Et alors ça change rien, je l'entends toujours.

— Ah oui bon parfois ça marche pas. Allez, bonne journée, madame. Courage.

— C'est ça. »

Une adorable médecin italienne m'a délivrée de mes perfusions vers 9 heures du matin, et m'a relâchée avec un gros pansement compressif sur l'aine, mon dossier bien rempli, un mal de tête de compétition et Bobby l'alien qui me répétait en boucle : « Tu croyais que tu allais m'avoir aussi facilement ? »

Sincèrement, entre vous et moi, oui je le croyais.

Je suis rentrée chez moi en boitant, la tête vide, avec juste le boum boum de la bête qui me rappelait qui était aux commandes, même après toute cette aventure, le drap sur la tête, le *Fuck Chirac*, les six heures sur ma chaise, la nausée, les bobos, Dieu le Père, la NASA, le brancard dans le dos, la paille en papier…

Il fallait donc que je m'incline.

Il serait toujours là ?

Et si ce n'était pas une question…

Et si ça n'allait plus jamais être une question ?

Human

Ce que je garderai comme souvenir le plus intense de mes vingt ans, et des années 1980, est que nous nous rencontrions, nous nous aimions et nous nous quittions sur de la bonne musique.

On se découvrait en dansant sur « Fall in Love With Me » de EWF, on se rapprochait avec « True » de Spandau Ballet, on s'embrassait sur « I Can't Tell You Why » des Eagles et on s'abandonnait sur le canapé clic-clac au son de « Sailing » de Christopher Cross.

Ça durait ce que ça durait, et si les choses ne prenaient pas la tournure espérée alors la rupture advenait avec sa douleur, son désespoir et toute sa playlist de grande qualité, il faut l'avouer.

Vous écoutiez d'abord, roulée en boule sur votre lit, « On my Own » de Michael McDonald en duo avec Patti LaBelle en boucle, en sanglotant comme un veau, en refusant de vous nourrir, et en pratiquant l'hypnose sur le téléphone au cas où il sonnerait. Et, si vous aviez la force de vous lever pour changer le disque, vous remettiez pour la centième fois sur la platine « Separate Lives » ou « Against All Odds » de Phil Collins (qui a bien œuvré pour ces situations précises) sans vous soucier des traces de doigts ou de larmes sur le vinyle.

Avec le temps, vous reveniez d'abord à une timide alimentation liquide (Banga, Cacolac, Oasis, parfois le kirsch du placard de la cuisine, que votre mère utilisait pour faire les gâteaux, directement au goulot pour faire passer le paquet de Chamonix orange) en vous tartinant le dessous du nez de crème Nivea pour calmer les irritations dues aux douze boîtes de mouchoirs en papier qui avaient épongé votre chagrin. Puis, hagarde, le cheveu gras, le peignoir de travers, vous restiez assise des heures au bord du lit à regarder dans le vide, pendant que le bras de votre platine raclait pour la millième fois les sillons de « J'veux pas que tu t'en ailles » de Michel Jonasz.

Et la vie continuait et vous répariez votre cœur à grands coups de décibels, et la guérison survenait le jour où vous vous surpreniez à hurler « Babe » de Styx ou « Hold Me » de Fleetwood Mac, seule, au volant de votre 104 Peugeot, sans envie de finir volontairement encastrée dans un poteau.

La musique a beaucoup fait pour moi.

Qu'elle en soit remerciée.

J'ai eu tellement de chance de connaître cette période incroyable du point de vue musical.

Du point de vue capillaire et vestimentaire, évidemment, c'est discutable.

J'ai traversé cette époque avec deux inquiétudes existentielles : ne pas avoir de volume en racines et pas assez d'épaulettes sous mes T-shirts.

Les photos le prouvent et ma texture de cheveux actuelle, aussi. J'ai tellement fait de décollements de racines, de permanentes, de brushing et de consommation déraisonnable de mousse ultra volume tenue extra-forte que ma fibre capillaire ne s'en est jamais remise. Et mon look non plus.

Les années 1980 ont fait beaucoup de mal à ceux qui les ont aimées. On en a gardé le goût exacerbé sur la langue et l'empreinte colorée dans la rétine. Si cela ne tenait qu'à moi, je vivrais en jean délavé, T-shirt blanc et Reebok montantes. Les fameuses high-low jaune poussin que portait Whoopi Goldberg dans *Jumpin' Jack Flash,* que je porte encore. Le combo veste masculine grosse besace et chapeau cloche de Meg Ryan dans *Quand Harry rencontre Sally,* je le porte encore. Le look jupe crayon, collant opaque et Nike de Melanie Griffith dans *Working Girl*, j'ai porté et je le porterais encore sans aucun souci si j'avais à nouveau des jambes qui ne ressemblaient pas à deux sculptures en cancoillotte.

J'ai arboré la coupe de Demi Moore dans *Ghost.* La permanente explosée/cramée de Glenn Close dans *Liaison fatale* aussi et les boucles d'oreilles façon chandelier grand siècle en toc de Madonna m'ont assassiné les lobes pendant toute cette période. Les années 1980 m'ont fait beaucoup de mal. Heureusement les réseaux sociaux n'existaient pas pour me le rappeler.

J'ajouterais : heureusement, les réseaux sociaux n'existaient pas.

Vous avez compris. Il a été très difficile de s'en détacher, car toutes ses images faisaient partie du cocon de mes vingt ans, de mes souvenirs professionnels ou amoureux et, croyez-moi, nous n'étions pas peu fières d'avoir un rendez-vous le samedi soir pour aller voir *Ghostbusters* avec un garçon à la pointe de la mode vêtu d'un jean à pinces, d'une ceinture en perles indiennes, de Stan Smith et d'un blouson triangle inversé (les épaulettes XXL) en daim cognac à franges. Dans ces cas-là, vous aviez l'impression de sortir avec Gérard Lanvin dans *Marche à l'ombre.*

Pouce !

Petit aparté.

Désolée d'aborder le sujet comme cela, mais nous avions comme une légère perturbation météorologique, un petit truc embêtant : le sida. Pardon pour la comparaison, mais le Covid, à côté de cette saleté, c'est un cor au pied.

J'ai perdu tant d'amis, de collègues, de connaissances en quelques années que je me demandais s'il ne valait pas mieux écrire mon carnet d'adresses au crayon à papier pour éviter les sinistres ratures.

Tout était empli de ce mot, de cette maladie, de cette malédiction. Nos amours étaient gravées dans la peur et la méfiance et plus rien n'était sûr ou facile, encore moins spontané.

Vos élans amoureux devenaient des pièges à haut risque et vous gardiez toujours en tête la possibilité d'être le prochain.

Le port du préservatif n'était pas encore un sujet dont on parlait facilement, ni en privé ni en public, et il en fallait de la ténacité pour poser comme condition absolue au passage à l'acte le port de cet accessoire bouclier. Parfois, à bout d'arguments, de force, de tout, vous laissiez tomber la garde et vous faisiez sans. S'ensuivait alors la peur du lendemain, d'avoir fait confiance trop tôt.

Je n'arrive même pas à transcrire sur le papier, notamment pour les jeunes générations, la peur qui nous habitait.

J'ai le souvenir de tomber amoureuse et de m'interdire d'aller plus loin. Il fallait tant et tant de garanties. Celle que votre partenaire accepte de se protéger et de vous protéger. Si la relation durait, si elle devenait sérieuse, il fallait faire des analyses chacun de son côté pour être sûr que ni l'un ni l'autre n'étions porteur du virus. À l'époque dans les années 1980, au tout début de l'épidémie, les labos ne faisaient pas ce genre de tests à la légère et encore moins anonymement ! Il fallait prendre rendez-vous, demander un test HIV, assumer sans broncher le regard de la personne du laboratoire. Vous lisiez ces interrogations dans le silence qui accueillait votre demande. Ensuite, il fallait attendre une bonne dizaine de jours pour récupérer ses résultats au labo et courir vers la personne aimée en agitant le papier et en criant : « Je l'ai pas et toi ? » L'autre hurlait : « Moi non plus ! » Mais vous restiez prudents, car l'époque était à la suspicion, et vous demandiez quand même à voir le document original des résultats.

J'exagère à peine.

Ensuite, la routine : on s'aime, à la vie à la mort, plus besoin de préservatifs, ça, c'est cool… Mais pourvu qu'il ne me trompe pas ! Et s'il me trompe pourvu qu'il mette un préservatif !

On ne se débarrassait jamais vraiment de cette trouille poisseuse qui pourrissait tout.

Certains la bravaient, comme des samouraïs ivres, prêts à prendre le risque, à s'en moquer, à lui dire : « Viens ici si tu l'oses ! » Certains ont gagné. D'autres ont perdu.

Des regards tristes au-dessus d'un verre pris dans la douceur du soir, l'annonce de la maladie et le désespoir posé au milieu de la table.

Certains ont perdu très vite, fauchés comme des herbes folles.

D'autres se sont accrochés à la rive, le corps ballotté par l'eau sale de ce torrent qui emportait hommes, femmes et enfants. Puis ils sont partis doucement, comme des ombres discrètes.

Je pense à eux souvent. À leur souffrance, leur isolement, l'abandon dont parfois ils furent les victimes. Je pense à leurs partenaires, leurs enfants, leurs parents à qui cette saloperie vola l'amour.

Une rencontre d'une nuit, une transfusion, une transmission mère/nourrisson, il y avait des variations et des nuances dans le mode de contamination mais peu importe… Il n'y avait pas de traitement et il fallait continuer à vivre avec cette condamnation à mort.

Les années 1980, c'était aussi cet ADN-là.

Je ne peux pas parler que de brushing non plus.

Et la musique dans tout ça ?

Elle était partout et irrigue encore ma vie entière. Si je me remémore un souvenir heureux ou malheureux, je peux vous parier que j'entends la musique qui est associée. De ma première boum et premier slow sur « Europa » de Santana à la chanson que chantait mon grand-père dans son atelier de tailleur en traçant le bâti d'un costume : tout est là.

La radiothérapie, je l'ai pratiquée bien avant que les médecins m'en parlent. J'ai su très tôt que ce serait mon salut, ma passion, ma seule profession.

Je devais avoir l'air si convaincue que même mes parents n'ont pas bataillé beaucoup pour m'en dissuader. Au contraire, ils ont été très vite dans mon sens, m'aidant du mieux qu'ils pouvaient, une fois mon bac passé haut la main. Ils ont eu l'intelligence de comprendre que je ne vivrai que pour la musique et le micro.

Et ce fut même ma maman qui, un jour en rentrant du bureau, me dit : « Il paraît que pas loin de nos bureaux, à Buc, dans la campagne, il y a une radio ! Tu devrais essayer de les contacter, non ? » (À l'époque, je m'étais inscrite par politesse en fac de droit à Nanterre mais au bout de deux visites à peine, je déclarai forfait.) Cette annonce provoqua un séisme d'excitation.

La radio en question était située au milieu de nulle part, entre Buc et Les Loges-en-Josas, dans la cour d'une grande ferme dont le propriétaire avait la courtoisie de louer ses locaux au « patron » de cette radio !

Nous étions en 1981 et le boom des radios libres avait réveillé l'instinct d'indépendance chez certains de nos compatriotes.

Je souligne que, avant 1981, si vous vouliez écouter la radio, vous deviez vous conformer au gros bloc déjà en place : RTL/ Europe 1/France Inter. J'ajoute à votre panier RMC pour les sudistes, voire Sud Radio. C'était à peu près tout.

L'Angleterre avait déjà fait de la résistance, dès les années 1960, en créant Radio Caroline sur un bateau, aux larges des côtes britanniques. En France, nous plantions les émetteurs sur la moindre tuile disponible, un micro, une platine et voilà, vous aviez une radio maison.

L'engouement du départ était admirable.

Toutes ne passèrent pas le cap de la première année d'existence, mais au moins le ton était donné.

Nous émettions donc dans la cour de la ferme, entre deux tracteurs et un vieux chien attaché avec une longue chaîne qui en voulait à nos baskets.

Les locaux se situaient non pas dans la ferme elle-même, mais juste au-dessus des clapiers ou du poulailler, je ne me souviens plus. Il fallait grimper un petit escalier glissant et raide comme une échelle de meunier jusqu'au graal.

Le studio.

Un 10 m^2 divisé en deux. La partie régie (avec le micro et la technique) et la partie lounge pour les invités : 2 m^2, une table basse bancale et trois cubes en mousse pour s'asseoir.

Les locaux de la BBC n'avaient rien à nous envier.

Impossible de me souvenir s'il y avait ou non des toilettes...

Peu importe.

Il y avait en revanche, je m'en souviens très bien, beaucoup d'araignées. Des grosses velues avec des grandes pattes, bien en évidence sur le mur recouvert de moquette (pour une meilleure qualité de son), elles sortaient comme des folles du bac où étaient rangés les albums et j'aurais voulu les massacrer au lance-flammes.

Voilà un peu l'ambiance.

Quant à la grille des programmes, c'était un peu à la commande et surtout selon le bon vouloir des bénévoles qui venaient s'essayer à l'animation une fois le travail terminé. Souvent des auditeurs qui sautaient le pas. Le passionné de rallyes automobiles avait sa tranche consacrée à ce sport, le passionné d'accordéon et de bal musette, aussi. L'important était d'occuper les ondes.

Du grand n'importe quoi, mais Radio Télé Yvelines était vouée à devenir un média avec lequel il allait falloir compter. Dans combien de temps ?

Être seul aux commandes de son émission avait toutefois un inconvénient. Si le type qui était supposé animer la tranche 18 heures/22 heures, juste après la vôtre, était pris dans les bouchons, vous n'aviez d'autres choix que de continuer seul en priant pour que vous ayez assez de disques dans votre valise pour pousser jusqu'à la fin de l'heure (au pire, vous repassiez les mêmes ou les faces B).

Du bricolage de l'extrême, mais c'était le lot de la majorité des radios libres à l'époque qui émettaient depuis leur salle de douche, leur cave ou leur grenier. L'important était d'avoir un émetteur assez puissant pour aller jusqu'au bout des deux rues adjacentes au bâtiment, le reste : uniquement de la débrouille.

Même si, tout en « animant » notre propre émission, nous avions la sensation incroyable de transgresser, nous avions surtout le sentiment de créer l'histoire et de réinventer le métier d'animateur radio.

Nous n'avions aucun complexe sur ce dernier point, même moi, qui me prenais sans aucune humilité pour Georges Lang ou Gérard Klein (ayant bien du mal à me trouver une idole féminine) au-dessus des poules, en tentant d'imiter mes animateurs préférés, et devisant parfois sur la qualité de tel ou tel album de Supertramp. À la fois animatrice, critique musicale et réalisatrice, j'apprenais à me débrouiller seule avec la technique, le montage des bandes-son, les interviews et les pannes de console.

Utile.

Quant à l'audience de cette radio, disons qu'elle était au mieux intimiste.

Le propriétaire de la ferme nous entendait, ça, c'est sûr, et ma mère aussi depuis les bureaux de son entreprise à deux cents mètres de là ! Ce qui lui permettait par la même occasion de me géolocaliser et ainsi savoir où je me trouvais après les cours !

Je n'ai que de vagues souvenirs de mon passage éclair dans ce lieu étrange ; le chien qui aboie, les insectes, la boue sur les chaussures, le « grand patron » de la radio et propriétaire de l'émetteur dont les traits me reviennent soudain : un chanteur de charme, qui donnait des concerts au Palais des congrès de Versailles devant trois rangs remplis par sa famille et le staff de sa radio bien obligés d'y assister. Il fallait également passer son 45 tours produit par lui-même autant de fois que possible. Mais nous l'admirions pour avoir su créer une radio et peut-être bientôt une télévision. Tout est dans le titre : Radio Télé Yvelines ! Il faut savoir viser grand et loin !

Un animateur avait pour pseudonyme « Tartine » (un sale type odieux de la famille d'un comédien, connu pour être tout aussi désagréable) et un autre « Klaxon » ! Éric « Klaxon », dont je garde de gentils souvenirs. Sa femme, tellement jolie et disparue si jeune venait souvent nous voir au-dessus de nos clapiers. Je crois qu'il roulait en Matra Bagheera, ce qui lui conférait à nos yeux un statut de star absolue dans ce coin perdu des Yvelines. Sa gentillesse m'est encore précieuse jusque dans mes souvenirs. C'est aussi ça la radio : des rencontres qu'on n'oublie jamais et d'autres que l'on préférerait oublier. Des gros pulls douillets pour l'hiver de l'âme.

Dans cette ferme de Buc, au milieu de nulle part, nous avions comme enjeu de faire venir des invités célèbres afin de faire des interviews professionnelles et de rivaliser avec les grandes radios !

Pas facile. Pourtant nous avions réussi le tour de force d'en convaincre certains de faire la route de Paris à Buc (35,7 km). Le soir et en plein hiver !

Mais n'oublions pas que les radios libres avaient le vent en poupe et que certains artistes avaient très bien compris, sans aucune malice, que leur public était aussi nos auditeurs.

Je me souviens de ma première interview de Little Bob Story, venu en personne à la radio répondre à mes questions vacillantes. Bob égal à lui-même, incarnant la bienveillance et la gentillesse, me donna non seulement ma première interview mais également sa recette des pâtes à l'ail. Magnifique.

Ibiza ou Le Havre ? Depuis ce jour, Le Havre a toujours eu la main.

Et je garderai toujours en moi le moment où l'immense Alain Bashung et son épouse de l'époque, magnifique femme brune, se retrouvèrent un soir assis sur nos poufs en mousse pleins de trous de cigarette et maculés de taches de café, à deviser de manière très décontractée avec nous, humbles animateurs.

Quelqu'un alla même chercher des pizzas pour que la soirée dure plus longtemps, je vois encore le sourire et le rire de Bashung, parlant musique, une part de pizza quatre fromages à la main.

Des souvenirs comme ça, on les fait monter en médaillon sur or 18 carats.

Il y eut donc RTY, la radio de la ferme, en parallèle de mes courtes études de stylisme au cours Berçot. Je compris au bout de quelques mois que, si le dessin était ma passion, les discussions sur le style, le look, le chic et la dernière couverture de *Vogue* m'ennuyaient profondément. Je déchargeai mes parents de la lourde note de cette école privée en leur avouant que ça ne mènerait jamais à rien.

Je savais que je ferais de la radio d'une manière ou d'une autre.

Même si pour cela, il fallait mentir et arranger un peu la vérité.

C'est ainsi qu'ayant laissé traîner une oreille lors d'un dîner à la maison, je notai discrètement qu'un des amis de mes parents travaillait alors pour la SFP, et qu'il connaissait Michel Drucker.

À l'époque, ce *name dropping* avait eu un effet inimaginable sur une âme aussi investie dans sa passion que la mienne. Je savais que Michel présentait une émission sur RTL, je savais qu'il passait évidemment à la télévision mais ça, c'était moins ma tasse de thé. Retenons juste qu'il était à la radio et que, pour moi, il était la clé de mon avenir dans ce média.

Un après-midi à la maison, en douce, je réussis à trouver le nom de sa société de production via les renseignements téléphoniques. L'ancêtre de Google. Une gentille dame passa cinq minutes à éplucher le bottin de Paris pour trouver le numéro de sa société et son adresse, rue Jean-Mermoz à Paris.

Sûre de moi, je téléphonai dans la foulée à ce numéro, me présentant comme une amie de ce monsieur qui était venu dîner chez mes parents, et demandant à parler à quelqu'un qui pourrait m'orienter vers Michel Drucker.

Un culot dont on ne peut faire preuve qu'à un certain âge. L'âge où l'on est totalement dépourvu de doutes et d'états d'âme.

On me mit en attente quelques secondes et une voix masculine résonna dans le combiné en bakélite (pour les plus jeunes, allez voir sur Internet la tête de l'engin) : « Oui, bonjour, c'est Michel, dit la voix. »

Assise sur mon tabouret de piano, je manquai soudain d'air en entendant cette voix à nulle autre pareille. Je restai un instant sans la mienne (de voix), mais la fureur de ma jeunesse me poussa d'un coup à donner tout ce que j'avais. C'était mon moment. J'ai dû m'empêtrer dans quelques explications fébriles mais, pour finir, Michel reçut le message cinq sur cinq. On m'avait conseillé de le contacter, en m'assurant que seul Michel saurait quoi faire devant l'immense envie de faire de la radio qui m'habitait.

La force du désespoir avait dû m'envahir pour arriver à caser toutes ces infos dans une seule et même phrase.

Michel Drucker, égal à lui-même, à la scène comme à la ville, me demanda des nouvelles de notre ami commun (je ris aujourd'hui en écrivant ces mots), puis enchaîna directement sans aucune hésitation sur une invitation : « Je tourne mon émission au studio Gabriel, venez me voir tel jour et nous en parlerons. »

Je le remerciai chaudement, tout en me demandant ce qui venait de m'arriver.

J'ai dû rester un très long moment le cœur battant, seule dans la salle à manger rutilante de maman, la voix de Drucker dans mon oreille et le combiné du téléphone dans la main.

Je venais d'obtenir mon premier rendez-vous avec mon avenir d'animatrice radio.

Évidemment, dit comme ça, c'est touchant et très optimiste.

Dans la réalité, ce ne fut pas si évident et si simple.

Michel me reçut avec énormément de simplicité et de gentillesse au studio Gabriel, au milieu du plateau, encore entouré de toute son équipe, des cadreurs, des techniciens, et pourtant toute cette chorégraphie orchestrée autour de lui, ces lumières, ces couleurs, ces musiques, le générique qui sonnait comme un hymne dans les haut-parleurs, tout cela m'importait peu, voire pas du tout.

Ce qui comptait plus que tout pour moi était le fait qu'en animant une émission à RTL il en avait peut-être la clé.

On est bête quand on a dix-sept ans.

À cette époque, Drucker avait pour moi plus de charisme que Travolta et Robert Redford réunis et plus de pouvoir que Bolloré.

Il m'écouta attentivement, nota un nom sur un papier avec un numéro de téléphone. J'entrevis soudain le micro rutilant de RTL et tout ce que j'allais pouvoir apprendre là-bas.

Il avait simplement inscrit le nom de la personne qui s'occupait de placer des étudiants pour trois mois au standard des émissions. Tout de suite, c'est moins glamour et moins prometteur, mais je pris le papier et je n'oublierai jamais la phrase qu'il prononça en me le tendant : « Voilà, Laurence, je vous mets le pied droit dans la radio, à vous de vous débrouiller pour mettre aussi le pied gauche. »

Finalement, ce mini-coup de pouce me fut bénéfique, car je compris que je devrais me battre si je voulais faire ce métier et que rien ne me serait servi sur un plateau. Et ce fut le cas… Jusqu'à aujourd'hui, ça l'est toujours.

Merci, Michel.

Pendant trois petits mois, je naviguai d'émissions en émissions, de standard en standard, me retrouvant parfois au sous-sol pour trier les appels concernant les grands concerts de David Bowie et des Rolling Stones à l'hippodrome d'Auteuil. La belle vie.

J'avais l'impression de vivre un rêve éveillé, frôlant au plus près les studios tant convoités, les voix de ceux que j'admirais alors que, à y regarder de plus près, je répondais juste au téléphone.

Je me sentais chez moi. Cette magnifique maison de la rue Bayard, avec sa devanture iconique signée Vasarely, l'entrée aux marches rutilantes comme des miroirs, la salle d'attente aux fauteuils orange *soooo* 1970.

Je commençais à connaître ses coins et ses recoins, les raccourcis pour aller d'un studio à un autre, les portes cachées dans les murs, la sortie par l'arrière, face au Grand Palais, je m'y sentais chez moi, j'y ai rencontré tant de copains, tant de grands professionnels et tant de personnes anonymes qui m'ont souri et encouragée.

Dans les couloirs, certaines assistantes m'appelaient « Sugar Baby Doll » en riant à cause de mon sweat-shirt *oversized* que je portais quasiment tous les jours et qui étalait en énormes lettres noires cette inscription discrète sur ma poitrine. Et comme je prenais un malin plaisir à parcourir les couloirs comme un furet curieux, ce sweat affreux devint ma carte de visite.

Plus de trente ans après, une chaîne décida de faire un petit reportage sur ma vie et interviewa quelques personnes à RTL qui citèrent spontanément ce surnom au journaliste.

Sinatra était The Voice.

Elle Macpherson The Body.

Je fus Sugar Baby Doll.

J'aimais tout à RTL ; le lieu, les gens, la musique et surtout certaines émissions qui étaient pour moi des références absolues.

Les nocturnes de Georges Lang étaient magiques. Elles le sont encore. Sa voix, sa manière de vous emporter sur la côte ouest des États-Unis : unique. J'aime énormément Georges et nous sommes restés en contact.

Bien des années après, nous nous sommes vus à Los Angeles, où je me trouvais pour faire des interviews pendant quelques semaines. Il passa me prendre avec son épouse dans sa magnifique décapotable et nous sommes allés voir un concert de Dread Zeppelin, un groupe décadent dont le chanteur déguisé en Elvis Presley lançait du papier toilette sur le public. Puis nous sommes allés manger un cassoulet.

Vrai, je vous le jure.

Un bon quarante degrés à l'ombre, les palmiers, Sunset Boulevard, Beverly Hills et nous trois devisant gaiement devant un cassoulet toulousain.

Ça ne s'invente pas.

Georges *forever* !

RTL à l'époque, était à l'heure « américaine » pendant le week-end uniquement (nous n'étions à cette époque même pas encore électrisés par la naissance des radios libres, je précise). Le ton, le son, le look, la musique, les WRTL étaient devenus le rendez-vous incontournable des fans de musique californienne.

On buvait les voix de Bernard Shu, de Dominique Farran, et de Jean-Bernard Hebey qui présentait « Poste restante » le dimanche. Voir plus haut, je l'ai déjà mentionné.

Jean-Bernard organisait des concerts « gratuits et enregistrés » (prononcer « gratuits zé enregistrés ») dans le grand studio de la rue Bayard. Toutes les stars, tous les groupes de passage à Paris, s'y bousculaient.

Petite condition pour assister à ces moments magiques, obéir aux directives de Jean-Bernard à l'antenne la semaine précédente et se présenter devant le grand studio avec le dress-code adéquat.

Par exemple, le fabuleux Joe Jackson venait de sortir son mythique album *Look Sharp.* Une merveille avec entre autres le titre « It's Different for Girls » que j'écoutais dans ma chambre les yeux embués en chantant en yaourt et en m'imaginant un jour faire un duo avec lui sur la scène du Gibus ou du Bottom Line à New York.

La pochette était une magnifique photo en noir et blanc d'une paire de chaussures pointues d'homme, blanches. Magiques. Stylées. Un cran au-dessus de tout ce qui sortait à cette époque-là.

L'homme était *sharp*. Pointu. Élégant.

Le dress-code demandait donc ce jour-là de se présenter devant le studio, avec des chaussures blanches et pointues, condition absolue pour assister gratuitement au concert.

Sous la menace, ma mère me trouva une paire d'escarpins pointus des années 1960 dans le fond d'un placard du garage. Ils m'allaient très mal, surtout associés à des chaussettes de tennis, mais je fourrai tout ça dans mon sac et, juste après la fin des cours, je sautai dans le train à Versailles-Rive-Droite (futur RER C), descente à Invalides avec une copine qui avait elle aussi récupéré une vieille paire de chaussures blanches pointues on ne sait où.

La scène qui se déroulait devant RTL était surréaliste. Une foule de fans surexcités s'amassait pour voir Joe Jackson en live. Mais le plus drôle était leur look : en haut des blousons de cuir noir, impers kaki très « Mods » comme le mien, des vestes d'hommes portées sur des chemises déchirées, des créations punks à trous, des vestes à franges, des styles indescriptibles.

En bas : une marée de chaussures blanches et pointues de toutes les époques et de tous les styles. Hilarant. Un grand rocker angoissé à l'idée de ne pouvoir rentrer avec ses bottes en daim marron se précipita dans l'épicerie qui, à l'époque, faisait face à la radio, acheta du blanc pour chaussures et se mit au milieu de la rue à tartiner le daim neuf de ses bottes avec l'applicateur.

Certains essayèrent de l'en dissuader, mais allez convaincre un fou de musique de rester dehors quand les premières notes de piano retentiront : impossible.

Je regardais le résultat d'un œil admiratif, même si son désespoir faisait peine à voir, je le trouvais fou et courageux, et je priais secrètement pour qu'on le laisse entrer même si on voyait parfaitement que ses bottes n'étaient ni pointues et encore moins blanches, même après avoir vidé la bouteille sur le cuir.

Ce fut un concert incroyable. J'étais collée à la scène du grand studio, plaquée contre les enceintes, j'avais Jean-Bernard Hebey et Joe Jackson à un mètre de moi, je vivais ma meilleure vie.

À la fin du show, en attendant que toute la salle se vide, nous attendions près de la scène, regardant les roadies qui démontaient rapidement. Les musiciens et l'animateur s'étaient retirés en coulisses, il restait juste les guitares et la batterie.

J'aurais pu rester là encore des heures et des heures, réécouter ce son magique, la voix de Joe Jackson et sentir les vibrations des basses sous mes mains.

Je devais avoir l'air d'un lapin épuisé, totalement fascinée par le ballet des techniciens qui enlevaient les pieds de micro, qui débranchaient jack après jack.

L'un d'eux, chargé de démonter la batterie, m'aperçut. Il ramassa quelque chose, s'approcha de moi en souriant, me demanda d'ouvrir mon imper militaire et y glissa les deux baguettes du batteur dans la poche intérieure. Il fit un petit clin d'œil et posa son index sur sa bouche pour dire « Chut ».

Impossible de vous décrire l'état de transe dans lequel ce geste me mit.

La copine qui m'avait accompagnée dut me tirer hors du studio pour que je reprenne mes esprits et le trajet du retour ne fut pas très drôle pour elle : j'étais accrochée aux baguettes, fébrile et totalement idiote de bonheur.

Mon père admira ma prise de guerre, me fit remarquer les encoches sur le bois tendre. Ma mère me conseilla de les ranger dans ma chambre avant que ça traîne encore n'importe où.

Ces baguettes furent les premières de ma collection.

Dorénavant, à chaque concert RTL, je tentais de soudoyer du regard un technicien pour repartir avec ces trophées. Ça marchait une fois sur deux. On ne peut pas hypnotiser à volonté.

Je crois avoir réussi à en rapporter cinq ou six paires, peut-être plus, mais les seules dont je me souvienne vraiment furent celles de Simple Minds, que j'embrassais littéralement chaque soir avant de dormir.

Avec le recul, j'ai beaucoup de tendresse pour cette adolescente si mal dans sa peau, aux ongles rongés, qui trouvait dans ces concerts beaucoup de sérénité et de joie. Jamais son cœur n'avait battu si fort qu'en entendant les premières notes en live de ses groupes préférés, jamais elle n'avait été aussi convaincue que la musique la sauverait de tout, de la pluie, de la solitude, du vide de la falaise sous ses pieds.

J'aimerais tant avoir ces baguettes près de moi aujourd'hui, dans un tiroir ou sur une étagère, humbles trophées sans valeur marchande, sans étiquette, impossible à identifier, mais que, pourtant, je reconnaissais, parce qu'elles avaient joué pour moi dans ce studio et qu'elles étaient gravées du rythme de ma jeunesse.

Mais la vie et ses drames m'ont appris, bien malgré moi et avec violence, à ne plus m'attacher aux objets, à les laisser retourner à la poussière, à ne plus les laisser m'enchaîner au passé. Il n'y a aucune âme dans le bois, la soie, l'or ou l'argent. Il n'y a que des regrets dont il est bon de ne plus s'encombrer si l'on veut voyager léger. J'aurais aimé avoir éventuellement quelques albums photos pour expliquer à ma fille qui j'étais et d'où je viens, comment était ma famille, lui montrer mon arrière-grand-père posant fièrement à côté de mon grand-père sur son tabouret dans un coin des États-Unis, après avoir émigré vers ce grand pays (auquel ils ne purent s'habituer et qu'ils décidèrent de quitter), mes parents, ma maison, mes vacances. Mais je n'ai pas ça. C'est ainsi. Alors, quand elle me pose des questions, je fais du théâtre et du mime, je lui décris les choses, les gens, les odeurs et les couleurs de ma vie.

La radio, c'est un peu comme Bobby, mon alien personnel, elle vit en moi depuis tellement longtemps que je ne me rappelle pas avoir jamais connu autre chose.

Nous reparlerons musique plus tard. Lorsque j'aurai réécouté cet album *Look Sharp* de Joe Jackson. Cette histoire m'en a donné à nouveau très envie.

Fix You

« Un jour, quelqu'un m'a offert une pleine boîte de ténèbres. Cela m'a pris des années pour comprendre que, ça aussi, c'était un cadeau. »

Mary Oliver

Je me suis réveillée d'un mauvais rêve, le cauchemar récurrent que je fais depuis mon enfance : je marche tranquillement dans la rue où je suis née, je reviens de l'école (parfois du marché quand je fais des rêves bios), la rue est étrangement calme, vide, déserte. Je reconnais toutes les maisons, je sais qui habite à tel numéro, quelle copine occupe ce pavillon, quel est le nom du chien qui aboie dans cette cour. J'arrive petit à petit vers chez moi et, alors que je vais rentrer à la maison, au lieu d'y voir mes parents, mon grand-père dans son atelier, le portail rouge est fermé et ce n'est plus chez moi.

Je reste là, je sais qu'il n'y a plus personne et que ce n'est plus ma maison. La rue est déserte et sourde. Je tremble de peur, j'ai envie de pleurer.

Plus jeune, ce rêve me terrorisait et je me réveillais avec le cœur en vrac. Ma mère me disait à chaque fois : « Si on rêve de trucs comme ça, c'est le contraire de la réalité. Donc, ça n'arrivera jamais. »

Aujourd'hui, j'ouvre les yeux et je maudis ce rêve en me demandant pourquoi il traîne toujours dans mon inconscient, même si je sais que c'est la vérité, ce n'est plus chez moi. Mais pourquoi en rêver encore et encore ? C'est fatigant.

Donc, je me réveille, je m'assois sur le lit et allez, en plus du mauvais rêve, voilà le truc que je déteste le plus au monde qui advient comme ça, sans prévenir, dans cette chambre d'hôtel, loin de chez moi, alors que je dois faire une émission en direct dans quelques heures.

La pièce tourne autour de moi, comme la caméra du clip de « Osez Joséphine » de Bashung.

Je suis au milieu, et tout ce qui m'entoure valse dans mon champ de vision. Les anneaux de Saturne vitesse maximum.

L'armoire, la télé, le plateau avec la cafetière, tout s'envole en une révolution frénétique qui me terrorise. Impossible de s'allonger, c'est pire, debout, c'est affreux ; je me cache la tête avec un oreiller en suppliant que ça passe. Ces vertiges m'avaient laissée tranquille depuis quelque temps, est-ce que Bobby l'alien les a rappelés à mon bon souvenir ?

Mais bien sûr, c'est ça, c'est lui ! Je le hais.

Je me traîne à genoux jusqu'à la salle de bains pour vomir, car c'est un peu comme si vous traversiez le cap Horn en pleine tempête. Même avec une boîte de Dramamine, les bracelets antinausées, rien n'y fait.

Je pleure à quatre pattes dans cette salle de bains très moche, je le supplie de me laisser tranquille, je lui ordonne de me laisser souffler. Mais ça ne passe pas.

La veille au soir, aux répétitions, j'ai reçu dans les oreilles un son tellement fort que j'ai hurlé de douleur et de surprise en arrachant le casque instinctivement. Un abruti avait réglé le volume de celui-ci au maximum.

Aux États-Unis, je serais déjà millionnaire, même avec un avocat endormi : là-bas, ça ne rigole pas avec les bobos, les brûlures de café, et les feuilles de salade sur lesquelles on glisse au supermarché.

Ici, c'est différent. Heureusement, d'une certaine façon.

Sur l'instant, j'ai juste pesté contre la technique et le casque, et l'andouille qui avait mis le volume à fond.

Ce matin, je me demande si ce son de la mort ne m'a pas ravagé l'oreille interne. Ce vertige-là, il est costaud. Je découvre une nouvelle sensation dont je me serais bien passée : un sifflement atroce et continue qui vient soutenir le bruit régulier de la grosse caisse.

J'en suis là, les yeux rouges, le nez qui coule, une serviette de bain sur la tête, j'attends en tremblant que la pièce s'arrête de tourner et que le bruit de tambours du Bronx baisse d'un ton. C'est ça le problème avec lui si je bouge trop vite, si je cours, si je mets la tête en bas, si je tousse, si je crie, si je vomis, il me ramène le cœur et ses vaisseaux dans l'oreille gauche et c'est à se tirer une balle.

Au tout début, quand je n'arrivais pas à admettre que j'allais devoir vivre avec lui toute ma vie, je tentais des trucs de folle furieuse pour mettre fin à ses jours : coton-tige, paille, stylos, je crois que j'ai même hésité un jour à m'enfoncer un couteau dans le conduit auditif pour lui faire la peau.

Évidemment, à part finir aux urgences, ça ne sert strictement à rien. Le désespoir fait parfois faire de drôles de choses.

Si Dieu le Père après six heures de bloc opératoire n'a pas réussi à me soulager, ce n'est pas un coton-tige qui va y parvenir.

Je récite des prières maison, des formules secrètes que je me suis inventées pour les grosses crises de panique, comme dans l'abribus avec les bottes roses qui font squish, je me balance d'avant en arrière, je tente de me convaincre que mes angoisses provoquent aussi ce genre d'incident. Je voudrais que quelqu'un vienne s'asseoir sur le sol de cette salle de bains, me prenne dans ses bras et me dise : « Ce n'est rien, ça va s'arrêter, tout va bien. » Je sais que personne ne va venir et qu'il va falloir gérer seule encore une fois.

À bout, je tente la technique main droite main gauche que j'ai trouvée pour me rassurer quand je descends au bloc opératoire ou lorsque mon anxiété est à son paroxysme. Je choisis un bras, disons le droit, mais vous pouvez inverser, c'est selon, et ce bras est celui qui soigne et qui rassure. Le gauche, c'est moi, il ne bouge pas.

Alors la main droite va venir tapoter ou caresser doucement le bras gauche, en se concentrant très fort sur le geste. Au bout de quelques minutes, j'arrive presque à imaginer que ce bras n'est pas le mien, mais celui de mon papa, ou quelqu'un de doux et rassurant qui me réconforte à travers ce toucher, qui me dit : « Ça va aller, ne pleure pas, calme-toi, ne pleure pas. »

Évidemment, vu de l'extérieur, cela peut paraître assez étrange, cette main droite qui vient calmer cette main gauche, mais je m'en moque, je fais avec ce que j'ai. Et je n'ai, hélas, rien d'autre.

Alors si, pardon, j'ai l'avion.

C'est fabuleux l'avion, surtout quand tous les autres passagers se pincent le nez pour se déboucher les oreilles en grimaçant, moi, c'est le seul moment où, pendant quelques minutes, j'entends clairement comme avant. C'est une sorte de jubilation absolue, j'entends comme un dauphin qui écoute ses copains chuchoter sur son compte à des centaines de kilomètres de là. Dans ces moments trop courts, je savoure tous les bruits, les murmures, le son de ma propre voix qui ne fait plus écho dans ma tête. Je remercie l'altitude, la compagnie aérienne, et le dieu des voyages. Les trompes d'Eustache des uns se ferment, les miennes s'ouvrent. Y a pas de justice. J'ai envie d'embrasser le pilote et tout l'équipage !

Bien sûr, les bonnes choses ne durent jamais.

Dès que l'avion change d'altitude, les trompes se ferment, je redeviens sourde, et Bobby se remet à la batterie. J'ai beau souffler en me pinçant le nez, geste que j'accomplis aujourd'hui presque deux cents fois par jour, tout redevient comme avant. C'est la vie. C'est la mienne.

Je redeviens citrouille.

Tout cela pour vous dire que, en revenant à Paris, j'ai dû retourner voir un ORL, un nouveau, un jeune très dynamique et très intrigué par Bobby. Comme tous les autres, il a dit « Ouhla mais c'est très très rare », mais je ne lui en ai pas voulu. Je n'ai plus la force.

Il m'a examinée et m'a soumis l'idée d'aller voir un super spécialiste avec lequel il travaille dans un grand hôpital parisien. Devant mon manque d'enthousiasme, il essaya de me redonner un peu d'espoir : « Il en opère des trucs comme le vôtre. On ne sait jamais ! Je lui écris maintenant pour essayer d'avoir un rendez-vous dans les trois mois ? Hein ?

— Eh bien, je sais pas. Si vous trouvez que c'est bien, OK, oui bon pourquoi pas.

— Au moins, vous serez fixée.

— Mais je suis déjà fixée, on n'arrête pas de me dire que personne ne peut rien faire, je suis au-delà de fixée... Je suis archi fixée, multifixée, ultra-méga fixée... Plus fixée que ça, je vois pas.

— J'entends bien. Il vous faut un nouvel avis, ça vaut le coup.

— Bon. C'est vous qui voyez. [Je n'ai pas ajouté : "Je m'en fous complètement, j'en peux plus, j'ai envie de me pendre dans les toilettes handicapés", mais je le pensais très fort]. »

Et voilà pourquoi je me retrouve encore une fois aujourd'hui dans une salle d'attente, à déchiffrer les affiches sur le mur qui vantent cette fois-ci les mérites de l'implant cochléaire.

Je sais bien que, même si cette avancée médicale contre la surdité ne me concerne pas, elle doit aider tant de personnes dans leur vie quotidienne.

Et c'est reparti pour un douzième audiogramme obligatoire, à tenter de repérer les sons les plus bas, les plus hauts. Je me débrouille assez bien à cet exercice. C'est lorsque je dois répéter les mots entendus dans le casque que ça se complique ; je mélange les voyelles, je répète « ballon » alors que je dois dire « salon », de pire en pire. Je me déçois.

Une fois le compte rendu en main, j'attends de rencontrer le deuxième avis.

Il est très grand, très gentil et très italien parlant un français superbe à peine teinté de quelques notes romaines que je repère très vite.

Nous nous racontons toujours les mêmes histoires : le bruit, la tumeur, le ras-le-bol, les coils dans les vaisseaux, la genèse de la chose et l'envie de tuer Bobby avec un couteau à huître. Il m'ausculte, vérifie l'état de mes cordes vocales en passant la caméra par le nez, repère la bestiole, se désinfecte les mains et retourne à son bureau.

Il me dit :

« Voulez-vous une photo ?

— De vous ? »

Silence gêné de part et d'autre.

« Non, du paragangliome.

— Ah pardon ! Oui je veux bien le voir [c'est vrai, je veux le voir, j'ai envie de voir sa sale tête]. »

Il tourne son ordinateur vers moi et me montre avec son stylo la masse grise qui ne devrait pas se trouver dans mon oreille.

Je suis un peu déçue. C'est très moche et ça ne ressemble à rien. La douleur n'a même pas de style. L'alien est gris, visqueux et informe. Bobby a un vrai physique de radio.

« Voilà, vous le voyez ? Alors évidemment, je ne vous apprends rien, il n'y a aucun traitement. La tumeur est dans les nerfs mixtes, ce qui signifie qu'on ne peut pas y toucher de manière chirurgicale. Les nerfs mixtes commandent le mouvement du haussement de l'épaule, de la déglutition et surtout de la voix. »

Pause.

Plus rien ne bouge.

Je m'entends murmurer : « La voix… c'est bête, non ? » Il est vrai que je peux très bien vivre en ne haussant qu'une épaule et en recrachant mes biscottes tous les matins à cause des fausses routes. Mais la voix… Déjà que l'arthrose m'a pris les mains et les pieds. C'est bête. J'aurais dû beaucoup plus m'investir dans le sport finalement, j'aurais au moins un truc qui marche encore avec lequel je pourrais gagner ma vie : marathonienne, danseuse étoile, mannequin de genoux pour prothèses… Ce n'est pas le cas, on oublie.

« Oui bon, en revanche ce que je peux faire, c'est transmettre votre dossier à la commission la semaine prochaine afin que mes confrères neurochirurgiens puissent évaluer le risque… je veux dire, le bénéfice d'une radiothérapie.

— Si vous pensez que c'est une possibilité.

— Je leur confie votre cas et je reprends contact.

— Voilà, on s'appelle, merci docteur.

— Oui, voilà.

— Voilà.

— Au revoir.

— Au revoir, madame.

— Au revoir, docteur. »

J'abrège : je suis rentrée chez moi les mains dans les poches, la tête à l'envers, l'épée de la radiochirurgie suspendue au-dessus de ma tête, j'ai fait une belle crise d'angoisse avec le serpent, le camion sur ma poitrine, j'avais l'impression d'être encore sous l'abribus à regarder le monde qui gondole à perte de vue en tremblant.

Et si on parlait d'autre chose ?

La Voix de son maître

« Le bonheur, c'est regarder main
dans la main James Taylor au Grand Rex
le lundi, en sachant qu'on a déjà nos billets
pour aller voir Chicago *vendredi,*
et déguster ensuite du carpaccio
à volonté au Bistro romain. »

Auteur : moi, je, moi-même.

Tout en inondant les ondes de mon talent d'oratrice sur RTY, je rêvais déjà d'autres choses.

Le soir dans ma chambre, sur la table tréteau que mon père m'avait bricolée, le nez plongé dans mes albums, mon Revox (mythique et imposant appareil enregistreur à bandes) et la mini-table de mixage à plein régime (tout se faisait au casque pour ne pas déranger mes parents qui dormaient juste à côté), je m'échauffais en créant des maquettes d'émissions, hypothétiques plans sur la comète, fantasmes sonores sur fond de Crosby, Still, Nash and Young.

Je rêvais de micro, je pensais musique, je mangeais et dormais FM, avec l'espoir secret de rejoindre une radio où il n'y aurait ni accordéon, ni football, ni bal musette, ni conseil vétérinaire. Rien d'autre que de la musique et de la bonne !

Coup de bol, cette radio existait déjà, elle était à dix minutes de chez moi.

Manque de bol, cette radio était brouillée par l'État français rouge de colère qu'elle puisse juste exister.

Le son du brouilleur m'empêchait-il d'écouter la musique que j'aimais ? Absolument pas. C'était un peu compliqué et au bout d'une heure l'oreille commençait à souffrir. Mais nous étions légion à suivre cette radio et ses animateurs.

Lorsque le brouillage s'arrêta enfin, que la radio et les ondes furent libérées, je pus enfin profiter de la programmation en or massif et de la voix chaude des animateurs. Mâles. Il y avait quelques femmes qui faisaient le flash info, mais à moins que j'aie loupé quelque chose, point de voix féminine la nuit ou le jour derrière le micro pour animer.

J'ai un doute.

Permettez-moi de m'absenter cinq minutes et d'aller vérifier auprès de mes anciens collègues et amis si je suis dans le vrai.

Alors, je rectifie. Une Sylvaine, Christiane et Agnès furent présentes derrière le micro au commencement, mais ne sont pas restées très longtemps je crois dans cet embryon de radio, qui acceptait comme toutes les autres les vocations soudaines et les bonnes âmes voulant bien combler quelques heures de la grille gratuitement. (Merci Dan, Christian et Cyrille pour les précisions.)

En vérité, cette grille exultait la testostérone, la voix de basse qui fait rêver le soir dans sa chambre, le prénom derrière lequel on tente de deviner qui se cache, la côte ouest sous le soleil, la décapotable sur Sunset Boulevard et les trucs qui faisaient fantasmer à l'époque.

J'en déduis donc aujourd'hui que les voix féminines, dans ce contexte, était peu recherchées, voire appréciées.

Pourtant, moi qui avais écouté longtemps Michèle Halberstadt sur Radio 7, je croyais fermement qu'une femme avait sa place sur une grille de radio musicale.

D'accord, il fallait la belle voix chaude, qu'un compresseur viendrait de toute façon rectifier via le micro, mais il fallait également la passion et la belle connaissance du rock, de la country, de la musique folk, de la pop, etc.

Pour la voix, je n'étais pas très sûre, mais, pour la connaissance, j'étais prête à en découdre. Fallait pas me chercher.

Voilà pourquoi jusqu'à ce que je tombe de sommeil, je fabriquais des maquettes où je m'imaginais charmer l'auditeur en distillant les anecdotes les plus incroyables sur la fabrication de tel ou tel album.

Une fois la bande montée par mes soins (ce n'était pas mon point fort mais ça l'est devenu par la suite), je transférais le résultat sur une cassette audio en me demandant si c'était LA bonne cassette à envoyer à cette radio.

Le lendemain matin, je réécoutais mes œuvres et j'effaçais tout.

Je me promettais de recommencer le soir même, en essayant de ne pas bégayer, ni dire « euhhhh », ni déformer la prononciation du titre « inagaddadavida ».

Mais j'aimais ça.

Recommencer.

Peut-être savais-je déjà que ce serait mon chemin de vie. Mon métier. Mon vrai travail. Mon enfer aussi parfois.

Un beau jour de juillet, je me retrouve convoquée à la fameuse radio, après l'envoi de ce qui m'a semblé être sur l'instant la version la plus aboutie de mes essais.

Pour que vous ayez bien en tête toute l'histoire qui suivra, il faut d'abord que je vous précise où la radio se trouve. C'est important.

Le centre commercial Vélizy 2 était le spot shopping de la région. Deux étages de boutiques, de cinémas, de restaurants. On s'y rendait le samedi après-midi, voire parfois le vendredi soir en nocturne, pour s'acheter un sweat-shirt *Fruit of the loom*, quémander un échantillon d'Opium de Saint-Laurent à la parfumerie (Sephora n'existait pas encore), et dévorer ensuite un burger frites au Drugwest – un gigantesque resto qui pensait s'approcher au plus près de l'architecture et de la gastronomie américaine de l'époque, en exhibant tables rondes en formica, banquettes en faux cuir, papier peint orange et marron, le tout dans un style pompidolien psychédélique.

Je trouvais ça absolument magnifique.

Le bon goût incarné.

À l'arrière du centre, il y avait une entrée fournisseur en haut d'une pente, un espace où se garaient en marche arrière d'énormes camions et une grosse benne à ordure à ciel ouvert. Lorsque vous poussiez les énormes lames-rideaux de plastique sale, vous vous retrouviez dans les coulisses du centre, au pied de l'escalier qui menait au centre de sécurité. Accessoirement, ce même escalier menait à la radio. Aucune signalétique. Rien, à vous de vous débrouiller.

Vous pouviez y croiser un animateur avec une pile de disque sous le bras, un couple hagard venant à l'instant d'être dépouillé de leur sac dans une cabine d'essayage et, plus tard le soir, un maître-chien faisant sa ronde avec en bout de chaîne un malinois prêt à en découdre. Spécial mais magique.

En haut des escaliers, vous parveniez au saint des saints.

La chapelle Sixtine.

Trois petites pièces transformées en studio et en rédaction et, plus loin près des toilettes d'un autre âge dont le verrou une fois sur deux vous gardait prisonnier à l'intérieur – un couloir faisant office de discothèque.

Cette curieuse disposition m'intriguait. Mais où se trouvait donc la cellule pensante de cette radio déjà culte ? D'où venaient les ordres ? Où se trouvait le QG ? La tour de contrôle ?

Les bureaux se trouvaient deux étages en dessous, non pas directement sous le studio, mais en plein cœur du centre commercial.

Pour aller chercher le disque que vous aviez oublié sur votre bureau, vous deviez d'abord descendre le couloir de la sécurité pour atterrir entre deux boutiques, ensuite tourner à droite et repiquer tout droit, ensuite emprunter le grand escalier central, au niveau du snack bizarre qui vendait des roulés à la saucisse surgelés. Puis à gauche et tout droit encore. Et vous n'étiez toujours pas arrivé !

Virer à tribord entre deux boutiques, suivre un long couloir labyrinthe et, ENFIN, derrière une porte verte pénétrer dans le poumon de mes ondes favorites.

Le lieu se résumait à un sous-sol sans aucune fenêtre, qui sentait bizarre, avec une première pièce où quelques tables accueillaient Christian, le directeur des programmes, un ou deux animateurs penchés sur leur programmation du jour, un bureau vitré pour le patron afin que l'on sache qui commande ici, nom de Dieu, et des toilettes, que même Ricardo Bofill ou Andrée Putman n'auraient pu imaginer dans leurs pires cauchemars d'architectes.

Donnant directement dans la pièce de travail, en haut d'une marche, les toilettes, sorte de cagibi sombre qui tenait à la fois de l'abri de jardin et de la kitchenette de caravane, dont le sol était tapissé de gazon synthétique vert salade !

C'était donc là !

Il ne me fallut pas plus de trois secondes pour savoir que je voulais désormais passer le reste de ma vie professionnelle dans cet antre humant bon le renfermé, la mérule, la clope froide et l'enthousiasme !

Ce qui se concrétisa très vite d'ailleurs, grâce à Christian qui trouva ma maquette pas mal du tout, m'encouragea à en produire une autre en condition de direct dans un des studios libres et me promit de me dire si j'avais une chance d'intégrer cette magnifique équipe de crooners.

Autant vous dire que je donnais toute mon énergie à réussir ce rite de passage : la maquette antenne.

Je me souviens de cet après-midi d'été à jouer ma vie sur cette console en essayant d'y croire. Les animateurs présents étaient très gentils et surtout très patients pour m'expliquer le maniement de la grosse console de mixage.

Je me tenais là, ébahie, à les écouter, à les voir courir entre deux disques pour venir m'aider à démêler la bande qui s'était mise en perruque (un gros chignon de bande magnétique qui généralement vous fait éructer les pires insultes et vous frapper la tête sur le premier coin de table qui vous tombe sous la main). Je rencontrai Cyrille, le premier animateur qui m'accueillit, me fit rire, et qui m'offrit même un album des Detroit Spinners, que j'ai toujours aujourd'hui, plus de quarante ans après, avec ce titre magique qui me paralysait de bonheur : « Rubberband Man ».

Cyrille portait un blouson de cuir sans manches, des bracelets en argent avec des turquoises, faisait de la moto avec Coluche dont il était proche et connaissait bien toute la musique que j'aimais.

Cyrille me fait toujours l'honneur d'être mon ami aujourd'hui et j'en suis très fière. Et je l'aime toujours comme au premier jour.

Coluche était passé quelque temps avant par cette radio, où sa présence avait fait grand bruit grâce à sa manière unique de bousiller toutes les pubs des sponsors de manière magistrale ! Le réécouter être en roue libre comme la FM féroce, sans concession, parler crûment de la qualité des Bolinos ou des flatulences du fantôme de Johnny Walker, ce héros souriant bêtement sur les étiquettes des bouteilles de whisky, est une chose dont je ne me lasserai jamais.

Pas de bol, j'arrivais après Coluche.

Mais ce qui importait était de faire partie de cette équipe, de ces murs, de ce son.

Je fus rappelée très vite pour prendre possession de ma tranche horaire. Pas de contrats, pas de discussions, à l'époque on aurait même payé pour faire de l'antenne, ce que bien des grands patrons de cette époque avaient compris. Si vous osiez revendiquer un peu de reconnaissance, financière ou morale, la porte était grande ouverte et deux cent cinquante candidats se tenaient déjà au garde-à-vous, le casque rutilant, le jack à la main, prêts à se brancher sur la console et s'asseoir sur votre fauteuil encore chaud. Il était préférable de faire museau pour continuer d'animer.

Idiots ?

Non, passionnés et peu enclins à se concentrer sur ce qui pouvait nous rapporter de l'argent. C'est beau, la passion. Nous y avons cru et c'est le principal.

Avec le recul, nous aurions peut-être dû être conscients du fait que nous bâtissions à coups de passion, d'implication absolue, avec le talent de chacun, des empires, qui seront revendus plus tard des millions, et dont nous ne verrions pas le moindre centime. Quelles promesses vite oubliées…

Mais revenons à la bonne nouvelle : j'étais prise !

Et pour animer une super émission de… sept heures ! Et pas à n'importe quelle heure : la nuit ! Pas le soir, pas en soirée, non, la nuit ! La vraie, toute noire, épaisse et silencieuse, qui vous accueille avec ses parkings de centre commercial vides, ses tours de garde de maîtres-chiens qui déambulent l'air fermés le long des boutiques closes, ces gens un peu étranges qui marchent sans but au bord de l'autoroute, ceux qui partent faire leur job à la même heure que la mienne, baillant au volant, ceux qui en reviennent, baillant dans l'autre sens. Le fameux « minuit/7 heures du matin », créneau que mes parents accueillirent avec un sourcil levé, et que je pris comme étant la plus belle nouvelle de ma vingt et unième année.

Évidemment, je ne vais pas vous raconter de bobards, la réalité était bien différente. D'ailleurs, tous les films que j'ai pu voir prenant comme décor une radio vous ont vendu de la FM de chez Disney. De la rigolade sur fond de bande de potes.

Nous, nous vivions la FM de Kim Jong-un, ce dernier étant certainement moins radin et plus souple avec son personnel !

J'étais donc aux manettes à partir de minuit ; ma mission : tenir sept heures seule.

À 23 h 54, le dernier animateur de la soirée disait « ciao » à ses auditeurs, la parka déjà sur le dos et les clés de voiture à la main, et s'empressait de rejoindre son lit dès que vous passiez la porte.

La machine à café distribuait en continu un jus amer et épais comme de l'encre qui me rendit addict pour le reste de ma vie. L'horaire me flingua définitivement le cycle du sommeil et, parfois, je questionnai ma présence dans ce studio qui sentait la sueur, la clope et la poussière.

Un journaliste « de garde » était chargé des flashs de nuit au cas où un événement majeur se produirait (putsch à l'Élysée, tremblement de terre dans le Cantal, disparition d'un autre des Beatles) et qu'il faudrait alors en faire part à nos auditeurs avides d'informations.

Parfois, le journaliste au bout du rouleau me demandait d'inverser les studios afin qu'il puisse roupiller quarante minutes dans celui qui possédait le plus petit canapé mité de la création.

Le créneau minuit/1 heure se faisait les doigts dans le nez, vous étiez frais et dispo et vous aviez envie de faire partager votre passion pour les groupes dont vous aviez soigneusement noté l'ordre de passage : Boston, Asia, America, Styx, the Bellamy Brothers, et vous vous montriez intarissable sur les anecdotes à distribuer au micro, dans la pénombre, imaginant des milliers de personnes buvant vos paroles en attendant que le sommeil vienne.

Seule dans cette pièce, face à mon micro, je pouvais laisser éclater ma joie d'être à la fois animatrice enfin, et chanteuse en off. Dès que j'avais coupé mon micro, je n'avais plus aucune limite ni aucune dignité, je chantais sur tout ce que je posais sur la platine. J'étais Pat Benatar dans « We Belong », puis Stevie Nicks – très souvent Stevie Nicks – dans « Edge of Seventeen », je devenais tour à tour Bette Midler sur scène à New York l'espace d'un « Stay With Me » puis Linda Ronstadt dans sa version de « Desperado » des Eagles au Madison Square Garden.

Heureusement, le studio était extrêmement bien insonorisé et, à l'époque, on ne faisait pas la connerie monumentale de filmer les émissions, comme aujourd'hui où l'on aime voir les animateurs se gratter le nez, renverser leurs gobelets de thé, interviewer des invités hagards et des actrices pas maquillées.

À la place, on faisait un truc fabuleux : on pensait que l'auditeur était assez bien équipé coté cervelle pour se faire lui-même une idée de la personne qu'il écoutait et, encore plus fort, nous faisions appel à son imagination, et nous le laissions penser que nous étions beaux et charismatiques alors que souvent hélas nous avions de simples physiques de radio. Jamais ne nous serait venue l'idée de nous filmer et de montrer notre vrai visage au risque de les décevoir ! La radio filmée d'aujourd'hui est juste de la mauvaise télé d'il y a quarante ans.

J'ai vécu dans ce studio de Vélizy mes plus belles performances vocales, massacrant tour à tour la musique britannique et la musique américaine sans distinction. À pleins poumons.

J'ai tellement écouté, passé et repassé certaines de ces chansons que, lassée par les voix principales, j'arrivais à connaître par cœur la partie chantée par les choristes !

Je m'en aperçois tous les jours dans ma voiture, lorsque je décide d'écouter Styx dans les embouteillages avec leur célèbre

« Babe ». Je fais les chœurs ! Si je suis en forme, il m'arrive de prendre la tierce ! Mais il faut vraiment que je sois très en forme.

Le 1 heure/2 heures se perdait un peu en descriptifs hâtifs et en enchaînements encore bien habiles, ce qui vous permettait de reposer vos cordes vocales pendant plus de six minutes.

Ensuite, à partir de 2 heures du matin avec la perspective de cette nuit qui n'en finissait pas, vous deveniez moins bavard, plus radin en bons mots, plus chiche en anecdotes. La nuit était bien installée, vous vous sentiez seule au monde, vous preniez soudain conscience que manifestement ceux qui dormaient profondément étaient plus nombreux que ceux qui tendaient l'oreille, et vous aviez le sentiment étrange de faire de la radio pour vous-même.

Le ventre mou de la nuit se situait entre 3 et 5 heures. On n'avait absolument plus rien à raconter, le douzième gobelet de café immonde n'avait plus aucun effet, le troisième Bounty vous écœurait et vous n'aviez plus aucune honte à enchaîner « Radar Love » de « Golden Earring » – durée : 6 minutes 25 – et « In-A-gadda-da Vida » de Iron Butterfly – 17 minutes – pour vous octroyer ainsi une pause de 23 minutes. Le temps de courir aux toilettes ou de reposer vos yeux, la tête écrasée sur la console.

Entre 5 et 6 heures, c'était l'heure du ménage dans le centre commercial. Un charmant monsieur chargé de nettoyer les kilomètres de couloirs n'avait toujours pas compris que lorsque la lumière rouge de la porte était allumée il ne fallait plus faire de bruit. Nous avions beau lui dire, lui faire dire, le dire à ses collègues, rien à faire.

Alors que de votre voix la plus suave vous faisiez jouer vos basses pour annoncer Phil Collins dans « Separate Lives » – souhaitant à tous les amoureux à l'écoute une nuit torride ou un truc bien moelleux dans ce style –, vous perceviez dans le studio le vrombissement de plus en plus présent de la cireuse professionnelle de ce gentil monsieur qui se fichait de Phil Collins et de ses états d'âme, de vos âneries débitées façon je-suis-sexy-et-je-le-sais.

Vous aviez beau lui faire des signes avec les bras, les pieds, les genoux, lui lancer des regards affolés, il continuait avec un sérieux imperturbable à faire briller le sol en béton à un mètre de votre micro, sans même bouger un cil.

Toutes les nuits, il revenait avec sa machine et un certain « rien à foutre » phénoménal pour la loupiote rouge indiquant le silence.

5 heures.

Ceux qui avaient lutté pour ne pas s'endormir avaient succombé.

Ceux qui avaient péniblement cherché le sommeil l'avaient enfin trouvé.

Ceux qui devaient se lever à 6 heures profitaient de leur dernière heure de dodo réparateur.

Restaient les boulangers, les infirmières, le personnel de sécurité et les prisonniers.

Je peux vous assurer qu'une grande partie de mon auditoire à cette heure-là se trouvait soit à Fleury-Mérogis, soit à Fresnes, soit à la Santé.

Je ne sais plus jusqu'où notre émetteur propulsait mon talent, mais en quelques mois je me découvris un public fidèle dans ces joyeux établissements.

Ils m'écrivaient souvent, et il n'y a jamais rien eu de déplacé dans leurs missives. Jamais. C'étaient de longues lettres d'amateur de musique à un autre, d'une solitude à une autre, d'un insomniaque à un autre.

Bien sûr, c'était pour eux l'occasion de se livrer un peu, de souhaiter écouter tel ou tel titre, ce groupe qui leur rappelait de bons souvenirs. L'un d'entre eux glissait à chaque fois dans ces lettres de magnifiques dessins de chevaux ou de licornes. On décelait le travail soigné d'un homme penché sur cette feuille tout en écoutant ma voix. J'ai toujours ces dessins, conservés entre quelques coupures de vieux *Télé 7 jours* jaunis.

Le temps de la nuit. Le temps d'avant.

Et puis enfin, la dernière ligne droite : 6 heures/7 heures.

Le jour commençait à poindre (j'adore dire « poindre ») au-dessus du toit du centre commercial. On se disait qu'on n'avait plus qu'une heure à tenir, qu'il fallait sortir les morceaux qui réveillent la clientèle et vous, par la même occasion, et vous retrouviez quelques couleurs avec la musique du matin. Yazoo, Gotainer, Madness...

Je précise que, quelle que soit l'heure de la nuit ou de la journée, j'avais été extrêmement bien briefée par mes collègues de ne surtout jamais me relâcher, ne pas passer de manière désinvolte un titre qui n'aurait pas fait partie des couleurs de la station et de cette fameuse playlist des fameux « favoris couleur ». Pour la simple raison que le big boss avait la fâcheuse habitude de se prendre pour Big Brother et d'écouter sa station vingt-quatre heures sur vingt-quatre où qu'il soit, même aux toilettes – certains jurent avoir entendu la chasse d'eau – un écouteur vissé dans une oreille, prêt à téléphoner via la ligne directe du studio et vous demander des comptes sur la programmation à n'importe quelle heure du jour et de la nuit.

Je répondais en bafouillant la plupart du temps, prête à dégainer n'importe quel pauvre mensonge pour excuser cette énorme faute que d'avoir passé une face B sympa au lieu d'un titre qui me ramonait les oreilles.

Nous nous passions donc sous le manteau une liste de titres que nous savions être ses préférés et, sans aucun état d'âme, fiers de jouer les faux culs parfaits, nous les glissions dans notre programmation afin de calmer de manière préventive les appels intempestifs du cerbère qui nous prenait la tête. À ce jour, je ne peux plus écouter « All Night Long » de Lionel Richie sans penser à cette époque et avoir une poussée d'urticaire.

Je le salue d'ailleurs si vous me le permettez, et je lui pardonne presque tout. Jusqu'à la fois où j'ai craint qu'il m'en colle une devant tout le monde, dépassant largement les bornes. Nous lui pardonnions tous beaucoup trop, par affection, par passion, dans l'espoir d'un merci et d'un sourire. Ses cris de malade, ses colères noires, ses emportements intempestifs… C'était notre « routine » à nous.

Aujourd'hui, le millième de ses propos lui causerait d'énormes ennuis, mais en ce temps-là, si vous étiez une petite nature trop sensible, la porte était grande ouverte…

Je n'ai jamais vu quelqu'un virer les gens avec autant de maestria, brailler si fort, coller les miquettes à de grands gaillards musclés. Et, pourtant, j'ai honte de dire que nous aimions secrètement notre bourreau, son humour noir, son intelligence et son sens des affaires. Le syndrome de Stockholm !

Il m'a aussi beaucoup appris et il m'a énormément fait rire et, pour cela, il m'a toujours été impossible de le détester complètement. Il me faisait confiance, me confiait des tâches importantes, ne me reléguait jamais au rôle d'« animatrice » comme c'était la coutume à l'époque, et savait repérer quand j'encaissais des coups bas sans oser lui en parler.

Si j'ai continué la radio, c'est certainement grâce à lui, à cause de lui, je ne sais plus… Même si je ne souhaite jamais revivre l'enfer qu'il arrivait à créer, je veux me souvenir de ce qu'il m'a permis d'exprimer. Mon amour de la radio dans tous les sens du terme. J'ai longtemps cherché son approbation et puis, un jour, j'en ai eu assez et je suis partie ailleurs en claquant la porte. Travailler sous d'autres directions me sembla sur l'instant facile et reposant.

Mais il n'y avait plus le parfum de ma maison du début. Celle de la clope froide et de la poussière sur les vinyles, des fous rires à l'antenne, des disputes dans la discothèque, des amours.

Cette maison m'a beaucoup et longtemps manquée. Et ceux qui en avaient fait les beaux jours encore plus…

Le flash de 7 heures arrivait comme le saint-bernard avec son tonneau de rhum au cou après une avalanche.

L'animateur de la matinale débarquait, frais comme un gardon, fleurant l'after-shave et la nuit complète. Vous faisiez un passage d'antenne civil et urbain et vous aviez terminé votre nuit.

Vous aperceviez alors votre reflet dans la vitre du studio, les cheveux collés par sept heures de port de casque, le T-shirt sorti du pantalon, une tache de café sur le haut bien visible, des cernes peints par Soulages et le teint cireux des grands malades du foie.

L'heure de quitter le centre commercial était venue.

Et la sortie était encore plus folklorique que l'arrivée nocturne sans personne.

Il était 7 heures et des poussières, le centre était toujours fermé, mais les livraisons battaient leur plein. Notre entrée était à un mètre des livraisons de l'énorme rayon boucherie. Vous quittiez donc votre studio pour tenter de descendre la fameuse pente qui menait au parking en essayant de ne pas déraper avec vos talons dans les ruisseaux de sang et les flaques de bidoche, vous retenant de vomir votre treizième café à la vue de la benne grande ouverte dans laquelle les rebuts de viande étaient jetés encore chauds et odorants.

Un parcours que même Mike Horn refuserait dans un hoquet de dégoût.

C'était ainsi tous les matins et je ne me lasse pas d'imaginer la tête des attachées de presse qui avaient réussi à convaincre leur artiste de se lever aux aurores et de venir faire la promo de leur album dans la matinale, se retrouvant face à face avec les bouchers en burnous taché, transportant des quartiers de bœufs énormes en riant.

Je serais presque nostalgique de cet univers étrange dépourvu de normes de sécurité et d'hygiène, qui arrivait à nous enchanter d'une certaine façon.

Vous alliez vous coucher tremblant de fatigue, les tympans rincés par sept heures de musique à fond, le look aussi frais que Beetlejuice, mais heureux du devoir accompli et impatient de recommencer le soir même.

Je ne sais plus combien de temps j'ai tenu la boutique la nuit. Je dirais un an, mais ressenti un siècle !

Pourtant, malgré les coups de téléphone de Big Brother, les coups de mou de 3 h 30, les coups de cafard et l'absence de rémunération, j'en garde un souvenir ému. Allez comprendre.

C'était bien la passion. C'est rare.

Les étoiles étaient alignées.

On va dire ça.

Video Killed the Radio Star

« Dans tous les cas, l'espérance mène plus loin que la crainte. »

Ernst Jünger

On me demande souvent, lors des interviews, comment m'est venue cette envie de faire de la télévision.

C'est toujours compliqué de répondre, trente ans après, mais je ne crois pas qu'il y ait jamais eu, en tout cas au début, une véritable envie de faire ce métier télévisé.

Je ne m'y suis jamais imaginée. Je n'ai jamais fait le pied de grue en coulisses pour essayer de me faire remarquer et, si ça m'a parfois traversé l'esprit, je ne me suis jamais vraiment donné les moyens de passer à l'acte.

Peut-être parce que contrairement à la radio, je n'avais pas d'« idoles » à la télévision. Ça compte.

Je me suis toujours trouvée moche. Je n'aimais pas ma voix, ma façon de m'exprimer un peu brut m'a toujours agacée. Et je me trouvais grosse. Certainement parce qu'on me trouvait grosse ! Pourtant, si je me penche sur les photos de l'époque, c'était loin d'être la réalité ! Dans les années 1980, si vous dépassiez le 44 vous étiez mise à l'écart comme un légume moche (si tendance dans nos supermarchés aujourd'hui). J'avais des formes, des seins, des hanches, certes, mais je n'étais pas « grosse ». Il y avait très peu de marques de vêtements qui dépassaient le 46, il fallait commander sur le taillissime de La Redoute ou sur les catalogues allemands de vente par correspondance. Le parcours du combattant. L'*oversize* était inconnu au bataillon et le XXL n'existait peut-être qu'aux États-Unis. Avoir des formes dans les années 1980, à la télé ou dans un bureau, était une plaie. Le pire était l'image que la société vous renvoyait tous les jours. Et d'y croire. Aujourd'hui, je suis très en colère lorsque je me revois sur certaines images ou photos. De quoi aurais-je dû avoir honte ? Pourquoi m'imposait-on une batterie de diktats plus fous les uns que les autres pour devenir enfin ce que je n'étais pas et ce que je ne serai jamais : quelqu'un d'autre ! De régime en régime, de privation en humiliation, de complexes en mal-être, j'ai démarré, à cause de tous ces clichés ridicules et cruels, ma vie de femme sur les chapeaux de roues et sur l'autoroute de l'autodestruction.

Un jour, je fus jolie mais je ne le sus jamais.

Cela modela le reste de mon existence.

N'oublions pas non plus que le coup de l'abribus m'arrivait sans prévenir plus que de raison, et je m'imaginais mal faire un métier d'images avec ce handicap. J'ai finalement pris, peu à peu, la forme physique que l'on avait très vite décidé de m'attribuer. Certainement pour ne contrarier personne.

Dans le studio de radio, je me sentais protégée ; cet univers capitonné me donnait le sentiment de ne rien avoir à craindre et c'était tellement important.

Me retrouver sur un plateau, sous les lumières, exposée à la France entière, ne me tentait pas.

La télévision, c'était avant tout pour moi, quelque chose de familial, le journal de 13 heures et de 20 heures, autour du repas, c'était Jacques Martin, le dimanche, les Carpentier, le samedi soir, les « Dossiers de l'écran » avec Alain Jérôme et la musique qui me terrorisait, les speakerines, les dessins animés, *Chapeau melon et bottes de cuir…* L'Eurovision !

J'ai commencé à aimer vraiment certaines émissions lorsqu'elles parlèrent de musique : « Les Enfants du Rock », « Chorus »…

Je trouvais Antoine de Caunes magique.

Mais, à part ça, je restais collée à mon poste de radio en rêvant.

J'ai dû commencer à faire quelques chroniques sur la 5, dans une émission de Tina Kieffer. Si mes souvenirs sont bons, c'est uniquement parce qu'on m'avait entendue à la radio qu'on s'était soudain souvenu de mon nom.

Je ne sais plus du tout si j'ai aimé faire ça, je sais juste que j'ai adoré faire rire le public comme toujours.

Alors, lorsque France Télévisions me contacta pour remplacer Nagui qui quittait « Que le meilleur gagne », j'y vis surtout une échappatoire formidable. Je travaillais alors avec Ruquier sur France Inter et il était question que notre émission arrive sur TF1 en quotidienne.

Je n'y ai jamais cru une seconde (et Laurent arrêta les frais dès la première semaine, cela dit en passant) et, lorsqu'on me proposa de passer le casting pour le jeu de France 2, je m'y suis rendue soulagée, la fleur au fusil, maquillée comme la gagnante de « Drag Race », totalement inconsciente de ce qui m'attendait et ignorante de la manœuvre de la chaîne.

Nagui partait, il avait fait pendant des années le succès de ce jeu, pourquoi lui chercher un ou une remplaçante ? Surtout une complète inconnue ?

Aujourd'hui, après plus de trente ans de métier, je vous dirais que c'est une manœuvre assez répandue de la production et de la chaîne pour supprimer un jeu de manière élégante sans sacrifier un animateur trop connu, qui jamais n'aurait eu la mauvaise idée d'aller se fourrer dans ce guêpier.

Moi, si.

En souriant, en plus !

Inconnue au bataillon, n'ayant jamais pratiqué cette discipline, je découvris avec surprise les dessous du métier d'animateur de jeu, le rythme soutenu des enregistrements, les problèmes de look, les places à respecter, les candidats à interviewer, les gains à rappeler, les angoisses de coiffure, de stylisme, les codes si particuliers, dont j'étais totalement ignorante.

On me confia plus tard que « l'équipe » – qui, précisément ? – avait critiqué mon attitude de « star » – ? – car je n'avais même pas pris la peine d'aller saluer ceux qui travaillaient à l'étage sur le jeu, ceux qui écrivaient les questions.

Je ne savais même pas qu'il y avait des gens dans le bâtiment à l'heure où j'enregistrais ni où ils se trouvaient. Comment aurais-je fait ?

J'étais une bleue qui découvrait la machine de guerre et qui se faisait écorcher vive sans savoir quoi répondre.

Dès le premier mois, je me dis que c'était un vrai métier, certes, pas facile, très technique, mais que la difficulté ne résidait pas dans l'animation, mais dans la gestion de l'entourage.

J'avais tellement de crises d'angoisse, d'attaques de panique, je me trouvais tellement exposée à la lumière et tellement fragile que je tombais régulièrement chez moi le soir, prise de vertiges effrayants, sanglotant sur le sol de la chambre.

Mon compagnon de l'époque dut m'accompagner sur les tournages afin que je puisse bénéficier d'une présence « rassurante » dans les coulisses et éviter les crises. Il ne bossait plus – c'est une constante dans ma vie ça aussi, être trop souvent banque et distributeur de billets, parfois aussi infirmière et psy –, donc ce n'était pas très contraignant de venir ronfler en coulisse.

On m'accusa alors d'être tombée sous la férule d'un « gourou » omniprésent, qui m'aurait dicté ma conduite, rien qu'avec le regard. Je ris en écrivant ça aujourd'hui, mais ces accusations, proférées dans mon dos évidemment, me faisait un mal de chien. Il n'avait rien d'un gourou, à part un crâne chauve comme le dingue qui dirigeait le Mandarom, Il avait juste l'habitude de mes crises de panique et m'empêchait d'avaler le Lexomil comme des tic-tac.

Basta.

Le jeu s'arrêta au bout de trois mois, on me fit savoir que j'étais la raison de cet échec, on me congédia gentiment en me promettant de me rappeler pour réfléchir à d'autres projets (raison souvent invoquée par une chaîne aux journalistes pas dupes quand elle dégage un animateur) et je me retrouvai en PLS à la campagne, avec un prêt immobilier, une maison à retaper, un mec qui ne bossait toujours pas et plus de boulot.

Voilà ma première vraie expérience de la télévision.

Je n'en garde que très peu de souvenirs. Juste une impression tiède de malaise constant, peuplée de gens étranges et fourbes qui ne me disaient jamais rien en face.

Évidemment, je quittai le projet sans faire de vagues, convaincue d'être la responsable absolue de l'arrêt de cette émission, vous commencez à me connaître.

Pourtant c'est aussi à ce moment-là que je découvris la chose la plus délicieuse qui soit dans mon job : le public.

Même si j'avais déjà eu un avant-goût de cet orgasme foudroyant qui est d'entendre une salle de mille personnes rire comme jamais à l'un de vos sketchs dans « Rien à cirer » sur France Inter, je découvrais un public de télévision tout aussi chaleureux et enthousiaste, et qui parvenait à vous porter jusqu'au bout de l'enregistrement.

Ce plaisir addictif de rentrer sur le plateau, de les sentir là, tout près de vous, les écouter vous appeler, chanter, rire... Cette drogue-là, je ne m'en suis jamais lassée.

J'ai su que, d'une manière ou d'une autre, je les retrouverais un jour, je leur plairais peut-être encore dans un autre exercice et, avec un peu de chance, ils m'aimeraient un peu.

Il existe une coutume dont on ne connaît pas exactement les origines, qui se nomme « l'annonce aux abeilles ». Elle consiste à informer les abeilles de la ruche des événements importants de la vie de leur gardien : les naissances, les décès, les mariages ou encore les départs. Si la coutume n'était pas respectée, si les abeilles n'étaient pas mises en deuil, ou informées des changements de la maisonnée, celles-ci risquaient de quitter définitivement la ruche, de ne plus produire de miel, voire de mourir. Le jour du décès d'Élisabeth II, le maître des ruches royales informa les abeilles en frappant sur les ruches, leur annonçant le départ de leur souveraine, les rassurant sur l'arrivée de leur nouveau maître. J'ai toujours aimé cette tradition, et j'ai peut-être imaginé que le public et les abeilles avaient un point commun. Si vous ne leur donnez pas sincèrement un peu de vous, si vous ne les rassurez pas sur le lien qui vous lie à eux, alors ils s'en iront, avec l'amour qu'ils vous ont un instant offert.

Je n'ai jamais été très loquace sur mon métier. Non par désintérêt, mais par manque de souvenirs. Ajoutons à cela mon inénarrable manie de ne vouloir froisser les plumes de personne et de ne pas faire de vagues en avouant le fond de ma pensée.

Sourire végétal, trait d'humour pour détourner l'attention de l'interlocuteur, et le tour est joué. On se défile comme on peut.

Aujourd'hui, je m'en tamponne le coquillard avec une spatule en bois.

Ma carrière est derrière moi, je suis à quelques mois de la retraite et, bientôt, j'irai visiter la France en Flexibus avec ma carte senior, manger de la galette des rois en écoutant les vœux du maire, fouillerai les rayons d'Action à la recherche de mon produit préféré pour désinfecter la machine à laver avec le mode d'emploi en hongrois, irai soigner mes rhumatismes à Gréoux-les-Bains et mes coups de blues à Londres avec ma fille main dans la main.

Que peut-il m'arriver ?

Qu'on me sucre le peu de travail qu'il me reste ?

Qu'on me tape sur les doigts comme une vilaine fille ?

Qu'on me colle un contrôle fiscal ?

Qu'on me reproche de cracher dans la soupe ?

Quelle importance ?

J'aimerais que nous nous arrêtions sur le fameux : « C'est moche de cracher dans la soupe. »

Côté soupe, je ne connais pas celle des autres, mais la mienne, si. Je connais bien la recette et le temps de cuisson et je me sens libre de faire ce que je veux avec la casserole et ce qu'il y a dedans.

Quand c'est vous qui épluchez les légumes, qui les coupez en morceaux, qui assaisonnez la marmite et qui réglez le temps de cuisson, vous avez tous les droits. Quand, en outre, votre soupe se vend à plusieurs millions d'exemplaires tous les soirs et qu'elle plaît, vous êtes absolument, entièrement, totalement, légitime pour cracher dedans, vous en faire un masque hydratant ou la flanquer à la tête de qui bon vous semble.

C'est votre soupe qui fait venir le public à certaines heures et qui appelle les pages de pubs payées à prix d'or à la régie de la chaîne.

Certes, on vous achète votre minestrone un certain prix, mais, croyez-moi, on le revend dix fois plus cher, au prix du consommé de homard à la truffe.

Alors j'avais très envie de prendre cet espace de liberté pour souligner que, si pendant plus de trente ans ma soupe a été bonne, ce n'est pas par l'opération du Saint-Esprit. Mais grâce à la somme de travail qu'il a fallu pour qu'elle ne devienne jamais un bouillon insipide et interchangeable.

Vous aurez compris, à travers ces pages, que tout ne fut pas une promenade de santé, mais c'est un métier que j'ai aimé passionnément.

Je l'ai exercé avec des équipes magnifiques, des gens de talent, des techniciens fabuleux, des réalisateurs de génie, et j'en suis fière. Je l'ai fait sueur au front et sourire aux lèvres.

J'ai connu une époque particulière où, si le public ne validait pas votre présence, vous pouviez vous retrouver dehors en moins de temps qu'il ne faut à Afida Turner pour choisir entre ses trente-sept personnalités différentes le matin au réveil.

Le succès d'estime, ou succès « médiatique », était inconnu au bataillon.

Cartonner en replay ou sur les plateformes encore moins.

C'était plutôt le pied au derrière par la direction après que Médiamétrie avait pondu les audiences le matin à 9 h 01.

« Oui, bonjour, alors tu as fait moins de 23 % de parts de marché, on peut dire que le public n'est pas venu, on arrête, c'est mieux, on te rappelle. »

Et le public avait toujours raison.

Ça donnait des forces pour bosser encore plus dur, choisir les projets avec plus de soin, se poser les bonnes questions et tenter d'être toujours au sommet de son « art ».

Disons, faire son job le mieux possible. Apprendre, tomber, rater et recommencer encore et encore. Regardez les autres, les vrais, les pros, les anciens, les « vieux » faire, s'en inspirer, travailler, rater et recommencer.

Avant que le public ne crie : « On la garde », il pouvait se passer des années.

Un jour, vous étiez prêt, plébiscité et ce sentiment est à nul autre pareil.

Vous aviez gravi les échelons, espéré et enfin vous étiez sur « votre » plateau.

Oui, ce sentiment flatte l'ego, mais il rassure aussi le cœur.

On vous veut, on en redemande, on vous aime.

Rien que pour ça, le jeu valait toutes les angoisses qui ont précédé.

Cet élan d'affection en retour, ces mots qui guérissent, ces simples messages d'amitié, cette possible certitude que vous avez fait du bien à quelques personnes pendant quelques minutes.

Mes propos sont tellement *old school* que j'en suis un peu gênée. Je vous parle audiences, public, talent, exigences, succès, expérience.

Aujourd'hui, tout va plus vite et ce métier a bien changé.

Ça fait vieux con de dire ça, mais c'est vrai.

Et il a changé de tant de manières qu'il faudrait un livre entier pour vous l'expliquer.

Tout a évolué : le public, les candidats, la manière de travailler, les formats d'émissions, les gens à la tête des chaînes et des programmes, ce que l'on attend d'un animateur.

J'ai toujours tenu à faire la différence entre animateur et présentateur. Il y en a une. Si, si !

On peut faire de n'importe qui, ou presque, un « présentateur » – je vous le prouve quand vous voulez, je l'ai déjà fait plusieurs fois. Un peu de training, un prompteur, des textes pas trop moches, une émission enregistrée pour pouvoir couper toutes les bourdes et hésitations, un public préparé par un bon chauffeur de salle – on ne les remercie jamais assez ces magiciens qui passent deux heures à convaincre le public que vous êtes un génie du micro –, ou mieux pas de public du tout, et, magie, vous présentez un nouveau format.

Si vous avez une bonne tête sympa, un sourire engageant et pas de difficultés à lire ce qui défile à deux mètres de vous, vous avez gagné le jackpot. Et je dis bravo, tant mieux pour vous !

Si par-dessus tout cela, il n'y a aucune clause d'audiences (pas d'obligation de résultat), vous pouvez tenir des années avec une émission qui ne sera peut-être pas un carton, mais qui sera assez rentable pour que la production occupe grâce à vous une case dans une grille des programmes.

Où vous a-t-on trouvé ?

Les supports sont de nos jours nombreux, disons qu'à la télé *old school* que j'ai connue les émissions étaient animées, en grande majorité, par des animateurs professionnels. Aujourd'hui, le casting est différent. Elle est ouverte à toute personne ayant à un moment donné un succès médiatique. On remarquera votre potentiel dans un concours, un *talent show*, un débat, une chronique, une téléréalité où vous avez brillé par vos muscles, une vidéo Tiktok ou un sketch qui a fait rire le patron de la chaîne.

Ensuite, on s'occupe de tout, on s'occupe de vous surtout et, abracadabra, vous êtes présentateur télé. Et comme votre profil n'est pas encore bien ancré dans l'esprit du téléspectateur, vous aurez la chance de présenter un bataillon d'émissions diverses et variées sans aucun lien avec votre personnalité.

Finalement, on gagne un temps fou.

C'est peut-être la bonne méthode qui sait.

Pour moi, c'est un peu tard, ça m'a pris plus de temps, mais vous savez quoi : aucun regret ! J'ai aimé chaque instant du voyage et j'ai aimé grandir devant les caméras.

Je ne peux que souhaiter autant de plaisir à tous ceux qui s'engagent dans cette profession.

Animateur, c'est différent.

Dans le mot « animateur », il y a *anima*, qui vient du latin « âme ». On y met donc de l'âme, on incarne ce que l'on présente, on devient le corps, la tête, les jambes de son émission.

Un animateur est difficilement interchangeable. C'est possible, oui, mais ce sera toujours au détriment de l'émission. Il y a apposé sa patte, sa voix, son cœur et son parfum. On ne change pas de parfum comme ça…

L'animateur aime le risque, le public, l'inattendu, la caméra, le danger. Il respire sur un plateau quand d'autres retiennent leur souffle. Il sait qu'il rentre dans la tête du téléspectateur, il mesure l'impact de ses mots.

Il connaît les joies et les aléas du direct, il anticipe la panne technique, la bourde, la chute. Il maîtrise tout ce qui fait le succès d'une émission. Il peut continuer sans prompteur, sans micro, sans lumière, sans invité.

Il a perdu l'habitude de vérifier à quoi il ressemble dans l'écran de son « retour ». Inutile. L'important, c'est de faire de ces quatre-vingt-dix minutes un show, habité, qui lui ressemble.

Il y a du camelot dans l'animateur ! Celui des foires qui fait la démonstration du découpe-concombre en forme de lotus et vous donne l'impression que vous ne pourrez jamais plus vivre sans cet appareil indispensable ! Celui du supermarché, seul sur son podium, qui doit donner envie aux clients déprimés de se jeter sur la promotion chorizo à 4,95 euros pendant toute une journée, sans que personne ne prenne le temps de s'arrêter pour lui dire qu'il fait un job pas fastoche et utile. Celui qui harangue les foules à Hyde Park, juché sur son escabeau, celui qui rabat les clients en plaisantant en plusieurs langues dans les petites rues touristiques de Grèce pour les convaincre de venir s'asseoir à cette table et pas à une autre.

Animateur est un métier où chaque soir on essaye de convaincre le téléspectateur de venir s'asseoir à notre table et pas à celle de la concurrence.

Cette énergie-là, on ne peut que l'optimiser au fil des années. On la porte en nous pour la transmettre. Vous ne pouvez pas faire illusion s'il n'y a rien de tout cela en vous.

Et le public n'est jamais dupe.

La télé, finalement, c'est comme la cuisine. Il y a des émissions qui marchent et d'autres non. Des restaurants qui marchent et d'autres non.

C'est là que Philippe Etchebest entre en piste et vient vérifier pourquoi personne n'entre « Au coq qui fume » à Montauban, alors que le patron croit dur comme fer à sa formule et que le cuisinier pense être Alain Ducasse.

Pourtant, alors qu'ils sont bien placés sur la route de Saint-Jacques de Compostelle (ne cherchez pas, elle ne passe pas par Montauban, c'est juste pour expliquer), pas un seul client ne pousse la porte depuis des jours. Ça a bien marché la première semaine et puis pfft plus personne. *But WHY ?*

Mais comment est-ce possible ?

Pourquoi ces abrutis vont-ils tous déjeuner en face chez le concurrent « Le chat qui ronfle » qui refuse même du monde ?

Etchebest, le Robin des Bois des gratins ratés, jette alors un regard noir alentour, remarque que les lumières sont pourries, que les tables sont trop serrées, que les nappes datent de 1972 et que la serveuse fait la gueule.

Etchebest se dit, car il est pro et se garde bien de tout casser dès la première minute : « Si ça se trouve, c'est bon dans l'assiette ! »

On ne sait jamais...

Mais non, pas de bol, le taboulé, c'est du surgelé, les carottes râpées aussi, le foie gras sent le frigo et la fricassée de grenouilles a le goût d'huile de vidange.

Alors, avec une sorte de colère intérieure étouffée, l'œil noir, tel Jean Valjean dans *Les Misérables*, ou Jean Gabin dans *Le Pacha*, il se lève, jette sa serviette dans son île flottante trop cuite pour flotter et il marche d'un pas décidé vers la cuisine, prêt à en découdre avec le responsable de ce désastre.

J'exagère à peine.

Et c'est là que nous allons retrouver beaucoup de similitude avec notre métier.

Philippe Etchebest serre la main du cuisinier qui transpire, mais qui a annoncé la couleur aux caméras juste avant : « Moi, le chef, je m'en fous, je vais faire tout pareil que d'habitude, c'est pas un mec étoilé qui va venir me dire comment cuire ma ratatouille... »

Bon, devant lui, il la ramène moins. Le chef lui annonce que non seulement la salle est mal éclairée et moche à faire peur, que le vert pomme sur les murs, c'est ni fait ni à faire, que la serveuse mérite des claques, qu'il ne pige pas la présence de ces deux commis en cuisine alors que rien ne rentre dans la caisse, que le résultat dans l'assiette est médiocre et qu'il aimerait donc savoir pourquoi tout le monde s'interroge sur l'absence de clients.

Et c'est souvent à ce moment précis que le cuisinier, se protégeant la tête d'éventuels coups de boule, gémit un truc du genre : « C'est-à-dire que, moi, vous voyez, c'est pas mon métier, hein ? Avant, j'étais chauffeur routier ! Je dépanne le proprio qui a mis toutes ses économies dans l'affaire, il m'a dit : "Gilbert, à la maison, tout le monde adore quand tu fais la raclette", donc j'ai pensé "Vas-y, fonce, ça peut pas être bien compliqué non plus". »

Gros plan sur la tête d'Etchebest qui lève les bras en signe de désespoir et lance : « Ah ben c'est sûr ! Si en plus t'y connais rien, mon gars ! La cuisine, c'est un métier. »

Voilà.

No comment.

Je vous laisse remplacer le champ lexical culinaire par les mots suivants : studio, public, décor, look, émission, audiences, animateur, téléspectateurs (je vous les donne dans le désordre à vous de bosser un peu) et vous réaliserez que les deux mondes sont très similaires. Souvent, un programme repose sur les épaules d'une seule personne, qui pense que cramer des merguez, c'est la même chose que de faire une émulsion de homard à la truffe blanche, sur un parfait de coquilles Saint-Jacques safranées, parfait d'anguille au raifort, pomme granny en granité comme un sorbet.

Mais Etchebest est déjà trop occupé pour venir vérifier la cuisine interne des échecs télévisuels.

Ce n'est jamais un échec de telle ou telle production ! C'est toujours une mauvaise émission de « .... » (écrivez le nom de l'animateur de votre choix). À vous souvent d'assumer l'erreur collégiale.

Et c'est un métier, un vrai, pas si facile qu'il n'y paraît.

Demandez à Philippe Etchebest.

Cut Like a Knife

Il me faut maintenant vous raconter cette aventure, qui a commencé il y a quelques années déjà et qui n'est certainement pas terminée. Je ne peux pas la contourner.

Vous m'avez accompagnée gentiment à mon dernier rendez-vous et reconduit chez moi avec l'épée de la radiothérapie suspendue au-dessus de ma tête.

Il y a une machine de guerre qui porte bien son nom, dans laquelle on vous enfourne la tête la première pour que les gentils rayons gamma coupent symboliquement et silencieusement les tumeurs, les cancers, les gangliomes, les métastases et toutes les saloperies de l'enfer que le karma vous envoie alors que vous n'avez rien demandé, tranquille que vous étiez à regarder « Monk » en grignotant des curlys goût fromage.

« Gamma Knife », c'est son nom. Quand il y a le mot *knife* dans le nom, il vaut mieux se méfier. C'est mon avis. Même si le couteau est invisible, ça veut bien dire ce que ça veut dire. Ça ne rigole pas. Gamma Brosse ou Gamma Peigne, ça fait pas peur pareil. Gamma Knife, c'est le cran au-dessus. C'est juste avant Gamma Kalach…

Je peux vous dire que quand la tumeur se retrouve face à face avec la machine, elle la ramène moins, et vous aussi. C'est l'inconvénient.

J'ai beau me convaincre que c'est le top de la technologie, que l'on arrive à atteindre dans le cerveau des zones auxquelles la chirurgie traditionnelle ne peut accéder, que cela ne nécessite aucune anesthésie générale, aucun découpage de gigot, aucune hospitalisation longue et compliquée, ce couteau *new age* me fait faire des cauchemars.

De toute façon, je n'ai pas le choix.

Il n'y a aucun traitement et il faut absolument empêcher Bobby de grandir, de faire encore plus de dégâts et de se rapprocher des nerfs mixtes et du cerveau.

Dont acte. Rendez-vous pris pour cette journée décisive dans la joie et la bonne humeur.

Et depuis je ne pense plus qu'à ce jour. Tout est rempli de cet emploi du temps étrange, de ces termes particuliers, je suis là mais déjà lointaine, mon abribus se rapproche, les crises deviennent plus fréquentes. La routine. Le « ça va pas être possible » s'inscrit déjà en lettres de feu dans mon ciel malade.

Je hais Bobby et toute sa famille.

Je me nourris de tout ce que je peux trouver sur Internet et sur YouTube, concernant cette procédure indolore et salvatrice.

Des vidéos où l'on voit des mamies joyeuses entrer en chantonnant dans le scanner puis dans l'IRM, un cadre en métal en guise de couvre-chef, puis s'allonger docilement sur la table du Gamma Knife, avant qu'un infirmier pizzaiolo souriant l'enfourne comme une calzone dans l'appareil.

Ça donnerait presque envie de s'y rendre pour le plaisir, un peu comme à Center Parcs pour profiter des nouvelles attractions.

Un neurochirurgien affable, en blouse blanche, explique que la magie opère grâce à des calculs savants, un bon ordinateur et des rayons gamma qui vont cibler le bidule qui vous fait bobo en lui balançant des insultes sous plusieurs angles, dessin à la clé. Impressionnant.

Vous êtes déjà en train de remplir le bulletin d'inscription !

La petite mamie ressort du four à pizza alerte et ravie de ce petit séjour, son couvre-chef en métal toujours bien arrimé, façon scaphandrier ayant rencontré une ligne à haute tension.

L'infirmier rigolo aide le médecin à libérer le cadre de la patiente en chantant « Le Jerk » de Thierry Hazard, on colle deux Tricosteril sur les mini-cicatrices et le tour est joué.

Mamie assure que c'est absolument indolore et, avec un Doliprane, la petite migraine qui couve ne sera ce soir plus qu'un lointain souvenir.

Le résultat est bluffant, tout le monde rentre chez soi le soir même et il faut juste attendre que les rayons agissent là où on leur a demandé de faire leur boulot.

À ce stade, vous êtes déjà devant l'hôpital à taper comme une folle à la porte vitrée pour qu'on vous réserve le premier créneau disponible.

Tout ça pour dire que je me suis bien renseignée.

Aucune place pour l'a-peu-près ou l'inconnu.

L'inconnu, c'est moi. Et mon cerveau.

On en reparlera plus tard.

Le gentil neurochirurgien, bien au courant dès notre premier rendez-vous de mon incapacité à me contrôler en milieu fermé, me prescrit trois sortes d'anxiolytiques à prendre dès le réveil afin de bien arriver totalement abrutie pour l'intervention. Si possible comateuse.

Le pharmacien habituel regarde avec un œil suspicieux cette ordonnance pour grands désespérés de la vie et je me sens un peu obligée de le rassurer. La dose assommerait certes un cheval, mais c'est juste pour que je me tienne tranquille pendant l'examen. Il se permet un timide « Et ben si vous ne dormez pas avec tout ça… » J'y compte bien. Mais, au fond de moi, je sais aussi que je ne prendrai pas tous les comprimés.

Garder le contrôle.

Ne pas dormir.

Ne pas se laisser faire.

Ma tête a toujours fonctionné comme ça. Je ne fais confiance à personne en règle générale, alors défoncée au Xanax encore moins. Vigilance absolue et permanente.

Armée de cette camisole chimique, mon esprit ne cesse pourtant de faire des contorsions douloureuses et je sais bien, au fond de moi, que j'ai besoin d'une main qui tienne la mienne.

Je me remémore alors Julia, cette femme adorable qui était chargée de gérer les patients lors de précédentes hospitalisations.

Ni infirmière ni aide-soignante, mais totalement rompue au quotidien du malade et des médecins, elle dégageait une telle empathie et une telle présence rassurante que je ne sais pas comment mon téléphone composa automatiquement son numéro, alors que je ne l'avais pas vue depuis deux ans.

En deux mots, je lui résume tout : Dieu le Père, Bobby, l'abribus, le serpent, le camion sur ma poitrine, le Gamma Knife, ultime épreuve des poteaux sans Denis Brogniart et sa chemise en jean usée.

« C'est trop, me dit-elle calmement. C'est trop pour une seule personne tout ça. Je viens avec vous, on va traverser ça ensemble. »

Elle me connaît peu mais assez pour savoir que je ne suis qu'une planète d'angoisses autour de laquelle gravitent en permanence des satellites menaçants. Elle est familière avec les protocoles, les procédures, les termes compliqués, l'état de panique et de solitude dans lequel les patients parfois se retrouvent. Elle sait. Elle a, elle aussi, vécu des traumatismes qui laissent des blessures indélébiles.

Je n'ai peur de rien sinon de moi-même.

La douleur, le sang, rien ne m'émeut.

Seul le monde imaginaire que mon cerveau a créé juste pour me rappeler que je ne suis pas libre de mes mouvements me terrorise.

« Nous allons traverser ça ensemble. »

Est-ce que je suis rassurée ? Même pas. Juste embarrassée de lui confier la mission de venir assister à cette déroute. Je manque de courage pour affronter cette épreuve seule encore une fois.

Et nous y voilà.

Le jour J, à l'aube, après avoir vidé toute la bouteille de Bétadine scrub dont l'odeur me retourne l'estomac, après avoir enfilé des vêtements propres (c'est bien marqué sur la feuille de se récurer et surtout de ne pas remettre de T-shirt crasseux), après avoir vomi dix litres d'air de mon estomac vide depuis la veille, la trouille au ventre et l'œil cerné, je la retrouve en bas de chez moi, souriante bien que tout aussi endormie que moi.

On échange quelques mots sur le trajet, jusqu'à l'hôpital endormi, où les guichets sont encore fermés.

7 h 01, on nous demande de prendre un ticket pour les admissions, on nous tend quelques documents à signer et direction le service de chirurgie ambulatoire qui bourdonne déjà comme une ruche. Le personnel est doux et rassurant, et ceci avec tout le monde, je précise, pas le temps de réfléchir ou d'opérer un demi-tour, deux autres patients et moi sommes dirigés vers un vestiaire commun où l'on nous distribue nos tenues de bloc. Je choisis une tenue d'un violet affolant, dix fois trop grande pour moi, car quel que soit mon poids je ne connais jamais ma véritable taille et choisis toujours la plus grande, la culotte en papier glisse sur mes cuisses sous le pantalon que je tiens d'une main. Trop tard pour demander la taille en dessous.

Les autres ont opté pour un bleu discret, je débarque dans la salle enroulée dans dix mètres de sopalin violet, que j'ai sécurisé comme je peux.

« Avez-vous pris un antidouleur ce matin ?

— Ah non, fallait ?

— On va vous donner ça, c'est mieux… » me dit l'infirmière, me collant deux patchs de crème anesthésiante sur le front.

Mieux ? Soudain, je vois s'éloigner le mot « indolore » du programme qui m'attend.

Julia ne commente pas pour le moment, car l'aventure est pour nous deux une totale découverte. J'avale deux Doliprane en grimaçant avec un millimètre d'eau minérale, le but étant de rester l'estomac vide.

Je réalise qu'il y a une énorme différence entre voir un patient se préparer tout pimpant sur YouTube et être le patient qu'on envoie au bloc ce matin.

À 7 h 30, les deux Doliprane encore en phase descente, je vois débouler, souriant mais très concentré, le neurochirurgien qui se charge lui-même de pousser mon brancard tel un caddie de chez Leclerc jusqu'au bloc. Planning serré visiblement, on trace jusqu'à la pièce igloo où l'on me cale en position assise avec un oreiller en marbre de Carrare, qui ne me laisse aucune possibilité de trouver une position confortable.

Je pense à la mamie joyeuse de YouTube et je regrette soudain de n'avoir avalé aucun des calmants prescrits. Je me collerais des gifles.

« Je vais vous poser un cadre en métal, j'ai besoin de vous piquer localement quatre fois, deux fois sur le front, deux fois à l'arrière du crâne pour anesthésier l'endroit où je vais le visser. Vous me dites si ça brûle, OK ? »

Ça pique un peu, c'est une sensation d'anesthésie locale habituelle qui ne me fait pas réagir plus que ça. Les hostilités ont commencé.

J'entends téléphoner dans mon dos pour demander de l'aide. Une infirmière tout sourire arrive sur le champ et me dit : « Bonjour, comment ça va ? Ça va bien se passer. »

« Ne bougez plus, je vais commencer à visser le cadre… »

Ça, je le savais, car l'infirmier au téléphone me l'avait bien expliqué. « Les vis dans le crâne, ça va craquer, serrer un peu, c'est tout à fait normal. Mais rassurez-vous, les vis ne vont pas jusqu'au cerveau ! »

Humour !

Je confirme.

Ça craque comme lorsqu'on écrase un œuf dur, ou des noix, ou une étagère IKEA avec la mauvaise vis.

Le métal ainsi connecté au crâne transmet puissance mille tous les sons annexes.

Quand il serre, j'ai l'impression qu'un bodybuilder sous stéroïdes est en train de m'aplatir la tête entre deux poêles à frire.

J'ai dit : « Ma tête est comme une noisette qui va exploser. »

L'infirmière rit, le médecin m'assure que la sensation d'étau va s'estomper peu à peu.

En dix minutes à peine, je ressemble à Hannibal Lecter. Un cadre épais et lourd en métal tient fiché par quatre points dans ma boîte crânienne, dont deux assez profondément dans la pointe de mes sourcils.

La barre latérale se situe au niveau de ma bouche et la barre arrière m'empêche de basculer ma tête.

Pour être maintenue, je suis très bien maintenue.

C'est une sensation totalement inconnue puisque, jusqu'à ce jour, personne n'avait eu encore la bonne idée de jouer avec ma tête et avec une perceuse-visseuse Bosch en même temps.

Je suppose que j'ai perdu trois centimètres de circonférence crânienne tellement la pression est importante. Je m'attends à tout moment à exploser comme une pastèque bien mûre et faire splouish sur les murs carrelés du bloc !

À mon retour en salle, Julia essaye de cacher son étonnement devant ma nouvelle tête.

Pas le temps de souffler, le programme commence : scanner puis IRM, afin d'avoir la meilleure imagerie possible de Bobby dans ses œuvres.

« Le scanner, ça va aller ? » demande légèrement inquiet le médecin qui espère au fond de lui que je peux au moins lui épargner cette partie de la procédure.

— Je crois oui, soufflé-je à travers ma grille en métal [je dis la vérité, le scanner, c'est rapide et ouvert, pas le temps de laisser ma tête semer la confusion]. »

Alors oui, c'est rapide et ouvert en temps normal, mais pas aujourd'hui. Allongée bien à plat ou presque car la barre de fer à l'arrière de ma tête m'empêche de la poser totalement, on m'injecte d'abord le produit de contraste qui fait chaud tout partout dans le corps.

Ça, c'est fait.

Puis il fait passer ma tête à travers une boîte opaque qui me fait penser au Tupperware dans lequel ma mère rangeait les pâtes alphabet pour la soupe.

Je ne dis rien, mais c'est surprenant.

« C'est pour vérifier les niveaux, me rassure-t-il, ça va pas rester. »

Et, en effet, il l'enlève. On se sent plus légère.

Puis le médecin agrippe le cadre en métal sur ma tête et procède à une étrange tentative de fixation au scanner, comme lorsqu'on accroche la roue de son vélo au cadre ou la caravane à la boule derrière le coffre de la voiture. Je suppose que des choses doivent se clipper à un support, mais j'ai l'impression d'être une pièce de moteur que le garagiste tente désespérément de remettre en place sous le capot d'une vieille Simca.

Ça secoue, ça tire, et j'entends le médecin souffler un « j'y arrive pas » agacé.

Et clac ! Il parvient à me clipper.

Le clac me résonne dans la tête comme les sonneurs de trompe jouant « Guillaume Tell ».

Ma tête est non seulement en cage, compressée, mais maintenant elle tient en lévitation grâce à deux supports métalliques. Je dois ressembler au monstre de Frankenstein avec sa grosse tête et les deux boulons qui dépassent.

Le scanner est fait, on me détache, mais impossible de me tenir droite seule sans tomber en arrière comme un culbuto. Je rejoins mon brancard en marchant penchée en avant, façon bossu de Notre-Dame.

Il faut attendre le passage dans l'IRM, en écoutant les autres patients passer à ma suite l'étape du scanner.

Certains sont calmes, d'autres moins. J'entends le hurlement de peur d'une jeune femme qui supplie qu'on arrête. J'imagine que le passage du Tupperware peut être un vrai traumatisme. Julia et moi faisons semblant d'oublier ce qui se déroule dans la pièce adjacente. Difficile, lorsqu'on assiste à la sortie de cette même jeune femme en sanglots, qu'un infirmier tente de rassurer affectueusement.

Ses pleurs me font mal.

Julia va lui chercher un verre d'eau et la serre dans ses bras.

À ce moment-là, cette femme en blouse bleu sur ce brancard a l'air d'avoir cinq ans. C'est une toute petite fille effrayée. Je sais. Je ne connais que ça. J'ai très souvent cinq ans.

Le médecin arrive vers elle un gobelet et une plaquette de gélules à la main et je comprends qu'il va lui donner ce que j'aurais dû prendre ce matin. C'est plus sûr. Elle avale les comprimés entre deux sanglots.

Je vais désormais l'entendre ronfler toute la journée dans le box à côté du mien. Une chance pour elle.

Pour le moment, je suis extrêmement alerte et à l'affût de tout ce qui se passe. Peut-être trop.

Je vous passe l'IRM rapidement. L'anesthésiste est descendu m'injecter de quoi m'immobiliser le temps de l'examen, Julia a ôté ses chaussures, sa ceinture et ses boucles d'oreilles, tout ce qu'elle avait de métallique, et elle est restée accrochée à ma main pendant tout l'examen.

Je ne sais pas si l'anesthésiste avait décidé d'un programme light ou bien si j'ai commencé à m'habituer à ces shoots, mais je sens tout, j'entends tout, je ressens l'air gelé de la machine qui me glace les os et le bruit effrayant que fait normalement l'appareil est multiplié par cent à cause de ce satané cadre en fer. À chaque séquence, je me prends dans les oreilles, à travers les os du crâne, une alarme incendie qui me fait serrer encore plus fort la main de

Julia quasiment accrochée à mes jambes. Ça n'en finira jamais ! Les trompettes de Jéricho, les cloches de Notre-Dame, une corne de brume, le bagad de Lann-Bihoué.

Je sors de la machine sourde, abrutie, hagarde, encore sous le coup de la mini-anesthésie et je me demande si je récupérerai un jour mon ouïe.

Retour sur le brancard et l'attente.

Le médecin doit faire ses calculs à partir des images collectées afin que la neuroradiologue puisse programmer l'ordinateur qui décidera où frapper, sous quel angle et surtout combien de temps.

C'est cette inconnue que j'ai refusé de conscientiser vraiment avec honnêteté. J'ai voulu ne pas savoir, j'ai exigé que mon cerveau n'imagine pas l'impensable.

Après tous les documentaires que j'ai vus, tout ce que j'ai lu, je ne sais pas pourquoi, mais j'ai totalement et arbitrairement décidé qu'une vingtaine de minutes dans le Gamma Knife seraient largement suffisantes pour sévir.

Quatre minutes dans une IRM étant pour moi le maximum de ce que je peux supporter sans hurler à la mort et arracher tout ce qui est à ma portée, je me suis convaincue que vingt minutes seraient mon record personnel dans l'autre machine. Je décide donc que l'infirmière va m'annoncer en souriant : « On a une bonne nouvelle pour vous ! Ce sera juste une question de dix-huit minutes ! Ça va passer vite. »

J'étais très optimiste et totalement à côté de la plaque.

Je pensais qu'il suffisait d'un petit quart d'heure pour réduire de moitié Bobby.

J'ai senti le vent tourner lorsque j'ai entendu l'infirmière chuchoter quelque chose dans l'oreille de Julia qui, égale à elle-même, conserva son sourire rassurant, comme les hôtesses dans l'avion quand elles remontent l'allée l'air de rien alors que des bips suspicieux se font entendre dans la cabine.

« On va bientôt descendre, ils vont te préparer pour la séance.

— Alors ? Ça va être long ? [Faites que ce soit moins de vingt minutes. Moins de dix-huit, moins de quinze, moins de dix… Cinq minutes, ce serait parfait !]

Silence qui en dit long.

« Un peu, mais on va y arriver.

— Combien ? dis-je, avec l'air d'un mafieux sicilien qui va sévir juste après la réponse.

— Cent dix-huit minutes, lâche-t-elle discrètement en rassemblant nos affaires.

— Dix-huit minutes ? [Ça, en principe, tu peux le faire, me glisse mon cerveau qui est aux abois.]

— Cent dix-huit minutes. Deux heures environ.

— Pardon ? »

J'ai haussé le ton à en réveiller la pauvre dame dans le box près du mien qui ronfle depuis tout à l'heure !

« Laurence : on va y arriver ! On va le faire ! »

Je suis à deux doigts de descendre du brancard, de me dévisser le cadre toute seule avec une cuillère à soupe, et de rentrer chez moi. Les deux heures allongée sans bouger dans le four à pizza, ce sera sans moi. Je préfère que Bobby continue à me pourrir la vie et à grignoter sa place dans ma tête.

Je ne pourrai jamais.

« On va y arriver, j'en suis sûre !

— Nan ! M'en fous, j'irai pas ! » [Le tout avec l'attitude d'une gamine de cinq ans à qui le dentiste demande d'ouvrir la bouche].

C'est évidemment à ce moment précis qu'apparaît le gentil neurochirurgien souriant qui me demande si tout va bien et le regrette aussitôt en voyant mon air mauvais. Bien sûr, le port de la grille de fer directement implantée dans le crâne n'aide pas à la détente.

Je ne dis rien, mais je rumine.

« Vous avez pris un petit quelque chose pour vous détendre ? »

L'infirmière lui confirme qu'elle m'a donné un comprimé une heure avant.

« Mais ça va pas suffire du tout du tout ! Vous allez lui donner un peu plus ! »

Je ne sais pas ce qui me prend, mon côté viking certainement, la Jeanne d'Arc des hôpitaux publics, la Liberté guidant le peuple, Daenerys Targaryen, mère des dragons, briseuse de chaînes, l'Imbrûlée… Enfin, bref, un sursaut d'héroïsme totalement inattendu me fait lancer doctement comme : « Non, merci, ça ira très bien comme ça. »

Je sens bien au moment précis où je lance cette ânerie que je vais le regretter, car je ne suis absolument pas détendue.

Et c'est donc totalement éveillée, fâchée, contrariée, qu'on me roule jusqu'à la fameuse salle où les cent dix-huit minutes de cuisson m'attendent les bras grands ouverts. Tout en traversant les couloirs sur le fauteuil roulant, je me dis que je suis une idiote et que j'aurais mieux fait d'accepter de gober trois Atarax et un Xanax puisque c'était proposé si gentiment.

Maintenant, je suis énervée comme une puce et je sens que l'après-midi va être sportif.

L'équipe est formidable, rien à dire. Gentils, rassurants, ils font tout ce qu'il faut pour que ça se passe bien.

On vous présente d'abord LA MACHINE. La machine, Laurence… Laurence, la machine. Aucune surprise, je l'ai déjà vue dans tant de vidéos que je ne tombe pas des nues.

Je suis assise sur la table, on m'explique avec calme tout ce qui va se passer et qu'on pourra s'arrêter parfois si on a besoin d'aller aux toilettes ou de boire un verre d'eau.

Je n'ose même pas faire d'humour et ajouter « ou rentrer chez soi ».

Ils se donnent un mal de chien pour faire passer la pilule des deux heures. J'ai pas le cœur à leur faire ça. Et puis soudain, je m'en fous.

Mais à un point !

C'est bizarre, mais je m'en fous.

Même lorsque l'infirmier m'explique qu'on va me poser la « couronne » et que je dois rester totalement immobile. Je m'en fous.

Le cadre ne suffit donc pas, il faut à présent fixer la couronne, une sorte de piège à loup en métal qui pèse deux tonnes afin que la tête soit maintenue immobile dans la machine. Je manque de partir en arrière tant ce truc est lourd. Il tire sur le cadre et j'ai les os du crâne qui crient à l'aide.

« On va vous allonger à plat doucement et puis, hop, vous allez nous dire si vous êtes confortable. »

Je m'allonge à plat (chose que je ne fais jamais tant j'ai la phobie de cette position). Je les sens clipper le piège à loup à la machine et là je me dis que ça fait très mal. Je ne suis absolument pas confortable !

Je couine que le cadre me coupe l'arrière de la tête, mais malheureusement ils ne peuvent rien y faire. Si je me détends un peu, ça tirera moins sur mon cou.

Pendant cent dix-huit minutes, vous voulez que je me détende ? J'ai plus la force de rire.

« On va y aller, OK ? Nous, on sort de la pièce et le traitement va commencer. On vous entend, on vous voit, vous pouvez dormir, nous parler et on va vous mettre de la musique si vous voulez ?

— Alors oui, mais pas du classique ! je rétorque, fâchée. [La position du cercueil et la musique classique, on ne peut pas faire plus funéraire.]

— Merci, mon Dieu, me dit l'infirmier, qui doit se taper toute la journée Vivaldi et son orchestre. On va écouter quoi ?

— Ben du rock. Années 1980 si possible et très fort !

— Génial, j'ai une super playlist ! s'enflamme-t-il. On vous laisse, à tout à l'heure !

Je sens le chariot qui part en arrière sans un bruit, très doucement, comme au crématorium. Adieu.

Je suis dans la machine jusqu'à la poitrine.

C'est silencieux.

C'est sombre.

Ça sent rien.

C'est bizarre.

J'ai tellement mal à l'arrière de la tête à cause du cadre qui me coince que je ne pense qu'à ça. J'ai l'impression d'être une geisha qui dort sur un oreiller en bois ou un fakir qui fait la sieste sur la lame d'un couteau.

En même temps, la machine porte bien son nom de « Gamma ». J'imaginais quoi ? Un Dunlopillo confort douillet ?

Je sais que le traitement a commencé car je sens les rotations d'un cylindre autour de moi.

Les rayons gamma sont déjà lancés sur Bobby.

Maintenant, il faut tenir. Deux heures immobile dans cette machine.

OK.

Pause.

Relativisons un instant. La situation n'est pas catastrophique.

Tout ça, finalement, c'est la faute de Lucien (je ne vous avais pas présenté ?), mon cerveau qui donne à tout ce cirque une proportion qui n'a pas lieu d'être. Certains malades doivent subir des séances de cinq heures. Certains arrivent ici en grande détresse, en souffrance, en désespoir de cause parce que, après ça, il n'y a plus rien. Après, il y a la mort tout près qui vous renifle le visage comme un chien affamé.

Et moi je suis indiscutablement égoïste, centrée sur mes peurs et ingrate.

Je suis en colère contre ma propre incapacité à accepter l'instant et à y voir le positif. Je me hais de n'être pas plus reconnaissante et je maudis tout ce qui provoque mes phobies et mes angoisses. Je fais des doigts d'honneur invisibles à Lucien qui, je le sens, commence à faire battre mon cœur plus vite, déclenche les vertiges, et me souffle que je suis enfermée dans une boîte pour un sacré bout de temps. Il espère que je vais demander grâce et supplier qu'on me sorte de là !

Fuck Lucien.

Depuis toujours.

Tout est sa faute, ses mensonges, ses fabrications, ses croyances, ses murmures affreux au moment les moins propices, ses projections atroces de scénarios effrayants alors que rien ne bouge, son machiavélisme, sa violence, sa volonté de s'en prendre à moi et de me faire vivre ou simplement ressentir des choses qui n'existent pas.

Fuck Lucien.

Un jour, un psy bien intentionné a tenté de me glisser une petite explication. Mon cerveau n'est pas mon ennemi et il ne me veut pas de mal (ce qui contredit toutes les lignes précédentes j'en suis consciente).

Il essaye juste de me « placer en PLS » comme après un choc. Il essaye juste de me mettre en sécurité, quand les infos lui arrivent par paquet de douze et qu'il ne peut plus tout analyser correctement.

Il ne sait pas si je suis en danger ou non, alors il préfère déclencher le plan Grand froid pour me mettre à l'abri émotionnellement.

En résumé, Lucien ne serait pas méchant, il ne joue pas contre moi, il a juste du mal à comprendre tout ce qui se passe et son seul but est de me garder vivante.

Lucien ne serait donc pas là pour me gâcher la vie, mais pour me protéger.

Fuck Lucien quand même.

Il n'avait qu'à prévenir ! Ça fait presque soixante ans que j'aimerais lui mettre deux droites et j'apprends avec étonnement qu'on est dans la même équipe.

Pas sûre que toutes ces explications soient très claires, mais c'est ce que j'ai retenu de notre conversation.

Je suis sur le dos et le temps va me paraître long.

Pour museler Lucien, je décide de me concentrer sur la playlist qui démarre en même temps que les rayons.

Je ne suis pas déçue par le choix de l'infirmier. Il aurait voulu le faire exprès, il n'aurait pas pu. Il commence par « Centerfold » du J. Geils Band et je suis projetée des années en arrière dans mon studio de radio, la nuit, quand ce titre me remplissait de bonheur.

Je calcule mentalement le nombre de titres de 3 minutes 30 qu'il me faudra écouter pour remplir ces deux heures.

À peu près 36.

Bon et maintenant ?

Que faire ?

Et si je faisais mon testament ?

C'est vrai, on se pose rarement pour penser sérieusement à ces choses-là dans une journée, n'est-ce pas là l'occasion ? Pour être posée, je suis posée ! À plat, mais posée et déposée.

Tout pour occuper Lucien. Pour qu'il se tienne tranquille.

Pas de chance. Je sèche un peu sur le sujet. Je ne possède rien de valeur, ma petite société a perdu 80 % de son chiffre d'affaires depuis la fin de mon dernier contrat il y a deux ans, je n'ai ni bijoux, ni meubles anciens, ni tableaux, ni investissements.

Je ne vois pas bien ce qu'on peut écrire dans le testament. Évidemment, ça va faire vide.

Ma fille peut mettre à la benne tout ce qu'elle veut et se contenter de conserver un pull en souvenir, ça me va très bien. Je ne suis ni dans les objets que je possède, ni dans les rideaux du salon, encore moins dans mon Airfryer. Ne vous encombrez de rien. Voyagez léger.

Si elle veut conserver mes Reebok jaunes (toujours les mêmes que portait Whoopi Goldberg dans *Jumpin' Jack Flash*) pour les vendre sur eBay, mais qu'elle le fasse.

Le testament, ça m'aura pris à tout casser une minute. C'est bête. J'aurais imaginé plus long…

Ah si ! Il faut absolument que je fasse mentionner quelque part que je ne connais pas Fabien Lecœuvre, et vice versa. Au cas où, après ma disparition, il serait invité sur Cnews pour raconter ma vie, sachez qu'il n'en sait rien. Il ne peut pas non plus prétendre fréquenter TOUT le monde dans ce métier. Il connaît surtout les morts qui ne peuvent pas le contredire.

J'ai déjà prévenu mes amis à ce sujet. Wikipédia me connaît peut-être mieux, même si c'est bourré d'erreurs. Je ne les corrige pas sciemment, ça m'amuse de les laisser en suspens.

Je suis bien avancée. Non, c'est le contraire, ça n'avance pas.

Nik Kershaw attaque « Wouldn't it Be Good » et je gagne quelques secondes de répit. Je tente de remuer légèrement mes jambes qui sortent de la machine et de descendre mes épaules collées à mon cou. Je me sens coincée de partout, les muscles douloureux et raides.

La voix : « Laurence, on vient de passer les quinze premières minutes ! ! Tout va bien pour vous ?

— Bof. [J'ai rien trouvé d'original, alors j'ai dit « bof ». La réalité. Bof.] »

J'entends le cylindre tourner lentement autour de ma tête. La lame du couteau gamma est au travail.

C'est tout ? Seulement quinze minutes ? Flûte.

Je sens que Lucien va s'agacer. Je sens que ma gorge se serre et, dès que je ferme les yeux, ça tourne comme au manège. Quand je les ouvre aussi, d'ailleurs, j'ai le tournis. J'aime pas ça ! J'ai encore une heure et quarante-cinq minutes à tenir et je suis déjà au bout du rouleau.

Vite, penser à quelque chose d'inspirant. Un truc qui marche à chaque fois quand je suis dans une situation désespérée.

Ma fille ! Oui, bien sûr. Je m'accroche à ses yeux, à son odeur, à sa voix hier soir quand elle m'a dit d'un ton très cool la brosse à dents à la main : « Mais écoute-moi, maman, tout va bien se passer, tu es forte alors ça va le faire, OK ? »

OK. Je pense à elle. Hier. À elle, avant-hier. À elle, l'année dernière. Je m'accroche à toutes les images d'amour que son nom me renvoie. Je m'accroche à son pyjama, à son rire, à ses grimaces, à ses câlins, à l'immensité de son amour et du mien. Je m'accroche à tout ce qu'on a dû traverser et à tout ce qui nous rapproche. J'épelle son nom magique dans ma tête. Je me le répète jusqu'à ce que les lettres prennent forme, jusqu'à ce que le W s'envole, jusqu'à l'ivresse.

Pourtant, je me rappelle avoir pleuré quand on m'a annoncé que j'aurais une fille. Je suis honnête. J'ai été submergée en un instant d'une tristesse immense.

Ce n'était même pas la déception de ne pas avoir un garçon, un petit gars en culottes courtes qui sourit comme dans la pub Kinder Surprise, mais plutôt de la peur. Pour elle. Pour plus tard. Pour sa vie.

Je n'ai eu que ces pensées en boucle.

Savoir comment j'allais la guider à travers toutes ces épreuves physiques, morales, qui avaient marqué ma vie de petite fille, d'ado et de femme. Cette forme de violence silencieuse, d'injustice à peine cachée, de combat à mener plus fort, plus loin, plus durement, que les hommes, du non-respect de la parité, du manque de considération, de distances. Comment la protéger de tout ce qui allait lui arriver ? Tout ce qu'elle devrait traverser et encaisser ?

Cela va vous paraître étrange, mais ces pensées ne me quittaient pas. J'avais l'impression, du fait de mon expérience, de mon vécu, que les dangers et les douleurs seraient partout et qu'elle allait devoir se battre pour les surmonter. Et cela me semblait terriblement injuste.

À l'école, elle eut un cours doctement conseillé par l'Éducation nationale sur le corps humain et ses fonctions. Ce soir-là, en rentrant, à l'heure du grand débriefing de sa journée, elle m'apparaît sacrément en colère le manteau toujours sur le dos. Elle raconte qu'elle avait dû écouter avec toute la classe un truc qui parlait de leur corps, et surtout des règles chez les filles.

Je m'étonnai de sa réaction, en lui rappelant que nous avions déjà parlé du corps, des règles, de la différence physique entre garçons et filles… J'avais du mal à saisir pourquoi elle était si fâchée.

« On a dû écouter ça devant les garçons, t'imagines ? » Oui, alors je comprends qu'à neuf ans le partage de ce genre d'informations, avec les mêmes gamins qui vous poussent pour rigoler dans la cour ou ricanent quand vous passez au tableau, ne soit pas chose aisée.

Je ne comprenais toujours pas sa colère jusqu'à ce que, les poings sur les hanches, elle me lance : « On a dû parler des règles des filles ! Des filles ! Que des filles, on a parlé ! Alors qu'eux ben rien du tout ! Ils vont rien avoir ! Pourquoi c'est que les filles et pas eux ? Pourquoi toujours nous ? Mais c'est pas juste ! C'est nul la vie de fille !

— Écoute si ça peut te consoler, eux, ils vont perdre leurs cheveux… »

Elle me regarda, incrédule :

« Maman… On s'en fout des cheveux. Ils mettront des perruques. Pour les filles, c'est pas juste. Je suis pas contente du tout. »

Puis elle se sauva dans sa chambre pour réfléchir, je suppose, aux cinquante prochaines années.

Je crois qu'elle résumait bien ce qui m'avait fait pleurer brièvement. Le « C'est pas juste de naître femme. » Et je n'épiloguerai pas sur tous ces tristes et monstrueux événements qui meurtrissent chaque jour notre actualité à ce sujet. Je pense à celle qui meurt sous les coups de celui qui un jour lui a dit « Je t'aime », à celle qui continue à vivre sous ceux de celui qui lui chuchote « Si je te fais ça, c'est uniquement ta faute », à celle qui ne rentrera jamais chez elle, et qu'on retrouvera meurtrie, souillée et sans vie dans une forêt sombre pour un sourire refusé dans le wagon du RER qu'elle prenait chaque soir. C'est aussi ça la vie des femmes. C'est violent. Un jour, j'ai dû m'enfuir pour ne plus souffrir, pour sortir du cercle des coups et des menaces. Ce fut aussi ça ma vie de femme.

Il a donc fallu que je me prenne à part un moment, pour me dire à l'oreille que sa vie n'était pas la mienne, que son futur n'était pas mon passé et que je pourrai peut-être lui donner assez d'amour, de confiance en elle et de force pour qu'elle vole avec de jolies ailes d'Airbus A380, là où le soleil brille, en distribuant de-ci de-là si nécessaire des manchettes de karatékas à tous ceux qui lui mèneraient la vie dure. Et avec un peu de chance et de discernement, personne ne lui mènerait la vie dure. Elle ne serait pas *frozen* comme sa mère. Elle ne serait pas une proie. Parfois un aigle, toujours une hirondelle, mais pas une proie. Je vous en prie, qu'elle ne soit jamais une proie.

Elle serait libre de ses mots et de ses opinions.

Jamais elle ne souffrirait comme moi du syndrome de l'impuissance acquise, dont j'ai appris l'existence il y a quelques années et qui a répondu à tant de questions.

Un oiseau en cage qui, même la porte ouverte, ne s'envole pas. Ces chevaux qui suivent leur cavalier comme si celui-ci tenait fermement des rennes alors que sa main est vide. Un chien sans chaîne qui ne bouge pas de là où il fut trop longtemps attaché.

Elle saura se sortir des situations qui l'empêchent, elle gardera la main sur sa vie, elle ne sera jamais résignée.

Quand je compris enfin qu'elle ne serait pas moi et que sa vie ne serait pas la mienne, alors je pus respirer à nouveau et attendre sa venue le cœur explosant d'amour.

Dans cette machine, c'est à elle que je pense, ma seule richesse, ma seule raison de vivre.

Son évocation dans cet espace clos m'apaise juste au moment où résonne « The Power of Love » de Frankie Goes to Hollywood !

Je souris à ce clin d'œil de la playlist.

C'est une très belle chanson de mes vingt ans, une musique magnifiée par la voix de Holly Johnson. Je souris aussi car c'est un de ces fameux titres dont on se souvient toujours, lorsqu'on a été vraiment amoureuse dans une vie. Il y a toujours une chanson qui vous fait l'effet de la Delorean de *Back to the Futur* et vous ramène au moment exact où vous l'avez écoutée pour la première fois et dans quelles conditions.

Je n'en dirai pas plus, sinon que c'était un soir d'hiver et que notre deux-pièces atroce, au quatrième sans ascenseur et donnant sur le puits de l'immeuble, me semblait l'endroit le plus romantique et le plus doux du monde.

J'éprouve encore cette tendresse à cet instant, ma tête coincée dans ce tambour de machine à laver, c'est vous dire si c'était bien.

« Et on a fait la moitié du traitement, Laurence ! Bravo !

— Merci », ai-je répondu, encore toute molle de la voix de Holly Johnson.

La moitié, c'est déjà ça. Je suis bien contente d'avoir réussi à endormir Lucien si longtemps. Ça ne va pas durer, je sais, il faut que je l'occupe très vite. Alors je tente une technique assez étrange mais qui fonctionne assez bien si on a du mal à s'endormir. Je me mets à penser à des mots très simples mais qui n'ont aucun rapport les uns avec les autres : biscottes, manivelle, suppositoire, jerricane, porte-avions, baignoire, etc.

Je ne sais pas exactement comment ça marche car j'ai zappé immédiatement l'explication lorsqu'on me l'a donnée, mais ça marche ! Le cerveau n'a plus à connecter les informations les unes aux autres, je suppose, il reçoit des mots qui n'ont aucun sens et ça le met K.-O.

Je résume, bien sûr.

Je me mets donc à égrener ma liste pour enfumer Lucien. Je manque de vocabulaire. La liste est longue et Lucien semble toujours très agacé. Je crains qu'il me fasse faire des choses regrettables.

Vite, vite, trouver un autre sujet de concentration.

Je rame. Je commence à paniquer et puis soudain je me souviens d'elle.

J'ai visionné *The Other Shore,* le documentaire sur son exploit, à de multiples reprises, vu le film adapté de son histoire au moins trois fois si ce n'est plus. *Insubmersible* avec Annette Bening (absolument géniale) et Jodie Foster (fabuleuse comme à son habitude).

Ils racontent le destin incroyable de la nageuse Diana Nyad, qui eut comme rêve de relier Cuba à la Floride à la nage, seule et d'une seule traite évidemment, sinon c'est moins drôle.

Cela lui prit plus de trente ans avant d'accomplir cet exploit et elle dut abandonner de nombreuses fois, ravagée par les piqûres de méduses, ballottée par les courants, à moitié morte de fatigue et de douleur.

Cette femme ne voulut jamais renoncer, ni à trente ans, ni à quarante ans, ni à cinquante, encore moins à soixante, même si de plus jeunes athlètes y renonçaient en plein milieu de parcours, tant l'expérience leur avait semblé impossible.

Je ne suis pas férue de natation en pleine mer, ni sportive et si j'admire de loin toutes ces personnes extraordinaires, je mentirais en vous disant que je suis de très près leur vie et leur carrière.

Mais Diana Nyad et moi, c'est différent. J'étais jeune lorsqu'on parlait déjà de ses records et surtout de ses folles aventures dans les eaux glacées qui entourent Manhattan dont elle avait décidé de braver les dangers. Cette jeune femme, à l'époque, grande, carrée, blonde et d'une bravoure étincelante, me fascinait. On a le même âge, mais pas la même vision du dépassement de soi.

Elle a trouvé en elle la force de se dire, un jour, à la fin de sa carrière de journaliste sportive : « Ce rêve-là, jamais je ne l'abandonnerai, même si je n'ai pas vu un pédiluve depuis vingt ans », suivi de : « Où est donc mon sac de piscine et mon bonnet de bain, je m'y remets tout de suite et à moi Cuba à la nage. »

Ce qui m'a fasciné chez elle et qui résonnait en moi ne concerne pas la performance sportive qui soudain m'aurait tentée. Ne rêvons pas.

C'est surtout la force qu'elle trouve à chaque seconde pour ne pas abandonner quand son cerveau lui dit stop. La voir avancer pendant des jours, des nuits, blessée, brûlée par le sel, le corps meurtri, s'arrêtant à peine pour boire ou avaler un peu de nourriture, retourner à sa nage, le visage plongé vers les ténèbres de l'océan, refusant les soins, refusant surtout d'écouter la voix qui lui dit : « Tu ne peux pas, sois réaliste, arrête-toi, tu n'y arriveras jamais. »

Après moult conférences sur la motivation, elle pense certainement avoir inspiré beaucoup de personnes sur l'importance de tenir à son rêve, de ne pas se dire que c'est trop loin ou trop tard.

Elle ne sait peut-être pas qu'elle a inspiré quelqu'un comme moi, d'une manière un peu spéciale. Moins spectaculaire, moins exotique ou impressionnante. Celle de savoir se détacher de cette voix en haut qui menace de tout arrêter. Et de lui tenir tête, de la mater, et de continuer à puiser au fond de soi la force que l'on croyait avoir perdue.

Un jour, j'aimerais bien le lui dire.

Qui sait.

Un jour, peut-être. Elle doit s'en battre les steaks comme de son premier bain de pieds, mais quand même… Ça me ferait plaisir. Ce serait une belle surprise de la rencontrer.

« Encore 25 minutes ! »

Ah, voilà un beau sujet pour ne plus écouter Lucien… Les surprises !

Je les déteste. Je ne sais pas pourquoi je me mets soudain à penser à ça, là, attachée par la tête à cet appareil.

Peut-être parce qu'avant je me suis mise à penser à mon testament ? Que « testament » signifie souvent « prévoir, funérailles, organisation, musique, dernières volontés… »

Je sais juste que je me fiche de mes funérailles à un point…

Tant que certains de mes ex et certaines de mes connaissances n'ont pas le culot de s'y rendre, tout me va. Ce ne sera plus mon problème. Débrouillez-vous.

Mais les surprises, en revanche, c'est un problème.

Si c'est absolument réussi, inattendu, et que ceux qui l'ont organisée sont tombés pile sur le cadeau, la personne, le lieu, l'événement qui va vous bouleverser pour les jours à venir, alors pourquoi pas.

Mais, non seulement ça ne m'est jamais arrivé, mais l'énergie qu'il a fallu déployer lorsque j'y ai été confrontée pour faire semblant d'aimer m'a littéralement épuisée.

Non, c'est pas le geste qui compte.

Il ne s'agit pas non plus de surprendre l'autre avec un diamant 18 carats, caché dans un tiramisu géant, apporté par George Clooney qui chante « Happy Birthday ».

Il s'agit de connaître tellement bien quelqu'un que vous pourrez contourner sa méfiance et le clouer sur place d'étonnement !

Ça, c'est beau. Et ce n'est pas une question d'argent.

Voilà pourquoi je n'aime pas les surprises. C'est toujours plus ou moins raté ou prévisible.

Et voilà aussi pourquoi vous ne me verrez pas dans toutes ces émissions où l'on fait venir sur le plateau votre beau-frère (qui vit à Pointe-à-Pitre) chantant l'« Ave Maria » en créole, votre ancienne prof de gym qui vous a appris à faire la roue quand vous aviez huit ans, ou votre fils qui, pour l'occasion, a appris « Sapé comme jamais » à la flûte à bec.

Et tout le monde pleure… (C'est fait pour.) Je suis tellement admirative de ceux qui arrivent à se laisser aller à pleurer sur un plateau télé, attrapés par l'émotion du moment, la flûte à bec et l'« Ave Maria ». Vraiment !

Moi, je me méfie. J'ai pas confiance. Derrière, il se cache quoi ?

Je ne saurais même pas vous dire qui j'ai envie de voir resurgir de mon passé là comme ça, alors comment la production pourrait-elle le savoir ?

Bonne question, non ?

Je précise que, dans ces émissions, vos proches sont mis à contribution pour balancer toutes les infos qui seront précieuses à l'élaboration de la surprise. Très important. Les proches et la famille.

Chez moi, c'est très simple, mes parents, mes grands-parents, mes oncles, mes tantes sont décédés depuis longtemps. Ça, c'est fait. Pour que mon père vienne me jouer de la mandoline sur le plateau va falloir vous lever tôt ou faire appel à un bon médium.

Le reste de ma famille réside en Italie, je les vois souvent, ils viennent en vacances chez moi, nos enfants et nous-mêmes nous parlons sur WhatsApp toutes les semaines pour tout et rien, et surtout rien.

Donc, ils ont autre chose à faire que venir depuis leurs montagnes italiennes, via Easy Jet et Beauvais me chanter en chœur « L'Italiano » de Toto Cutugno.

Pas leur genre. Et tu parles d'une surprise.

C'est le problème chez moi.

Je suis une déçue chronique. Ça ne fait pas bon ménage avec les surprises.

J'ai le souvenir d'une conversation avec mon meilleur ami, qui m'avait raconté qu'une de ces émissions l'avait appelé à mon sujet pour qu'il les aide à me concocter LA surprise. Merci d'avoir pensé à moi, c'est gentil.

Mon ami me rapporta qu'on lui cita au téléphone toute une liste de personnes, de numéros ou d'idées auxquels ils avaient pensé pour venir me surprendre.

À chaque idée que la productrice mentionnait, mon ami répondait soit par « ouhla non », « ah je crois pas », « très mauvaise idée », « elle va pas aimer » ou encore « bof ».

À bout d'arguments, la productrice raccrocha et deux jours plus tard mon ami reçut un SMS de remerciements fournis pour son aide précieuse, suivi d'un : « Nous nous apercevons que la construction de l'émission sera certainement trop compliquée et nous préférons renoncer. »

On en rit encore.

L'idée de m'inviter me suffit amplement.

Ce n'est vraiment pas grave.

Là, tout de suite, dans l'instant, si je devais me construire moi-même une émission-surprise idéale, je ne saurais pas quoi m'offrir… Vous imaginez la difficulté pour autrui ?

Sauf éventuellement, si vous avez le numéro de Bruce Springsteen – évidemment pour lui, je pleure, voire je perds connaissance –, du docteur Jane Goodall – cette femme spécialiste des chimpanzés qui leur a dédié sa vie –, de Diana Nyad – voir plus haut –, ou de Kelsey Grammer (*Frasier,* la meilleure série) ou Tony Shalhoub (*Monk,* la série la plus géniale de tous les temps). Oui, alors peut-être là… Je dis peut-être. Et encore…

Les déçus chroniques se laissent rarement charmer par l'inattendu, ce n'est pas dans leur ADN. Il nous faut tout contrôler, aux aguets vingt-quatre heures sur vingt-quatre, parce que l'hypervigilance c'est tout ce que nous connaissons pour protéger nos émotions depuis toujours. Alors les surprises, ça vient nous mettre un bazar dans la tête.

Il vaut mieux éviter.

Idem pour les compliments. Trop compliqués à accepter. Humble ? Certainement, mais pas seulement. Les compliments, c'est agréable quand on arrive à les croire. Sinon, on est envahi par un sentiment étrange de ne pas savoir quoi faire de ce cadeau soudain. On reste là, empesé comme une vieille chemise amidonnée, embarrassé de ce présent. On dit « Merci, comme c'est gentil, fallait pas », et on ajoute des fioritures superflues « C'est un travail d'équipe, je n'y suis pour rien, j'ai pas fait exprès… »

J'ai le souvenir assez drôle d'avoir été réveillée un matin par Étienne Mougeotte à 9 h 02 (l'heure à laquelle tombent les audiences) pour me féliciter de sa voix si particulière pour le score du premier épisode de la « Première compagnie » ou de *Mademoiselle Joubert* – c'est vous dire si je ne me souviens plus… Je l'entends me dire : « Bravo Laurence ! Plus de 9 millions de téléspectateurs, c'est magnifique ! » J'ai dit « Merci, c'est gentil », enfin la phrase habituelle, et j'ai raccroché. J'ai tiré sur la couette dans la perspective de me rendormir en ce dimanche matin, pas plus impressionnée ni fière que ça. Et puis le téléphone a sonné à nouveau : « Je me suis trompé, c'est plus de 10 millions de téléspectateurs ! Bravo, génial, magnifique, etc. » J'ai remercié Étienne, « Ah oui quand même alors génial », ou une platitude pour me sortir de ces félicitations envahissantes, j'ai raccroché, et je me suis rendormie. L'excitation issue de cet incroyable score ne m'a pas tenue éveillée ce matin-là. Je ne me suis jamais sentie responsable de ces victoires. Je ne me suis jamais réjouie, je ne les ai jamais fêtées, je n'ai jamais communiqué d'une manière ou d'une autre sur ce sujet, car il aurait fallu que, d'abord, au fond de moi, j'ai le sentiment de les avoir méritées. Ce qui ne fut jamais le cas. Peut-être parce que j'ai été élevée dans la méfiance du compliment, de ce qu'il pouvait révéler de faux, ou de ce qu'il impliquait de louche. Inconsciemment, j'ai appris ma leçon : il faut toujours douter de tout et de tout le monde et ne jamais s'imaginer finalement que 10 millions de personnes viennent vous voir juste parce qu'elles vous aiment.

J'ai passé les dix minutes suivantes à remuer comme un asticot pour essayer de soulager mes lombaires, à tenter de me souvenir des paroles de « Easy Lover » de Phil Collins et Phil Bailey et à me retenir d'éternuer de peur de faire exploser la machine ou de faire sauter les écrous qui tiennent ma tête.

Il y a eu une sonnerie, comme lorsque la barquette dans le micro-ondes est prête, et je suis sortie du four tout doucement sur le chariot automatique.

Cuite, rincée, coincée du dos et la cervelle ravagée par le tsunami de pensées qui l'avait traversé depuis deux heures.

On m'a aidée à me relever comme un astronaute qui vient de revenir sur terre (tellement j'avais le bas du dos momifié par la position sur la table), on m'a déboulonné le casque et j'ai eu l'impression que c'était pire que lorsqu'on me l'avait posé le matin même, j'ai saigné des sourcils (pendant toute la soirée et la nuit) malgré les pansements qui me donnaient l'air fâché de Rocky Balboa, et puis je suis rentrée chez moi. Debout mais sonnée.

Je dirais que ce fut pour le moins une journée intéressante.

Si un jour on me pose la question.

Dancing in the Moonlight

« Pardonner est preuve de sagesse.
Oublier, de génie ! »

Je vous ai laissé il y a quelques chapitres dans les méandres de ma nuit radiophonique, heureuse d'avoir rencontré ce métier, cette passion qui allait me nourrir l'âme pendant plus de quarante ans. Et je vous retrouve ici, après tant de nuits passées au micro. Bien sûr, j'ai changé de boutique un jour, pour atterrir je ne sais comment dans une des plus belles maisons de l'époque, en 1986, rue Bayard, près de l'avenue Montaigne et des Champs-Élysées.

Avant cette entrée par la petite porte dans cette grande radio mythique, je n'avais pas fait que sustenter l'auditeur de la FM de Vélizy à l'heure où tout le monde dort, ou presque. Non, j'ai eu la chance de pouvoir y animer d'autres émissions, dont une sponsorisée par une marque de chewing-gum (dont le concept, je le sais aujourd'hui, avait été subtilisé avec grâce et discrétion à un des animateurs de la station, qui n'avait pas voulu perdre sa place en criant au vol, à l'assassin et qui, comme beaucoup d'entre nous, avait préféré continuer à passer sa musique plutôt que de se fâcher avec la direction). Je ne savais rien de tout ça à l'époque et on me demanda de présenter cette heure hebdomadaire sur la musique américaine, avec, en bonus, un voyage à Los Angeles tous frais payé, avec le boss en personne.

J'aurais bien sauté de joie quand il m'annonça la nouvelle, quinze jours à L.A. à rencontrer les stars et vivre la « californienne life » selon ses dires. Hélas, il se trouvait que, deux mois plus tôt, j'avais eu un accident de ski qui m'avait ravagé le ménisque et coupé net à la machette les ligaments croisés. Je déambulais donc avec des béquilles et la danse de la joie n'était pas au programme.

Je m'embarquai donc dans cette aventure avec le patron, clopinant derrière lui avec déférence, n'osant pas demander quel serait notre programme là-bas ni où nous allions dormir. Je ne savais rien.

Dès l'embarquement, je le vis parlementer avec la cheffe de cabine et lui montrer mes béquilles. Nous étions supposés voyager en business – grâce à un échange de bons procédés –, ce que je trouvais déjà le summum du luxe.

La cheffe de cabine disparut un court instant, puis revint nous chercher en nous disant qu'il restait deux places libres en première et que j'y serais bien plus à l'aise avec ma jambe raide.

Los Angeles en première classe ! J'étais aux anges, même si je n'étais pas très à l'aise à l'idée de faire le voyage à cinq centimètres de mon patron et de m'endormir en bavant pendant la moitié du vol. Mais je ne garde aucun mauvais souvenir de ce vol, ni aucun souvenir du tout pour vous dire la vérité.

Je me souviens juste de notre arrivée à L.A. en pleine nuit et de notre transfert vers une des nombreuses agences de location de voitures de l'aéroport. Il m'apprit que Budget était la moins chère et que nous louerions donc un véhicule dans cette agence. Quelle était la marque de la voiture ? Aucune idée. Probablement la moins chère. Rien n'avait été réservé, rien booké à l'avance.

La traversée de Los Angeles de nuit était toujours aussi magique, j'en avais gardé des souvenirs émus, car ce fut le premier grand voyage que je fis avec mon grand-père lorsque j'avais 11 ans. Cela avait un peu changé en dix ans mais je reconnaissais Hollywood Boulevard, Tower Records et le panneau Beverly Hills. Il arrêta la voiture devant un hôtel sublime. Peut-être le Wiltshire ou un autre palace et me demanda de l'attendre dans la voiture pendant qu'il allait prendre les chambres.

Je restai là devant ce magnifique bâtiment illuminé, à me dire que dans quelques minutes je pourrais allonger ma jambe sur le grand lit d'une très belle chambre et ranger mes béquilles pour la nuit.

Cinq minutes n'étaient pas écoulées que je le vis ressortir du bâtiment et je fus soulagée de la rapidité avec laquelle il avait réglé notre arrivée dans ce palace.

Mais, au lieu de sortir nos valises, il se remit au volant et redémarra la voiture d'un air agacé. J'osais une question : « On ne reste pas ici ? »

Là s'ensuivit un méli-mélo d'explications plus confuses les unes que les autres, de critiques acerbes sur le management de cet hôtel qui aurait égaré ses courriers et leurs échanges commerciaux. Pour vous la faire courte, je pense que l'idée avait été de tenter d'obtenir, depuis Paris, deux chambres gratuites dans ce palace qui n'en avait absolument rien à battre de la publicité qu'une radio de banlieue parisienne aurait pu lui faire.

Ambiance tendue dans la voiture.

C'est ainsi que nous avons débarqué en grande pompe, sur Sunset Boulevard, à deux heures du matin, dans le motel le plus miteux de la partie la plus mal famée du boulevard. Le motel était tenu par un colosse tatoué, vétéran du Vietnam, qui devait se demander ce que deux touristes français venaient faire dans son bouge.

Il nous donna la clé de nos chambres.

La première se situait au rez-de-chaussée, la seconde au premier, et on y accédait par un escalier extérieur en fer. Par un souci de chevalerie à la française, il me laissa la chambre à l'étage.

Je grimpai donc les marches métalliques avec mes béquilles, mon genou décédé et ma grosse valise.

La clé était superflue puisque la porte était en fromage blanc et les murs en crêpe dentelle. Il suffisait d'appuyer son épaule sur la porte pour qu'elle s'ouvre d'elle-même.

La chambre de motel par essence, que toutes les séries policières américaines nous auraient enviée. Une odeur de désinfectant à couper le souffle, un couvre-lit marron, une bible et des gobelets en papier. Il ne manquait plus que la silhouette d'un cadavre tracée à la craie sur la moquette tachée pour égayer le tout.

Assise sur le lit, je me dis que les quinze jours dans ce palace allaient être très longs.

Je vous fais l'économie de la première nuit, car j'ai dû m'écrouler tout habillée sur le couvre-lit, le petit-déjeuner certainement pris au distributeur du motel et toujours aucune perspective de plans pour les jours à venir.

Je n'osais rien questionner et surtout pas les raisons de notre séjour dans cet endroit glauque et peu central.

Depuis Paris, je travaillais sur ce format avec Laura, une journaliste de Los Angeles, qui était chargée de me donner des infos, des scoops, et des sons qu'elle postait via FedEx toutes les semaines. Je ne l'avais jamais vue et j'avais hâte de faire sa connaissance. J'imaginais que nous allions lui donner rendez-vous dans un bel endroit pour déjeuner afin de fêter notre première rencontre.

Elle fut convoquée dans notre motel et je n'oublierai jamais sa tête lorsqu'elle sortit de sa voiture et comprit que oui, tout à fait, nous avions posé nos valises dans cet endroit très particulier. Je lus sur son visage l'étonnement et peut-être la trouille de se faire agresser là, sur le parking, entre deux poubelles.

L'entrevue eut lieu dans la chambre du patron, nous assis sur le lit, elle sur une chaise, se demandant probablement ce qu'elle faisait là et qui étaient ces Français soi-disant issus de la plus célèbre radio de France qui la fixaient depuis le couvre-lit mité.

À l'époque, mon niveau d'anglais était plus que discutable et j'essayais de capter au mieux quelques bribes de la conversation, tout en cachant ma gêne de la recevoir ainsi.

Elle accepta sa mission pour les quinze prochains jours : m'obtenir le plus de rendez-vous possible avec d'éventuelles stars de la chanson que j'aurais la joie d'interviewer pour l'émission. Elle prit des notes, me dit « à très vite » et se sauva vers sa voiture pour démarrer sur les chapeaux de roues.

Ensuite, c'est le grand flou.

Je me souviens que la passion fantasmée que le patron entretenait avec la Californie nous entraîna dans le bar à hot-dogs le plus connu du coin, dans un *diner* pour touristes et dans tous les autres lieux clichés dont il fallait que je dicte l'itinéraire, une grande carte ouverte sur les genoux, à l'homme qui conduisait tout en répétant que j'étais nulle pour le guidage. Un plan de Paris me semblait déjà un jeu de piste, alors une carte de Los Angeles, je vous laisse imaginer.

Je crois que pendant trois ou quatre jours j'assistai à des rendez-vous auxquels je ne comprenais rien, à part le fait qu'ils étaient profitables au business de mon compagnon de voyage, je rentrais dans ma chambre d'hôtel en dérangeant parfois un type endormi devant ma porte, drogué ou abruti d'alcool. Je n'avais pas peur en me couchant dans cette chambre miteuse, le soir, mais je me demandais sincèrement ce que nous faisions là et comment j'allais pouvoir travailler.

Un matin, comme par magie, se joignit à notre équipage une fille très belle et très étrange qui n'avait pas inventé l'eau tiède. D'où sortait-elle ? Je compris, sans poser trop de questions, qu'elle était une amie d'un ami de mon boss et qu'elle se devait d'être accompagnée pendant son séjour à Los Angeles. Je gobai cette explication. C'était une Américaine très grande et très américaine, dotée de dents et de cheveux absolument parfaits. Je ne comprenais que la moitié de ce qu'elle racontait, mais je saisis quand même qu'elle avait comme ambition d'aller à Tampa en Floride. Après… Après quoi ? Aucune idée.

Elle se mit à nous suivre partout, à nos rendez-vous, à nos déjeuners, et j'étais bien trop préoccupée à l'idée d'avoir assez de temps pour revenir avec de belles interviews et éviter de me faire enguirlander quand je guidais mal, ou quand je ne rangeais pas assez vite dans mon sac les cartes de visite de nos interlocuteurs, ce qui ne faisait pas très professionnel. Le soir, j'utilisais le téléphone fixe de ma chambre pour joindre mon petit ami de l'époque et mes parents, en passant sous silence la folle ambiance. Je tentais de me convaincre qu'être à Los Angeles, même dans la portion la plus glauque de Sunset Boulevard, c'était toujours la Californie, et que ça n'avait pas de prix. Même si une grande potiche qui devait rejoindre Tampa nous collait aux basques en souriant bêtement et en parlant très vite, ce qui me perdait totalement au niveau de la conversation.

Le cinquième ou sixième jour, je me levai tôt à cause du jet-lag, et après avoir grignoté un paquet de cookies, j'attendis patiemment les « ordres » pour la journée.

Mais rien n'arriva. Je téléphonai dans la chambre du boss. Aucune réponse.

J'attrapai mes béquilles et crapahutai en claudiquant jusqu'à la chambre au rez-de-chaussée. Personne.

Par acquit de conscience, je passais à la réception demander au colosse tatoué si le monsieur était sorti ce matin. Très gentil, il m'appela *darling* et avec un sourire un peu gêné m'annonça que la personne était partie aux aurores, qu'il avait réglé ma chambre pour le reste du séjour et qu'il n'avait, en revanche, pas réglé ma note de téléphone. L'ancien sniper me glissa la note sur le comptoir et je faillis m'évanouir. À l'époque, il n'y avait pas de forfait à l'international et mes appels à papa, maman et à mon chéri se montaient à une somme qui représentait à peu près tout ce qu'il me restait en poche. Les cartes de crédit n'étaient pas légion en 1985 et j'avais sur moi juste de quoi rapporter quelques cadeaux à mes proches. Je restai pétrifiée, et le grand monsieur tenta de me réconforter comme il put : « C'est pas un coin pour une fille toute seule, *darling*, il faudrait mieux ne pas rester ici si tu peux, c'est plein de gens très bizarres, surtout quand on a des béquilles ! »

Merci, c'est gentil.

Je boitai vers ma chambre, encore assommée par la nouvelle, en me demandant si tout cela n'était pas une vaste blague. Comment aurait-on pu me laisser seule à Los Angeles sans un rond, sans voiture et handicapée ?

J'eus la bonne idée de claquer le peu d'argent qui me restait pour laisser un message sur le répondeur de Laura, lui annonçant le changement de situation. Elle savait peut-être pourquoi ce monsieur m'avait planté là.

La grande Américaine qui rêvait d'aller à Tampa arriva sur ses entrefaites, très contrariée d'apprendre qu'elle se retrouvait également seule dans ce coin paumé sans voiture et sans personne pour l'inviter à dîner. Elle était le cadet de mes soucis et, voyant que je ne lui serai d'aucune aide à Los Angeles, elle mentionna un certain « Jean-Pierre » qu'elle allait appeler pour pouvoir trouver un vol pour Tampa.

Je n'osai pas lui demander si ce brave Jean-Pierre pourrait aussi me trouver un vol pour Paris, elle disparut de ma chambre et je ne la revis jamais.

Incroyable, mais vrai.

Je restai une petite heure à réfléchir à ce que le type de la réception m'avait dit, mais je ne savais absolument pas comment faire pour me transporter sans argent, à pied, handicapée, jusqu'à un coin plus sûr de cette ville.

Mon téléphone sonna. Laura me demanda de faire ma valise et me donna rendez-vous pour dans une heure. Je rangeai mes trois sweat-shirts dans ma Samsonite toute neuve, achetée pour l'occasion, et j'attendis son arrivée. Elle débarqua à l'heure dite, extrêmement contrariée de la situation, posant mille questions sur le départ soudain de mon acolyte. Elle n'en savait pas plus que moi, mais je compris qu'elle trouvait la démarche assez cavalière !

Elle m'aida à descendre ma valise, que j'installai dans sa mini-voiture très vintage, confuse, gênée de la déranger dans son planning, ayant l'impression d'être une gamine perdue dans un supermarché qui attend sa maman à la caisse centrale.

Elle me parla d'un motel beaucoup plus *safe* que celui-là, me dit qu'on irait le soir même, mais qu'elle avait des rendez-vous aujourd'hui si ça ne me dérangeait pas de la suivre.

Tout plutôt que de rester là !

Je me fis toute petite et discrète durant cette journée : j'étais inquiète et peu fière de la coller ainsi, je tâchais de boiter le moins possible, en cachant les béquilles derrière ma chaise ou mon fauteuil. Je me souviens juste de la gentillesse des gens, de leur sollicitude, de ces grands bureaux où l'on m'installait confortablement avec une bouteille d'Evian ou un Perrier, luxe absolu pour l'Américain branché à l'époque, du *coffee*, encore du *coffee* et toujours du *coffee*.

On s'inquiétait de ma jambe, on faisait semblant de comprendre mon anglais d'Oxford très chaotique en souriant.

En fin de matinée, Laura avait un rendez-vous avec un producteur très important de la FM californienne (à l'époque, ces médias étaient choyés et respectés par les journalistes et les artistes comme des dieux). Je saisis qu'elle lui faisait part de ma situation en chuchotant. Le producteur cita clairement le nom de mon patron qu'il connaissait, leva les yeux au ciel et secoua la tête d'un air navré.

S'ensuivit entre eux une brève conversation hors de ma portée et Laura revint vers moi pour me dire qu'il y avait un changement de planning !

« Ah bon ?

— Oui, je t'emmène chez lui ! »

J'étais un peu inquiète. Je ne le connaissais pas, je me demandais comment j'allais pouvoir travailler et me déplacer, et surtout comment j'allais me nourrir avec le peu d'argent qui me restait en poche. Et pourquoi cet élan de générosité si soudain ?

Démarrage en trombe dans la mini de Laura, ma Samsonite et mes béquilles dans le coffre, on quitta le centre-ville, les tours, la circulation et je découvris trente minutes plus tard les collines de Los Angeles avec une vue à couper le souffle !

Il habitait là, ce monsieur ?

Laura s'arrêta devant une très belle maison dans les hauteurs, à laquelle menait une grande allée bordée de fleurs et de voitures de luxe. Une sorte de Dallas californien, mais d'assez bon goût. Elle m'aida à sortir de la voiture et une femme très gentille nous accueillit. Elle avait été visiblement informée de la situation et elle savait que je ne comprenais pas grand-chose à ce qui m'arrivait. Je l'entendis à son tour citer le nom de mon patron et le traiter d'abruti, puis elle promit à Laura qu'elle allait s'occuper de moi !

Ah bon ?

Laura me dit qu'elle viendrait me chercher dès le lendemain car elle avait réussi à boucler des rendez-vous pour mes interviews et que je n'avais plus de souci à me faire pour le séjour !

Ah bon ?

Une employée de maison adorable monta ma valise à l'étage, m'installa dans le bureau du maître de maison où un grand lit double m'attendait, surmonté d'un tas d'oreillers et d'un énorme duvet Ralph Lauren (c'est de là je crois que me vient cette obsession pour les duvets de la marque). Elle me montra la salle de bains attenante au bureau, le distributeur de gobelets en papier pour le brossage des dents, la télécommande de la télé, de la box du câble, de l'air conditionné et des volets roulants. Je tentais de tout retenir en balançant des « *Thank you* » à tout va !

J'étais perplexe.

Quelques heures auparavant, j'étais seule dans un motel pourri et je me retrouvais soudainement dans un palais des collines de Los Angeles.

Elle me laissa m'installer et me dit qu'elle me préparait quelque chose à manger et que mon hôtesse m'attendait sur la terrasse.

Ah bon ?

Ah bon.

J'ai posé ma valise dans un coin, je me suis recoiffée, lavé les mains dans la jolie salle de bains, puis j'ai boitillé dans l'escalier, traversé l'immense cuisine, la salle à manger et j'ai atterri sur la terrasse jouxtant la piscine où en effet madame m'attendait, entourée d'amies qui l'avaient rejointe pour le déjeuner. On m'accueillit avec des « *Welcome, Laurence* » pleins de joie, on sanglota de concert sur ma jambe de bois, on me posa mille questions sur le pourquoi du comment, et une fois que j'eus tout raconté tant bien que mal et remercié chaudement pour cet accueil digne du meilleur palace monégasque, on me laissa heureusement tranquille. Je savourais la vue, je sirotais un Coca light avec deux kilos de glaçons, j'écoutais leurs conversations de femmes nanties mais *so* sympas de Beverly Hills, en me disant que la vie était pleine de surprises et que j'avais, toutefois, toujours envie de casser la figure à celui qui m'avait planté là comme une bouse.

Ces gens charmants, dont j'ai totalement zappé le nom, ont pris soin de moi comme si j'étais leur fille. Ils avaient déjà une fille, très sympa, un peu ronde, qui devait avoir seize ans. Elle me confia qu'elle souffrait beaucoup d'être « grosse » et que c'était très mal vu dans le monde de ses parents. Je tentais de la rassurer sur son physique, mais rien à faire. Elle avait ordre de maigrir coûte que coûte. Tout au long de mon séjour, je la vis donc manger des œufs durs, peser sa salade verte, avaler les immondes nouveautés Slim Fast qui n'étaient pas encore arrivées en France et qu'elle me fit goûter. Je partageais ses cours particuliers quotidiens de sport, avec un coach absolument sublime, qui arrivait en Ferrari, et dont le charme et le sourire nous rendaient toutes les deux totalement idiotes pendant toute la leçon.

Ils ne me cachèrent pas aux invités pendant les dîners qu'ils organisaient dans cette sublime maison, et ils décidèrent de m'emmener absolument partout où ils allaient. Ils me firent goûter à mes premiers sushis. Le sushi, c'était le steak frites du riche Californien. Si vous sortiez, vous sortiez « sushis ». Et ils sortaient beaucoup.

Le sushi se dégustait dans de vrais restaurants japonais, adoubés par les critiques culinaires, dans lesquels on pénétrait en passant sous un calicot qui flottait au vent. Alors, autour de la grande table, les parents commandaient le plateau impérial, qui arrivait servi dans une sorte d'énorme branche d'arbre creusée où paradaient, comme de fiers soldats, toutes sortes de makis, sushis, sashimis et california rolls fraîchement préparés !

Petit aparté : j'ai appris il y a peu que c'est le gourou de la fameuse secte Moon – celle qui mariait des milliers de couples qui ne s'étaient vus que cinq minutes avant dans un stade – qui introduisit la mode du sushi aux États-Unis… Étonnant, non ?

Je salive en écrivant ce paragraphe aujourd'hui, mais à l'époque, c'était une souffrance. Je n'avais jamais mangé de poisson cru, d'algues, de gingembre ou de wasabi. Chaque bouchée était une torture et ne voulant pas vexer mes hôtes qui se régalaient, je gobais tout rond un pauvre maki en essayant d'oublier ce goût nouveau d'iode, réprimant une nausée qui me faisait monter les larmes aux yeux, noyant l'arrière-goût dans une grande lampée de Coca.

Je crevais de faim au moment de l'addition, mais je n'arrivais pas à avaler ces choses gluantes. Comme je n'avais manifesté aucune objection, ils pensaient me faire plaisir et m'emmenaient dès qu'ils le pouvaient dans les meilleurs japonais de Los Angeles. J'étais au bord de la dépression, mais je tenais bon et faisais bonne figure en poussant des cris de joie quand arrivaient les commandes.

Au bout de la quatrième fois, j'osais évoquer, du mieux que mon anglais me le permettait, mon manque d'enthousiasme face à cette toute nouvelle cuisine. J'expliquais que le cru n'était pas ma tasse de thé, personne n'en prit ombrage et, de toute façon, nous étions invités ce soir-là à un grand dîner réunissant toutes les radios de Los Angeles dans un fabuleux restaurant thaïlandais ! On m'assura que tout y serait cuit !

Je remerciai le ciel pour cette nouvelle et je comptais bien manger le menu et la nappe pour me rattraper.

Le dîner était impressionnant dans tous les sens du terme. La salle, les décorations ; les gens présents. Animateurs, producteurs, chanteurs de rock, musiciens. J'entrevis un instant ce que la radio représentait dans une ville comme Los Angeles et cela me confortait dans mon choix de carrière !

Et il n'y avait pas de sushis ! On nous servit pour commencer un bouillon thaïlandais qui fleurait bon la coco, et sur lequel je me précipitai. À la troisième cuillère, je m'aventurai à attraper avec le bouillon les herbes aromatiques qui lui donnaient sa jolie couleur verte.

Au bout de deux minutes à peine, je crus ma dernière heure arrivée. J'avais juste croqué dans un morceau de persil et soudain ma tête entière avait pris feu.

Mon voisin de table me voyant écarlate et manquant d'air, m'indiqua qu'il ne valait mieux pas croquer dans le piment !

Trop tard.

Je ne sentais plus mes lèvres, ma langue, mes amygdales, et ma gorge était passée au lance-flammes. Je m'excusai aussi discrètement que possible, claudiquant avec mes béquilles jusqu'aux toilettes, où je me précipitais pour mettre ma tête sous le robinet d'eau froide, sans aucun ménagement pour mon maquillage. Une invitée qui m'aperçut dans cette position me demanda si j'avais besoin d'aide et, devant mon pouce levé, partit à la recherche d'un membre du personnel. J'étais en apnée, essayant de refroidir la brûlure dans ma bouche et je n'avais plus aucune dignité !

Un serveur qui devait être habitué à ce genre de mésaventure arriva avec une grande assiette remplie de sel et me supplia d'arrêter de boire, ce qui empirait les choses !

Une fois que je fus calmée, il me demanda de plonger ma bouche dans le sel et de la garder ainsi quelques minutes. Je sentis le feu diminuer peu à peu, mais je restais totalement anéantie par le piment de la mort !

Je retournai à ma place, le visage ravagé par l'incident, écarlate, ma bouche avait doublé de volume, mon mascara coulait sur mes joues, j'avais du sel et de l'eau partout, et je sentais que mon estomac commençait à crier au feu lui aussi.

Je passai le reste de la soirée exsangue, échevelée, à sourire bêtement et à manger tout le pain qui traînait sur la table pour empêcher les gargouillis monstrueux.

Ce soir-là, je donnai une belle image de la radio française.

On rentra tard dans la nuit. Je réussis à m'endormir grâce au maître de maison qui m'ordonna en riant de boire toute une bouteille de Pepto-Bismol pour calmer mes entrailles, et de me renseigner avant de gober n'importe quoi !

Je me mis secrètement à bénir les sushis et me jurai dorénavant de les aimer et de les chérir.

Ce que je fais religieusement depuis quarante ans à chaque futomaki que l'on me présente.

Et je me méfie toujours du persil dans les soupes !

Tout dans ce séjour étrange ne fut pas du domaine gastronomique. Heureusement. Laura me transportait d'une interview à l'autre, dans le Los Angeles des années 1980. Les gens vous donnaient rendez-vous parfois dès 7 heures du matin après leur cours d'aérobic, encore en tenue fluo et attablés devant une omelette de blanc d'œufs. Ou à l'heure de l'apéro devant des crackers et du brie immangeable, tout droit sorti du frigo et dur comme du bois. L'eau minérale en bouteille était une denrée de choix que vous vous deviez d'apprécier lorsqu'on vous la servait en grande pompe. J'avais du mal à garder mon sérieux devant ce cérémonial, puisqu'en France on se tapait depuis longtemps la Contrex au goulot et la Saint-Yorre par tonneau pour obéir à Patrick Sabatier qui nous assenait des « Avec Saint-Yorre, ça va fort » à l'heure de l'écran de pub le plus prisé de la journée.

Ils avaient des Nike, des brushings à volume, des T-shirts à épaulettes et, surtout, des Filofax, la Rolls-Royce des agendas. Sans votre Filofax vous n'étiez alors qu'une pauvre créature sans intérêt. Professionnellement. Cet agenda valait de l'or et définissait votre position dans l'entreprise. Je me jurais qu'un jour je posséderais un agenda de cette marque. Certains rêvaient de Rolex, moi d'agenda en plastique avec des intercalaires pour séparer les listes de courses de vos notes prises en réunion. On a les rêves qu'on pense mériter.

Je ne perdais pas une miette de ce séjour, de ces rencontres, même si je commençais sérieusement à regretter de ne pas avoir révisé l'accent américain. Je pensais pouvoir m'en sortir avec mon niveau d'anglais, mais je ramais furieusement pendant les conversations et les interviews.

Heureusement, ma jambe patraque et mes béquilles attendrissaient l'interlocuteur qui me trouvait bien courageuse et ne m'en voulait pas de lui faire répéter trois fois sa réponse.

Je déroulais de l'interview au kilomètre, j'en avais le tournis sans toujours comprendre pourquoi j'étais assise en face de telle ou telle personne. Laura me briefait rapidement quelques heures avant, par exemple sur l'éventualité que ce total inconnu, Eric Stoltz, puisse gagner un Oscar pour un film totalement inconnu, *Mask*, avec Cher dans le rôle principal. J'aurais préféré interviewer Cher, mais j'allais faire avec ce charmant jeune homme.

J'interviewai Neil Sedaka dans l'appartement de Casey Kasem, ou le contraire... J'étais larguée. Et tout fut de cet ordre : la plus pure confusion.

Avant l'interview de Jimmy Page le soir même, Laura me demanda si je souhaitais assister à son concert. Plus exactement au concert de son nouveau groupe The Firm, tout juste formé avec Paul Rodgers (Bad Company, Free) et Chris Slade (AC/DC, Asia, Uriah Heep, entre autres). Je hurlai un grand oui et la sentis un poil contrariée, ayant peut-être secrètement espéré ne pas avoir à assister à ce show, mais elle passa me prendre pour rejoindre l'Arena. La pauvre Laura se coltinait un vrai boulet qui avançait à deux à l'heure. Ayant dû nous garer très loin dans le parking en pleine nuit, il nous fallut parcourir une belle distance à pied pour rejoindre le lieu du concert.

Le public était assez différent de celui de Taylor Swift, comme vous pouvez imaginer, et Laura n'étant pas une grande fan de ce genre d'événements, je la sentais paniquer au fur et à mesure que nous approchions de la meute de fans.

Soudain, elle s'aperçut que nous n'étions pas devant la bonne entrée et qu'il nous faudrait refaire un grand tour dans le sens inverse, traverser à nouveau la foule en délire pour enfin s'asseoir.

Je la sentais prête à abandonner, engoncée dans sa jupe de tailleur et juchée sur ses petits talons.

Je remarquai qu'en franchissant une série de marches et un muret, on pouvait couper directement en diagonale et ainsi atterrir au bon endroit.

Elle me regarda d'un air effrayé comme si j'étais devenue démente et me chuchota discrètement : « Tu as vu ce qui nous attend en bas ? »

Sur notre chemin, une bonne centaine de Hells Angels déchaînés hurlaient, se tapaient dans le dos, et fumaient la moquette en attendant leur idole. Ce serait un euphémisme de les qualifier d'impressionnants. Elle préférait faire demi-tour et me traîner sur deux kilomètres plutôt que de les affronter.

Je doutai soudain de mon initiative et me préparai à obtempérer quand je vis l'un des Hell's Angels me pointer du doigt et m'interpeller.

Laura serra son sac à main, prête à détaler comme un lapin, mais je restai plantée là, le Nagra en bandoulière, vissée à mes béquilles, totalement incapable de bouger. Plusieurs hommes avec des gilets en cuir sans manches, des cheveux de Vikings, des tatouages sur le front et des lunettes noires s'approchèrent de nous et je me mis à sourire bêtement à ces colosses musclés qui avaient tout l'air de sortir tout droit d'un clip vidéo de Black Sabbath. Je leur souriais, en essayant d'emprunter une technique de défense que l'on vous apprend au cas où vous seriez attaqué par un ours en pleine forêt. Ne pas bouger. Je faisais « statue ».

Laura était déjà à plusieurs mètres derrière moi en position de repli, son sac à main devant le visage et sa bombe de spray au poivre à portée de main. J'étais seule face à ce groupe dont je ne comprenais pas les intentions.

Le plus grand grimpa sur le muret comme un cabri et eut un geste qui me laissa interdite. Il me tendit les deux bras et me fit signe de la tête de sauter.

Et je ne sais pas pourquoi, sans aucune hésitation, je sautai.

Pour lui, j'étais une plume (bon, j'étais pas aussi lourde qu'aujourd'hui !), même avec les béquilles et l'énorme magnéto, et il me souleva jusqu'aux marches les plus hautes où un autre de ses camarades en blouson clouté prit la relève en souriant.

Ainsi, je pus traverser sans encombre l'espace qui nous séparait de la salle, portée de bras en bras par toute une cohorte de délicieux garçons aux têtes de serial killers, qui prenaient grand soin de ne pas me serrer trop fort et me déposèrent au sol avec une grande délicatesse. J'aperçus du coin de l'œil d'autres Hells Angels aider Laura à descendre du muret sans s'étaler et à la soutenir à l'atterrissage. Elle n'en menait pas large alors que je rayonnais de bonheur !

Je me souviens de ce sentiment jubilatoire comme si c'était hier !

Ils me souhaitèrent un bon concert et beaucoup de courage pour la guérison de mon genou. J'étais aux anges avec ces anges-là et je n'avais de cesse de me retourner pour leur faire des signes de la main comme une gamine à qui l'on vient d'offrir un tour de manège gratuit !

Laura se dépêchait de s'éloigner et je pouvais entendre son cœur battre de peur et de soulagement !

Elle me fit la tête une bonne dizaine de minutes, de trouille rétrospectivement je suppose, et je lui fis la tête tout le reste du concert vu l'endroit où nous étions placées.

On aurait regardé le concert depuis le parking, le résultat aurait été le même ! Je ne voyais absolument rien ! Je me tordais le cou pour apercevoir le groupe, je n'arrivais qu'à attraper quelques bouts de musiciens. Nous étions trop haut, trop loin, trop sur le côté.

L'enfer.

La Compagnie créole aurait pu être sur scène, je n'aurais vu aucune différence. Je peinais à me lever à cause de ma jambe, je ne voyais que des dos et j'entendais les riffs de guitare.

Au bout d'une heure, elle me conseilla de commencer à plier mes affaires puisque nous devions rejoindre le groupe à leur hôtel pour l'interview.

J'étais presque soulagée de m'en aller, je n'avais vu que 5 % du concert et quasiment rien de Jimmy Page. Je comptais bien me rattraper.

L'hôtel était un palace près de la salle de concert et nous étions quelques-uns à les attendre. Je ne m'aventurais pas très loin dans les conversations, mais je compris qu'il y avait des proches, des amis du groupe, des journalistes et un animateur radio. Je n'en savais pas plus. On nous fit monter vers la suite qu'ils occupaient, que j'atteignis la dernière à cause de ces satanées béquilles qui me ralentissaient.

Nous attendons une petite minute après avoir sonné à une grande porte avec un numéro doré et un nom du style « Fontainebleau suite » ou « The grand Versailles salon ». Un homme aux yeux très rouges nous ouvre. Il y a du bruit, de la fumée comme pendant le premier barbecue de printemps, de la musique, du monde qui discute. Il est très maigre et il transpire beaucoup, et ça sent le pétard partout autour de lui, comme une aura de ganja magique, Je le suis jusqu'à un canapé où il me demande si je veux boire quelque chose, je hurle « *water* » par sécurité, et il s'enquiert de ce qui a pu m'arriver. Je braille « *ski accident !* » et il me dit « Pauvre chou, ça doit faire mal. » Il me parle de la France qu'il aime beaucoup, des Français qu'il aime beaucoup, du ski qu'il aime beaucoup, il me demande si j'étais au concert, ce soir ? Ce à quoi je réponds « Oui, mais c'était nul car je n'ai rien vu à cause des places pourries. » Désolé, il appelle un homme en bras de chemise, lui relaye l'information, et je me retrouve à discuter avec ce monsieur penché sur moi qui s'excuse de cet incident et m'invite à venir voir le groupe en VIP sur la prochaine date à San Francisco, Je hurle « Je ne peux pas, je serai rentrée à Paris, j'espère. » Bref, le genre d'échanges énervants, où vous ne savez pas le nom de votre interlocuteur, ni ce que vous êtes censé dire et à qui. Le premier homme assis à côté de moi sur le canapé me parle d'un artiste français qu'il aime beaucoup avec force arguments, je ne pige que la moitié de ce qu'il dit, mais je souris en secouant la tête et faisant « *Yes yes yes* » d'un air idiot. Ça doit bien faire quarante-cinq minutes que j'attends Jimmy Page dans ce canapé, je trouve le temps long, la fumée épaisse et les rires dans la suite un peu trop alcoolisés. Je suis au bout de ma vie, je cherche Laura du regard, je la vois en train de discuter avec l'animateur radio près d'une baie vitrée, et je me mets à lui jeter des regards affolés tout en soutenant toujours la conversation de mon voisin comme je peux, qui est en train de citer Gainsbourg en se resservant directement au goulot de la bouteille qu'il tient à la main. Je suis sauvée par l'arrivée d'une horde de jolies femmes qui font leur entrée dans un délire de cheveux parfumés et de longues jambes parfaites. Mon voisin se lève enfin pour les accueillir, ce qui me permet de m'extraire de ce fichu canapé et de rejoindre Laura qui me demande si je veux déjà partir.

Je lui montre la porte avec une de mes béquilles en la hâtant de sortir de cet endroit. J'ai les yeux secs comme des raisins de Corinthe à cause de la fumée, je suis sourde et je n'ai plus le courage d'attendre encore une heure Jimmy Page. Je râle tout le long du couloir en maudissant cette soirée ratée.

À part les portés des Hells Angels dignes de l'opéra de Paris, c'était bien nul.

Une fois dans l'ascenseur, elle me demande si j'ai tout ce qu'il me faut. Je ne comprends pas bien la question, mais par acquit de conscience je vérifie mon sac. Non, je n'ai rien oublié. Elle me regarde, excédée : « L'interview ? Pour l'interview, tu as pu avoir tout ce que tu voulais ? » Je me demande si elle me comprend quand je lui parle. Mais de quelle interview s'agit-il ?

« J'aurais bien aimé la faire, cette interview de Jimmy Page, déjà que je n'ai rien vu du concert ! » Je suis de mauvais poil.

Laura reste interdite et me fixe avec effroi et pitié.

« Mais, Laurence… tu plaisantes ? Tu es restée assise plus d'une heure à côté de lui ! Pourquoi tu n'as pas fait l'interview ??? »

Et voilà comment j'ai totalement raté l'interview de Jimmy Page. Je ne l'ai pas reconnu, je n'ai rien compris de ce qu'il me racontait et j'ai dû passer pour une abrutie de première, avec mon anglais approximatif, mes bruits de bouche et mes haussements d'épaules quand je perdais le fil de la conversation. Pathétique !

Je suis restée silencieuse pendant tout le retour dans la voiture, honteuse, avec l'envie de me coller une paire de gifles.

On peut me trouver comme vague excuse que cette année-là, il n'avait pas le physique auquel je m'étais habituée depuis « Black Dog » ou « Stairway to Heaven ». Il avait énormément maigri (nan mais vraiment) et il traversait une période compliquée avec ce nouveau groupe. Il y avait de la fumée, la lumière était tamisée… certes.

Mais MÊME. J'étais impardonnable.

En me déposant à la belle adresse de Beverly Hills, Laura me glissa : « J'espère que pour la prochaine tu reconnaîtras tout le monde ! » rempli de fiel.

J'eus du mal à m'endormir, rejouant sans cesse la scène du canapé, la gentillesse de cette star absolue, sa sollicitude à mon égard, le ratage total de ma rencontre avec lui.

J'essayais de me trouver des excuses, l'éclairage, la panique, l'émotion. Mais non.

Je n'en avais aucune. Ce voyage était une catastrophe.

Dès le demain, bien décidée à regarder les gens sous le nez pour ne pas commettre de nouveaux impairs, je me retrouve assise dans le hall d'un très grand palace, en attendant d'interviewer Robert Palmer qui, lui aussi, venait de monter un nouveau groupe avec deux membres de Duran Duran, John et Andy Taylor, et le batteur du groupe Chic.

J'avais bien en tête le visage de tous ces gens et je savais que je n'allais pas trébucher comme la veille dans la suite de Jimmy Page.

L'attente se prolongeant, je me mets à discuter avec mon voisin de canapé, un monsieur très gentil et très élégant, venu pour je ne sais quoi, avec son épouse et sa fille adolescente. Nous parlons de Paris, de ma jambe, du temps, que sais-je encore…

Je sens que Laura me regarde bizarrement, certainement un reste de frustration de la veille.

Heureusement, l'attachée de presse vient nous chercher et je suis étonnée de voir que le couple et sa fille nous suivent dans l'ascenseur !

Je révise à toute allure mes questions dans ma tête embrumée, en priant pour qu'on me comprenne et que je ne confonde personne.

Nous arrivons devant la porte de la suite et le couple me devance de quelques pas afin d'être les premiers lorsque la porte s'ouvrira. Bizarre.

L'adolescente soupire d'ennui, suivant ses parents contrainte et forcée visiblement. Elle râle à travers son appareil dentaire qu'elle voudrait que son père se dépêche. Sa mère lui siffle de se tenir correctement et d'arrêter de se plaindre. Elle lève les yeux au ciel, au sommet de l'agacement.

J'attends donc que ce monsieur frappe à la porte puisque cela semble être très important pour lui. Il s'exécute. La double porte s'ouvre, je jette un coup d'œil rapide, j'entrevois un torse nu sous une chemise ouverte, de longs cheveux, et soudain je frôle la crise cardiaque. L'adolescente somnolente pousse un hurlement de bête qu'on égorge, tombe à genoux devant la porte et se met à pleurer toutes les larmes de son corps.

Je trouve qu'elle en fait un peu beaucoup et, même si elle a envie de rentrer chez elle, cela ne nécessite pas un cirque pareil. Ses parents tentent de la consoler et de la relever, le « torse nu cheveux longs » sort de la chambre pour aller la prendre dans ses bras en riant. Et je reconnais le sublime John Taylor qui est touché, et un peu embarrassé, par les sanglots hystériques de cette jeune fille. Il lui souhaite *« Happy birthday »* et je comprends que c'est donc son cadeau d'anniversaire.

Comme c'est mignon ! Laura est en larmes.

Je me félicite d'avoir au moins reconnu Taylor.

Ouf.

Nous entrons malgré le chaos, les pleurs, les rires et l'ado qui serre le musicien comme si c'était sa chose, dans l'immense suite, à l'atmosphère résolument *british*. De grands canapés Chesterfield en cuir, un feu de cheminée, une immense bibliothèque avec de beaux livres reliés.

Robert Palmer, élégant à pleurer, s'avance vers moi en me tendant la main, puis marque un arrêt en remarquant les béquilles et m'attrape par le bras pour aller m'installer dans un canapé moelleux.

Il est comme je l'imaginais, drôle, gentil, il me sert du thé, me raconte Los Angeles, me demande ce que je fais à Paris à côté de la radio…

Je suis dans un état second. Je sens que je vais aimer cette interview (à défaut d'aimer ce nouveau groupe éphémère). Évidemment, nous parlons de « Addicted to Love » « Bad Case of Loving you » « Johnny and Mary »… Il est si adorable que c'en est émouvant.

Je ne vois pas l'heure passer. Je suis rassurée sur ma capacité à gérer correctement un entretien. L'interview se termine en papotage. J'ai coupé l'enregistrement, il me ressert du thé. Derrière nous, le couple et sa fille continuent à fêter son anniversaire avec le grand et beau John Taylor, visiblement très disponible pour ses fans… Ça fait chaud au cœur.

Je vois dans l'entrée Laura agiter sa montre pour me faire signe que c'est l'heure de plier le matériel.

Je m'exécute en informant Robert Palmer que je dois hélas interrompre notre conversation. Il m'aide à ranger mes affaires, à remettre ma veste, à repositionner mes béquilles. Je tends la main pour lui dire à quel point j'ai adoré ce moment, mais il garde ma main dans la sienne et me dit avec un joli sourire : « Pensez-vous que nous pourrions nous revoir cette semaine, juste pour une tasse de thé bien sûr, à l'heure qui vous conviendra ? Sans eux… », il désigne la suite, le couple, les autres…

Je suis prise de court.

Robert Palmer aimerait me revoir… En principe, personne ne veut me revoir !

Je suis aimantée à lui, ma main dans la sienne. Il est tellement poli et courtois, il est tellement tout… Je cherche mes mots. Je suis à la fois sous le charme et très embarrassée par cette demande soudaine. Mais qu'est-ce qu'il peut bien me trouver ? Pourquoi Robert Palmer voudrait me revoir MOI ?

Je bégaye un truc totalement incompréhensible puis j'articule une excuse pitoyable quoique vraie : « Je ne peux pas vous revoir car j'ai un petit copain en France. »

Mon Dieu.

Terrible. Mièvre. Pourquoi j'ai dit ça, c'est tellement immature ! Il ne m'a pas demandé de l'épouser ! Une tasse de thé, il voulait juste une tasse de thé.

Palmer hausse les épaules, déçu, me dit « Oh too bad » et pose un baiser sur ma joue.

Je souffle « *sorry* » et le quitte à regret, encore ravagée par cette émotion toute neuve.

Je salue en partant le couple et John Taylor (toujours la chemise ouverte) auquel l'adolescente reste accrochée depuis une heure.

Laura me demande si tout s'est bien passé. Je lui assure que cette fois oui, et j'ose lui avouer la belle invitation de Robert Palmer. Je sens une pointe de jalousie dans sa voix quand elle m'assène : « Oui, oh, faudra t'habituer, ça arrive TRÈS souvent pendant les interviews. »

Ah bon.

Moi c'était ma première fois, alors je vais m'en souvenir toute ma vie.

Dans la voiture, elle me dit que c'était une drôle de journée quand même, que d'émotions : Robert Palmer, et puis la surprise de la jeune fille.

« Ah oui ! Incroyable ! Ils sont très humbles finalement, les frères Taylor ! *Happy birthday* à la fille de quelqu'un qu'on ne connaît pas… C'est tellement gentil !

Je vois dans le rétroviseur son regard qui s'assombrit.

« Mais ils le connaissent !

— Qui ?

— Mais LUI !

— Qui LUI ? Le père de la fille ?

— Laurence, tu as parlé une demi-heure avec lui et tu n'as pas reconnu ce monsieur ?

— Pas vraiment… Si ! Enfin je suis pas sûre.

Je sens que j'ai encore commis un faux pas, que je suis passée à côté de quelqu'un que j'aurais dû reconnaître au premier coup d'œil. Bon, cette fois, je suis sûre que ce n'était pas Jimmy Page car il était afro-américain.

Je suis rincée par cette nouvelle bévue.

« Mais je suis supposée le connaître ?

— BILLY DEE WILLIAMS !

— ?

— Lando Calrissian dans *Star Wars* !!!! »

Elle hurlait presque.

« Ahhhhhhh. Désolée... »

Je ne l'avais pas reconnu non plus ! Deux fois de suite.

Le chemin fut silencieux jusqu'aux collines de Los Angeles. Si elle avait pu me laisser sur le bas-côté, elle l'aurait fait.

Décidément, ce n'était pas ma semaine.

Je me suis endormie ce soir-là avec la main de Robert Palmer dans la mienne et le rire de Billy Dee Williams lorsqu'il me parlait de la cuisine française.

Rien de grave. Tout ça, j'en étais convaincue ce soir-là, je m'en souviendrai toujours.

La preuve.

Vous allez me demander, mais alors *quid* du boss qui nous avait abandonnées sans aucune raison ?

Une fois à Paris, il invoqua de lui-même, pour couper court à toute critique (non sans gêne), les deux boulets que nous étions devenues pour lui, moi et la grande gourde qui voulait aller à Tampa, et soûlé par ma « dépendance », mon incapacité à me débrouiller seule, il en avait eu ras le bol un soir et avait choisi de partir. Bim. Comme ça.

Finalement, j'avais survécu, me fit-il remarquer, donc le débat était clos.

Un jour, j'avais quatre ans, le maître-nageur de Ouistreham, monsieur Jean, tanné par le soleil et la clope au bec, faisant semblant de vérifier si ma bouée était bien gonflée, m'avait balancé comme une pierre au milieu de la piscine alors que je ne savais pas nager. Technique bien connue des années 1960 : « Tu vas couler, mais forcément à un moment, tu vas remonter. » J'avais hurlé de peur et de colère pendant vingt minutes devant les autres parents embarrassés.

J'ai survécu.

Mais je n'ai jamais plus fait totalement confiance aux adultes.

Ce voyage me rappela qu'il ne faut dormir que d'un œil sinon de drôles de choses vous arrivent dans votre sommeil.

End of the story.

Don't You (Forget About Me)…

Je pourrais continuer encore des pages et des pages à raconter ces histoires qui ont émaillé ma vie à la radio. Peut-être ne faut-il pas tout dire. C'est certainement suffisant. Après la FM, il y eut Europe 1 et ce fut six années incroyables, de rires, de larmes, de rencontres, d'amour et d'amitiés. C'est à Hélène que je pense lorsque j'écris ces lignes, celle qui devint dès mon arrivée ma réalisatrice et ma meilleure amie. Celle qui partagea tout, celle avec qui j'inventais des codes secrets, des signes de ralliement, et des mots bizarres que seules nous deux comprenions en hurlant de rire intérieurement.

Celle qui m'a laissée il y a deux ans, sans prévenir. Comme ça. Sans me dire adieu. Bon, c'est vrai, un AVC, ça prévient rarement.

Avec elle, nous avions tant partagé dans cette belle maison, et pas uniquement notre bureau ! Nous aimions la radio par-dessus tout, au-delà de tout, et c'est à Europe 1 que nous avons vécu les plus belles années de cette fabuleuse institution, où se succédaient les plus grands, de Coluche à Bellemare, de Jean-Loup Lafont à Maneval, de Christian Barbier à Viviane Blassel… Les écouter, c'était apprendre à faire de la radio. Et c'était bien.

Ma mémoire de mon temps à Europe 1 est à moitié morte puisque Hélène est partie, et je doute de mes souvenirs vacillants.

Je ne suis pas sûre d'avoir envie de les raconter sans elle. Ou alors juste un peu ?

Tout ce que je sais est que l'on peut mourir, comme elle, d'un cœur brisé, et que dans le sien il y avait une partie de ma vie qui s'est envolée.

Comment se dire adieu alors que j'ai gardé quelques pièces importantes de ce puzzle ?

Car vous l'aurez compris, j'ai aimé ce métier plus que tout. Plus que moi. Et c'est dans un grand désordre que tant de choses incroyables me reviennent en même temps.

La radio fut une si belle aventure. Et je suis chanceuse d'avoir pu exercer cette profession très jeune. Je m'en vais avec une cargaison de souvenirs étranges, drôles, émouvants, inoubliables.

Les premières lueurs du jour qui se reflétaient sur le centre commercial Vélizy 2, et qui m'apparaissaient aussi flamboyantes qu'un lever de soleil sur la lagune à Venise. Mes longues soirées à l'antenne où soudain papa débarquait dans mon studio, un panier à la main rempli des bonnes choses que je n'avais pu déguster avec eux au dîner : du poulet rôti au romarin, mon préféré, dans une assiette en faïence avec des couverts pour que j'ai l'impression de prendre un vrai repas. Ils s'inquiétaient tous les deux de ce que je pouvais bien grignoter pendant ces longues heures au micro, alors maman emballait avec amour mon dîner et papa ne se faisait pas prier pour me l'apporter. Il fumait sa cigarette en me regardant « travailler » et annoncer le prochain artiste entre deux bouchées de poulet. Il disait sobrement : « C'est bien fait, toutes ces machines. »

Mon père était mon premier et mon plus grand fan. Mes copains à la radio l'aimaient énormément et s'extasiaient parce qu'il connaissait la grille par cœur et le nom de chaque animateur sur le bout des doigts. Mon père aimait la radio comme moi. Il trimballait son mini-poste pour pouvoir m'écouter partout. Que demander d'autre comme preuve d'amour ?

Lorsque je quittai RFM pour Europe 1, la belle maison de la rue François-Ier, il changea juste la fréquence et le tour était joué : papa pouvait suivre la voix de sa fille même à l'autre bout de Paris ! Je présentais la matinale du week-end, une tranche horaire où l'on trouvait conseils de jardinage, résultats sportifs et, surtout, les pronostics pour turfistes. Ce tiercé qu'il ne gagna jamais, même lorsque José Covès la star des journalistes de cette catégorie, celui qui connaissait chaque dada par son petit nom, lui donna quelques conseils un matin où il décida de venir depuis Versailles nous apporter croissants et pains au chocolat à 6 h 30 du matin ! Accueilli par les bravos de l'équipe et les bisous d'Hélène, je vis mon père totalement bouleversé par la situation. Très pâle et si timide, installé à mes côtés à l'antenne, je lui demandai de dire bonjour à nos auditeurs ! Il s'exécuta avec un « bonjour » un peu brusque. Puis, lorsque nos micros furent coupés, il me demanda s'il pouvait boire un thé ! Un thé ?

N'ayant jamais vu mon père boire ce breuvage, j'en déduisis que nous étions en train de frôler le malaise. On lui apporta de quoi boire et se restaurer et, en le regardant si fragile, je me reconnus plus que jamais en lui à ce moment précis : deux boules de stress et d'émotions, deux êtres remplis de doutes et de peurs, de battements de cœur anarchiques et de silences.

Heureusement, il se remit de ses émotions et repartit sous les remerciements vers notre banlieue.

Europe 1 fut une expérience magique. Je m'y rendais en courant, j'avais du mal à la quitter le soir. J'enchaînais les émissions et les permanences (ce qui signifie être seule en studio pour donner l'heure et annoncer les infos alors que l'émission est enregistrée). J'eus la chance de faire partie, dès mon premier été à la station, d'une émission qui fut un grand succès par la suite : « Les Inconnus de l'après-midi » ! Avec Didier Bourdon, Pascal Légitimus, Bernard Campan et Seymour Brussel.

Ils venaient de démarrer leur spectacle au théâtre Fontaine et chaque jour débarquaient au studio avec de nouveaux sketchs pour l'émission.

Je fus surtout payée pour rire cet été-là. Soyons honnêtes.

J'ai ri avec eux et je pense que jamais je ne rirai autant.

Je faillis même avoir un malaise un après-midi tant un des sketchs de Didier Bourdon me renversa de ma chaise. Je ne pouvais plus reprendre mon souffle et le studio entier était suspendu à mon rire, se demandant s'il fallait appeler le SAMU ou attendre que je me calme !

L'émission fut conservée à la rentrée, et j'eus la chance de pouvoir encore rire bêtement pendant une belle année avec eux, malgré les protestations véhémentes des anciennes animatrices « maison ». Nous avons paraît-il un capital soleil qu'il faut utiliser avec modération, j'ai dû exploser mon capital rire avec les Inconnus cette année-là !

En parallèle, j'y présentais le « Top 50 », une petite émission d'une heure où chaque jour je passais le même classement (ou presque) ce qui avait le don de m'endormir. Pendant des semaines, je dus annoncer la première place de Simon et les Modanais avec leur reprise d'« Étoile des neiges » (adla adla... Seuls les vrais ont connu), en espérant secrètement qu'ils se fassent doubler la semaine suivante par un autre titre moins prise de tête.

Puis Patrice Blanc-Francard devenu brièvement directeur des programmes (joie d'avoir un patron aimant la musique comme moi) m'offrit l'opportunité de travailler avec Bernard Lenoir, le pape du rock, fraîchement arrivé de France Inter. J'ai beaucoup ri aussi avec lui et je me fis très souvent réprimander pour ces fous rires par le chef d'antenne. J'ai beaucoup appris, et j'ai tant aimé être près de lui lorsqu'il recevait Marc Almond, les frères Gallagher ou Jean-Louis Murat. Il m'emmenait parfois lorsque de grandes stars du rock venaient à Paris. J'eus donc la « joie » de faire une interview mémorable de Lou Reed avec lui. Nous sommes allés le rejoindre un soir dans sa suite d'un grand palace parisien, je n'en menais pas large et je comptais bien rester dans mon coin pendant que Bernard deviserait avec la star.

Lou Reed nous reçut assis dans un fauteuil bas. Les yeux cachés par des lunettes noires, dans un silence de mort. Nos « bonjours » n'eurent aucun écho. Un peu tremblante, je préparais le magnéto pendant que Bernard enlevait sa veste. Puis ce fut le drame : Bernard éternua. Un petit « atchoum » discret dans sa main. Lou Reed se dressa sur son fauteuil, comme si l'alerte tsunami avait été enclenchée, et le pointa du doigt : *« You, if you are sick, you stay where you are, OK ? »* (« Vous, si vous êtes malade, vous restez là où vous êtes. »)

Bernard eu beau argumenter qu'il n'était pas malade, qu'il ne savait pas pourquoi il avait éternué et qu'il se trouvait à trois mètres de son fauteuil, la star ne voulut rien entendre.

Il lui désigna un fauteuil loin de lui : « Mettez-vous là et *elle* tiendra le micro ! »

Moi qui avais déjà la main mal assurée en réglant les niveaux, je me sentis défaillir à l'idée de devoir m'approcher plus près de lui.

Mais pas le choix. Il n'y avait aucune chaise à proximité et je dus m'agenouiller (pas trop près) et garder le micro tendu (pas trop près non plus) pendant toute l'interview !

À cinq mètres de là, Bernard ne se trouvait pas dans la position la plus adéquate pour discuter de manière décontractée et Lou Reed répondait très brièvement d'une voix grave et agacée à chacune des questions posées. Trop brièvement. Il n'avait aucune envie que nous soyons dans sa suite et il nous le faisait savoir ! Il en fallut du courage pour tenir ! Pour Bernard qui ne savait plus que demander et sur quel ton et pour mon bras qui était en train de me lâcher. Peu à peu, je faiblissais et Lou Reed me lançait un regard contrarié derrière ses lunettes à chaque fois que je rapprochais le micro trop près de lui. J'étais posée sur mes genoux engourdis, comme une statue bancale, le bras tendu vers le chanteur dans une ultime crampe musculaire et je priais pour qu'on en finisse et que je ne me retrouve surtout pas étalée à plat ventre sur les genoux du monsieur.

Devant cette débâcle, Bernard eu l'intelligence d'écourter l'entretien et nous avons laissé là l'icône désagréable, dans son fauteuil crapaud, en nous promettant de ne plus jamais aller lui poser la moindre question !

Heureusement, toutes les interviews n'étaient pas aussi catastrophiques et dans le studio, le soir, défilèrent bon nombre d'artistes et de groupes bien plus sympathiques et parfois plus alcoolisés, je le souligne ! Et l'accent écossais à 23 heures, imbibé par une journée de tournée des bars parisiens n'est pas le plus facile à traduire, j'en garde des souvenirs émus et chaotiques. Le pire étant les Proclaimers, jumeaux étranges ayant grandi à Édimbourg, qui venaient de séduire une bonne partie de la planète avec « I'm Gonna Be » et qui me firent regretter d'avoir accepté cette interview dès la première phrase. Je ne les comprenais pas, ils n'avaient aucune idée de ce que je leur demandais, mais ils étaient trop timides pour oser bouger une oreille et je n'étais pas téméraire non plus. Ce fut l'entretien le plus silencieux et inutile de l'histoire de la radio !

Avant de rencontrer le public, j'eus la chance de rencontrer ceux qui m'avaient fait rêver adolescente, qui m'avaient donné le goût de la musique et de la scène. J'oubliais mon rôle d'intervieweuse à leur contact et je redevenais fan tout simplement.

De Jim Kerr, le chanteur de Simple Minds (souvenez-vous de leurs baguettes dans ma poche lorsque j'avais quinze ans). Un charme fou, une simplicité à nulle autre pareille. C'était à l'hôtel Raphaël à Paris, un technicien m'avait été attribué par Europe 1 pour gérer l'enregistrement, j'étais aux anges. Et puis, panne totale d'électricité au moment où j'ouvrais la bouche pour poser à Jim une première question… On nous annonce par téléphone que cela ne saurait durer mais ça dure… Les attachés de presse décident d'aller chercher de quoi boire au bar, mon technicien de sortir de l'hôtel fumer sa cigarette, et Jim et moi nous retrouvons seuls dans la chambre très sombre. Trop sombre. Au point que nous décidons de nous exiler vers la salle de bains qui laissait entrer toute la lumière du jour. Assis tous les deux sur le tapis de bain, lui contre le lavabo et moi contre la baignoire, nous avons discuté de la vie et des petits riens qui la rendent supportable, tout en dévorant le magnifique panier de fruits offert par l'hôtel, pendant plus d'une heure. J'ai adoré ce moment. J'avais face à moi un musicien que j'admirais, et la conversation avec lui était délicieuse. Il me parlait de Yasmin, sa fille de trois ans (qu'il avait eue avec Chrissie Hynde, la chanteuse des Pretenders), me montrait une photo d'elle, et j'avais bien du mal à comprendre ce qui m'arrivait. Nous mangions du raisin et des fraises, nous parlions du dernier album de je ne sais plus qui et je trouvais que son bébé était juste à croquer. La vie normale. Mais avec Jim Kerr... Avec JIM KERR...

Boy George me fit aussi plaisir lorsqu'il accepta une interview à la radio. Lorsqu'il entra dans le studio ce jour-là, nous avons marqué tous deux un petit temps d'arrêt. Il venait de s'offrir un nouveau look : cheveux courts et vêtements discrets, et nous étions quasiment vêtus de la même façon. Même grande veste noire, même chemise et même coupe de cheveux ! La situation le fit sourire et, pour faire durer le plaisir, nous nous sommes amusés à poser pour le photographe de la station, l'un à côté de l'autre, en jouant les top-model et en jouant avec nos vêtements comme dans un shooting photo de stars ! Ce jour-là, il était ouvert, facile à interviewer, de bonne humeur et partant pour n'importe quelle bêtise ! Je le retrouverai à France Inter des années plus tard, en pleine crise mystique, fermé et détestable. Mais ce n'était pas moi qui posais les questions et je remerciais le ciel de m'avoir épargnée.

Jean-Louis Murat était un habitué des soirées à Europe 1, il y venait bien sûr en promo, mais aussi parfois juste pour nous saluer, lorsqu'il était à Paris. Je me souviens des moments où la réception nous annonçait qu'il montait nous voir : je sortais du studio en courant, je le rencontrais à mi-chemin en me jetant dans ses bras. Il refermait ses bras sur moi et me serrait contre son gros pull. Les câlins « Murat », j'appelais ça. Sans arrière-pensée, sans connotation aucune. J'adorais Jean-Louis, sa voix unique, ses yeux couleur de la glace et sa douceur qui faisait tant de bien. Ses visites étaient toujours un beau moment suspendu dans le temps. Et je n'arrive pas à croire qu'il n'est plus là. Comme tant d'âmes que j'ai aimées.

Après la maison de la rue François-Ier, il y eut la maison toute ronde : la Maison de la Radio.

J'ai eu la chance que Laurent Ruquier me demande d'y venir faire un sketch un jour dans son émission « Rien à Cirer ». Je n'avais jamais fait ce genre d'exercice et je me demandais pourquoi j'avais dit oui. Mais j'étais venue faire un sketch en direct sur l'invité Nicolas Peyrac. Je fus la première étonnée d'entendre une salle entière rire à mes bons mots. Je recommençai l'exercice quelques semaines plus tard, puis je devins une « sociétaire », avec mon nom sur le panneau de ma « ruche » (la place de chaque intervenant était une petite cabane blanche en forme de ruche). Fierté d'être installée aux côtés de Laurent Gerra, Virginie Lemoine, Jacques Ramade, Patrick Font, Chraz, Pascal Brunner… Ce sont d'excellents souvenirs de travail d'écriture plus qu'intense, de nuits blanches à chercher l'inspiration pour le sketch du lendemain, de déplacements en province fabuleux, de rencontres et d'amitiés.

L'émission était un tel succès chaque jour que toutes les stars de passage à Paris y défilaient. Laurent avait trouvé mon brin de voix intéressant et m'avait chargée de deux missions : chauffer le public en hurlant « New York, New York », comme Liza Minelli, avec les gestes et les mimiques qui amusaient les spectateurs, et offrir à certains invités un hommage de leur vivant par moi-même en personne. La veille au soir, un coursier m'apportait la cassette audio – ce terme antique – du titre qu'on avait décidé que je chanterai devant l'invité et à moi de faire au mieux pour ne pas totalement me ridiculiser. Dans mon petit appartement sous les toits, je répétais encore et encore devant mon chat Monsieur Spock (où que tu sois, merci d'avoir été mon ami pendant treize ans). J'eus donc le privilège d'interpréter « Roses blanches de Corfou » devant une Nana Mouskouri interloquée, « Mourir d'aimer » devant mon idole Annie Girardot en cachant des larmes d'émotion, et « Que reste-t-il de nos amours » au bras de Charles Trenet. J'ai oublié la plupart des titres que l'on me fit chanter pendant ces années, entre deux de mes sketchs, mais il me restera toujours ce sentiment de peur et de joie mélangés lorsqu'on annonçait mon nom et que le piano de Richard Lornac attaquait l'intro de la chanson. C'est drôlement bien d'avoir peur, dans certains cas.

Que reste-t-il de mes amours télévisuelles ?

Six ans de dur labeur à la tête du « Maillon Faible » avec le succès qu'on lui connut ! Il m'a fallu du temps et beaucoup de témoignages de professionnels et d'anonymes pour accepter d'en être fière enfin. Je suis toujours étonnée que des trentenaires m'avouent avoir grandi « avec moi », que je leur faisais peur mais qu'ils adoraient cette dame en noir aux lunettes rectangulaires qui malmenait les candidats à la télévision. Je suis toujours étonnée également du « coup de vieux » que je prends à chaque commentaire de ce type. L'homme ou la femme qui se tient devant moi est un adulte confirmé, mais il me raconte son ressenti d'enfant dans le salon de ses parents devant cette émission devenue culte.

Et si, dans le « Maillon Faible », j'étais très loin de l'image de l'animatrice douce et accueillante, je pus grâce à « Money Drop » me rattraper un peu et faire ce que j'aime le plus dans mon métier : les câlins ! On me les demandait parfois dès le début de l'émission, presque toujours à la fin, et parfois je descendais de mon fauteuil pour en prodiguer en cas de coup de mou ou de gros stress à cause d'une méchante question.

Réconforter, consoler, féliciter : tout se passe mieux avec un câlin ! Et je chérirai à jamais ces cinq années à présenter ce jeu absolument génial, avec une équipe technique et artistique fabuleuse, un producteur rassurant et des candidats inoubliables. Les jeux de culture générale resteront ce que je préfère à la télévision. Alors si se « cultiver » pouvait se faire en riant : le nirvana.

Et si, finalement, j'avais fait ce métier uniquement pour les câlins ?

La question reste ouverte !

La fin approche.

Celle du livre, pas la mienne – encore que sur ce point je ne puisse rien affirmer.

Je ne sais jamais comment finir les histoires et, en règle générale, je ne sais jamais comment finir tout simplement. Je m'en vais sans regarder derrière moi et je laisse tout en plan…

Il aurait fallu une jolie conclusion, une boucle toute ronde qui résume tout ce que j'ai pu vous raconter, des paroles pleines d'espérance, ou simplement un bon mot comme la chute d'un très bon sketch.

Mais la chute, je ne l'ai pas.

Peut-être parce que je n'ai pas tout dit, tout raconté et qu'il manque de nombreuses pièces à ce puzzle.

Au moment où je termine cet ouvrage – oui car c'est moi qui l'ai entièrement tricoté au cas où certains auraient des doutes –, Bobby est en pleine forme, hélas. Il me rend chaque jour la vie un peu plus difficile. Après le passage dans le micro-ondes, il a changé de ton : le sifflement est plus intense, les battements plus forts, il m'arrive d'entendre une musique ou une sonnerie qui n'existent pas, et je demande souvent à ma fille si on sonne à la porte pour l'écouter répondre agacée depuis sa chambre « Nan ! » Il paraît que c'est normal les premiers mois.

Alors, pendant des mois et peut-être pour le reste de ma vie, il me faudra relativiser à chaque instant de la journée, en m'empêchant de trop cogiter ou d'arriver à la conclusion que jamais plus je n'entendrai comme avant, ni la ligne de basse de « You Are the Universe », ni le gazouillis des oiseaux, ni le bip du sèche-linge quand le cycle est terminé.

Il y a pire.

J'ai toutefois envie de flamber au cointreau l'auteur de la citation : « Ce qui ne vous tue pas vous rend plus fort. » Si c'est Nietzsche, il avait ce jour-là abusé du schnaps. C'est faux. Ce qui ne vous tue pas vous rend triste, vous scarifie secrètement le cœur, creuse une faille en vous dans laquelle s'engouffre parfois tout le chagrin du monde. Ce qui ne vous tue pas vous laisse, certes, vivant, mais blessé, et résilience ou pas, meurtri.

Et si Nietzsche l'ose, qu'il vienne me le dire en face.

En ce moment, pour moi, il y a de très mauvais jours, des mauvais jours et des moins bons jours.

Mais il y a des « jours ». C'est tout ce qui compte. Chaque jour de plus demeure une chance pour une nouvelle rencontre. Il y a encore tant de sourires à dessiner, tant de rires à provoquer, tant de gens à serrer quelques instants dans mes bras. Il n'y a pas assez de ces jours pour regarder les petits enfants courir en riant dans les champs de seigle et retenir leur main au moment où ils s'approchent de trop près des bords de la falaise.

Je garde les nouvelles de la vie de Bobby pour le deuxième tome si un jour il y en a un. D'ici là, je ne souhaite qu'une chose : qu'il se tienne tranquille au moins. Qu'il soit juste un peu obéissant et qu'il ne s'avise pas de s'approcher des nerfs les plus sensibles, qu'il me laisse encore profiter de quelques notes de mes musiques préférées, qu'il ne fige pas un beau matin mon visage dans une grimace grotesque et éternelle.

J'aimerais vous en dire plus, mais je ne sais pas ce qui m'attend, moi qui aime que tout soit toujours prévu, c'est insupportable.

Tout ce que je sais se résume en quelques mots : le matin arrive comme il peut et je l'accueille comme je peux. Je supplie Bobby de ne pas tout gâcher et de me laisser un peu de répit, et puis je me mets au travail, sans même y penser, je continue, car je n'ai pas le choix. Je bondis de mon linceul, comme Beetlejuice dans le film, je me regarde dans la glace et, pour prévenir l'univers tout entier que ça va barder, comme lui je dis : *« SHOWTIME ! »*

THE END

Remerciements

Merci à Philippe Robinet pour avoir veillé sur moi pendant tout le processus et à Marine Montégut pour m'avoir rassurée et encouragée à braver mes peurs avec tant de bienveillance.

Merci aux beaux textes, aux êtres passionnés et passionnants, aux belles musiques et aux bons musiciens, aux paysages de rêve, aux artistes merveilleux, aux rencontres inoubliables et aux absents si doux, de tout cela mon cœur est rempli à jamais.

Merci aux années 1980, à la mousse « Volumatrice » Studio Line, à Slim Fast, à Fleetwood Mac et aux Eagles, à mes amours qui sentaient bon *Polo* de Ralph Lauren ou *Pour un homme* de Caron.

Merci au personnel hospitalier de m'aider à traverser les tunnels les plus sombres en m'ordonnant de ne pas être le Maillon faible.

Merci au chocolat en général et à la firme Leonidas en particulier.

Au vent sur la Crête qui ne rend pas fou mais sage.

Au Lexomil.

À Jérôme K. Jérôme et J. D. Salinger.

À Bobby (il se reconnaîtra).

Et merci à moi-même, pour avoir survécu si longtemps avec le sourire. Finalement, j'ai fait tout le boulot toute seule. Alors, bravo et merci.

Composition et mise en pages
Nord Compo à Villeneuve-d'Ascq

Achevé d'imprimer en mars 2025
par CPI BRODARD & TAUPIN (72200 La Flèche)
pour le compte des éditions KERO
21, rue du Montparnasse 75006 Paris
commercial@calmann-levy.fr

PAPIER À BASE DE FIBRES CERTIFIÉES

KERO s'engage pour l'environnement en réduisant l'empreinte carbone de ses livres. Celle de cet exemplaire est de :
450 g éq. CO_2
Rendez-vous sur www.kero-durable.fr

N° d'éditeur : 5851593/01
N° d'imprimeur : 3060289
Dépôt légal : avril 2025
Imprimé en France